NEGÓCIOS NA GASTRONOMIA

Um Guia Prático

Dados Internacionais de Catalogação na Publicação (CIP)
(Câmara Brasileira do Livro, SP, Brasil)

Moita, Yuri
    Negócios na gastronomia [livro eletrônico] :
um guia prático / Yuri Moita. -- 1. ed. --
Curitiba, PR : Ed. do autor, 2024.
    PDF

    ISBN 978-65-01-02228-4

    1. Empreendedorismo 2. Gestão de negócios
3. Gastronomia 4. Restaurantes - Administração
5. Restaurantes - Planejamento I. Título.

24-206550   CDD-647.95

Índices para catálogo sistemático:

1. Gastronomia : Gestão : Custos : Restaurantes :
    Administração e planejamento   647.95

Aline Graziele Benitez - Bibliotecária - CRB-1/3129

YURI MOITA

Gastrólogo
Food Service Especialista
Msc. Educação e Gestão
LinkedIn: www.linkedin.com/in/yurimoita

PREFÁCIO

Bem-vindo ao mundo da gastronomia empreendedora! Este guia foi cuidadosamente elaborado para oferecer a você, leitor, um guia abrangente sobre como iniciar, gerenciar e ter sucesso em um empreendimento gastronômico. Se você está apenas começando sua jornada como empresário na área da comida ou se já possui alguma experiência, este guia foi pensado para atender às suas necessidades.

Ao longo dos próximos capítulos, você será conduzido por uma viagem que abrange desde o planejamento inicial até as mais recentes tendências e inovações do setor gastronômico. Cada capítulo foi estruturado para fornecer uma visão detalhada e prática dos principais aspectos envolvidos na gestão de um negócio na área de alimentos e bebidas.

Cada tema inclui uma variedade de recursos, incluindo casos de sucesso, artigos acadêmicos, exercícios práticos e passo a passo s, projetados para enriquecer sua compreensão e fornecer orientações acionáveis para aplicar no seu próprio negócio.

Este guia é o resultado de anos de experiência e pesquisa no campo da gastronomia empreendedora, e é meu desejo que ele se torne uma ferramenta valiosa em sua jornada como empresário na área de alimentos e bebidas.

Se você está iniciando sua jornada como empreendedor gastronômico, este guia foi escrito em uma sequência que te permitirá adquirir gradualmente os conhecimentos sobre empreendimento gastronômico, começando com conceitos básicos de planejamento de negócios e avançando para tópicos mais específicos sobre gestão de equipe, operações, marketing, e tendências na indústria gastronômica.

No entanto, se você já tem algum conhecimento, sugiro que siga a ordem que mais será necessária a ti, que lhe permitirá concentrar-se nos aspectos mais estratégicos e avançados do empreendimento gastronômico, explorando tópicos relacionados à gestão, operações, marketing e tendências, sem necessariamente revisitar conceitos básicos que já possui conhecimento, mas sugira revisitar quando possível, reciclagem de conhecimento é sempre bom.

Estou aberto a sugestões, dúvidas e comentários. Caso queira, deixei meu contato do LinkedIn na capa.

Boa leitura e sucesso em sua jornada gastronômica!

Yuri Moita

INTRODUÇÃO

Neste guia, mergulharemos em um universo vasto e delicioso, repleto de sabores, técnicas e estratégias para o sucesso no mercado gastronômico[1].

Desde o surgimento de novas tendências até a revolução digital, o cenário da gastronomia tem passado por transformações profundas. Hoje, mais do que nunca, os chefs e empreendedores do ramo precisam estar atualizados e preparados para enfrentar os desafios e aproveitar as oportunidades que surgem no mundo culinário.

Exploramos cada aspecto crucial para o sucesso, desde a criação de cardápios atrativos até o uso inteligente das redes sociais, do relacionamento com clientes à adoção de práticas sustentáveis.

Com base em sólidos fundamentos de SEO[2], nosso conteúdo foi cuidadosamente elaborado para atender às demandas do mercado atual, garantindo que você alcance a máxima visibilidade online e se destaque entre a concorrência.

Ao longo das páginas deste guia, você encontrará insights valiosos, dicas práticas e estudos de caso inspiradores que ilustram como os principais players[3] do setor estão conquistando o sucesso. Além disso, discutiremos cinco artigos acadêmicos relevantes sobre o tema que ilustram sua importância para o sucesso empresarial. Esteja preparado para desbravar novos horizontes, elevar sua gastronomia a um novo patamar e transformar sua paixão em um negócio lucrativo e gratificante.

É hora de começar essa jornada emocionante rumo ao

sucesso na gastronomia empreendedora. Vamos mergulhar juntos nesse universo saboroso e cheio de possibilidades!

PLANEJAMENTO NA GASTRONOMIA

O capítulo crucial para qualquer empreendedor gastronômico aspirante: o Planejamento de Negócios. Aqui, mergulharemos em um mergulho profundo no mundo excitante e desafiador da criação e gestão de um negócio na indústria da gastronomia. Prepare-se para explorar desde o desenvolvimento inicial de um plano de negócios até a definição de metas e objetivos para o sucesso a longo prazo.

No desenvolvimento de um plano de negócios, vamos desvendar as etapas necessárias para transformar suas ideias em ações tangíveis. Aprenda a estruturar seu plano, identificar oportunidades de mercado e estabelecer metas claras para orientar seu caminho para o sucesso.

Ao identificar o público-alvo, você irá entender profundamente quem são seus clientes ideais, suas necessidades, desejos e preferências. Este conhecimento permitirá que você personalize sua oferta para atender às demandas específicas do mercado, garantindo a satisfação do cliente e o crescimento do negócio.

Na análise de concorrência, vamos examinar como você pode se posicionar de forma única em um mercado saturado. Descubra como identificar seus concorrentes, entender suas estratégias e diferenciar sua marca para se destacar da multidão.

A definição do posicionamento no mercado é crucial para estabelecer uma identidade forte e atraente para sua marca. Vamos explorar como você pode comunicar efetivamente seus valores, missão e propósito para atrair e reter clientes fiéis.

No estudo de viabilidade financeira, daremos os primeiros passos para garantir que sua empresa seja financeiramente sólida e sustentável a longo prazo. Aprenda a calcular custos, prever receitas e avaliar o retorno sobre o investimento para tomar decisões informadas sobre o futuro de seu negócio.

Ao elaborar o plano de marketing, vamos criar uma estratégia abrangente para promover sua marca e atrair clientes. Descubra como utilizar uma variedade de canais de marketing, desde as redes sociais até campanhas publicitárias, para alcançar seu público-alvo de maneira eficaz.

Nas estratégias de precificação, vamos explorar as melhores práticas para determinar preços competitivos que garantam lucratividade sem comprometer a acessibilidade para os clientes.

E, finalmente, na definição de metas e objetivos, vamos estabelecer marcos claros e mensuráveis para acompanhar o progresso de sua empresa e manter o foco no sucesso a longo prazo.

PLANO DE NEGÓCIOS NA GASTRONOMIA

Neste artigo, vamos explorar o que envolve o planejamento de negócios, suas práticas atuais, um passo a passo para sua construção e sua aplicação em diferentes cenários empresariais.

O planejamento de negócios na gastronomia envolve o processo de estabelecer metas, estratégias e ações para orientar o desenvolvimento e a operação de um empreendimento gastronômico. Ele abrange diversas áreas, desde a definição da visão e missão do negócio até a análise de mercado, definição de objetivos financeiros, estratégias de marketing e operacionais.

As práticas atuais de planejamento de negócios na gastronomia incluem:

Análise de Mercado: Realização de uma análise detalhada do mercado-alvo, incluindo tendências, concorrência, demanda do consumidor e oportunidades de crescimento.

Definição de Metas Claras: Estabelecimento de metas específicas, mensuráveis, alcançáveis, relevantes e temporais (SMART) para orientar o progresso e o sucesso do negócio.

Estratégias de Marketing: Desenvolvimento de estratégias de marketing eficazes para promover o negócio, atrair clientes e construir uma base sólida de clientes fiéis.

Planejamento Financeiro: Elaboração de um plano

financeiro abrangente que inclua projeções de receita, despesas, fluxo de caixa e retorno sobre o investimento (ROIC[4]).

- Operações e Logística: Planejamento de operações e logística eficientes para garantir a entrega de produtos e serviços de alta qualidade de forma consistente.

Visão Geral Do Passo A Passo De Aplicação Do Conceito.

1. Definir a Visão (Em X anos ser a melhor empresa de Y) e Missão (Para atingir a visão, precisamos ser: x, y, z, 1, 2, 3,...): Comece definindo a visão de longo prazo e a missão do negócio, ou seja, sua razão de existir e o que ele busca alcançar. 2. Conduzir uma Análise de Mercado: Realize uma análise detalhada do mercado, incluindo análise da concorrência, identificação do público-alvo e tendências do setor. 3. Estabelecer Metas *SMART*: Defina metas específicas, mensuráveis, alcançáveis, relevantes e temporais que orientem o crescimento e o sucesso do negócio (Atender bem mais 5 clientes por dia dentro de 1 mês). 4. Desenvolver Estratégias de Marketing: Crie estratégias de marketing eficazes para promover o negócio, alcançar o público-alvo e diferenciar-se da concorrência. 5. Elaborar um Plano Financeiro: Desenvolva um plano financeiro abrangente que inclua projeções de receita, despesas, investimentos e fluxo de caixa. 6. Planejar as Operações e Logística: Estabeleça processos e procedimentos operacionais eficientes para garantir a entrega consistente de produtos e serviços de alta qualidade.

Aplicação Em Pequenas E Médias Empresas:

-Pequenas Empresas: As pequenas empresas podem se beneficiar do planejamento de negócios ao estabelecer uma direção clara para o crescimento e desenvolvimento do negócio, bem como ao identificar oportunidades de mercado e mitigar riscos. - Médias Empresas: As médias empresas podem usar o planejamento de negócios para expandir suas operações, diversificar seus produtos ou serviços e competir de forma mais eficaz no mercado.

Artigos Acadêmicos Sobre Planejamento De Negócios Na Indústria Da Gastronomia:

Um plano de negócios na área da gastronomia é fundamental para o sucesso de empreendimentos nesse setor. A elaboração de um plano de negócios permite ao empreendedor conhecer melhor os fatores externos e internos que podem influenciar o negócio, como questões políticas, econômicas, sociais, de mercado, concorrência e fornecedores (Mainardes et al., 2010). Além disso, o plano de negócios pode apontar parcerias em potencial, esclarecer objetivos, definir metas e acompanhar o crescimento da organização de forma geral (Moraes, 2020).

A estrutura de um plano de negócios geralmente segue um padrão e é composta por diferentes tópicos, como a caracterização do negócio, forma de operar, estratégias, plano de mercado e projeções financeiras (Régis et al., 2021). Essa estrutura detalhada não garante o sucesso do empreendimento, mas certamente reduz os riscos e evita problemas, pois fornece um conhecimento aprofundado que pode orientar as ações do empreendedor (Régis et al., 2021).

Além disso, o plano de negócios pode ser utilizado como uma ferramenta estratégica para o empreendedor, auxiliando na implementação da estratégia da empresa e se tornando fundamental para a gestão do negócio (Santos & Pinheiro, 2017). A literatura destaca que a elaboração de um plano de negócios aumenta as chances de sucesso do empreendimento, pois permite um detalhamento minucioso da empresa e do ambiente em que está inserida (Caliari et al., 2020).

Portanto, a criação de um plano de negócios na gastronomia não apenas é uma prática recomendada, mas também se mostra como um instrumento valioso para os empreendedores do setor, fornecendo direcionamento, clareza e embasamento para a tomada de decisões estratégicas e operacionais.

Casos De Sucesso: Revise Na Literatura Casos De Sucesso Relacionados A Este Tema.

Analisando três estudos de casos de sucesso relacionados ao tema "plano de negócios na gastronomia", podemos destacar pontos relevantes de cada um: 1. Estudo de Caso: "Gestão de resíduos orgânicos e viabilidade financeira" Oliveira et al. (2021): - Destaca a possibilidade de transição para uma economia verde lucrativa, o que pode ser aplicado na gastronomia para promover práticas sustentáveis. 2. Estudo de Caso: "Empreender ou não? Caso do Quiosque de Frozen Iogurte" Régis et al. (2021): - Enfatiza a importância do plano de negócios como ferramenta fundamental para o sucesso de um empreendimento na gastronomia, indicando que a estrutura do plano de negócios segue um padrão que pode orientar os empreendedores. 3. Estudo de Caso: "O plano de negócios como ferramenta para o empreendedor" Santos & Pinheiro (2017): - Reforça que o plano de negócios é dinâmico e estratégico, auxiliando os empreendedores na implementação da estratégia da empresa, evitando possíveis decepções futuras ao indicar se o momento é propício para o negócio desejado.

Esses estudos ressaltam a relevância do plano de negócios na gastronomia, não apenas como um documento estático, mas como uma ferramenta dinâmica e estratégica que pode orientar os empreendedores, promover práticas sustentáveis e contribuir para o sucesso dos negócios no setor gastronômico.

Exercício: Coloque O Conhecimento Em Prática Com Base No Seu Negócio Ou Na Sua Ideia[5].

1. Resumo Executivo

O que? O resumo executivo é uma visão geral do seu plano de negócios, destacando os principais pontos, como o conceito do negócio, público-alvo, diferenciais competitivos e metas de curto e longo prazo.

Quando? Preencha esta seção após finalizar o plano de negócios, mas antes de qualquer outra apresentação ou execução do projeto.

Como? Descreva brevemente o conceito do seu negócio gastronômico. Identifique o público-alvo e as necessidades que o seu empreendimento pretende atender. Destaque os diferenciais competitivos que tornam o seu negócio único. Estabeleça metas de curto prazo (1 ano) e longo prazo (3-5 anos) para o seu negócio.

2. Análise de Mercado

O que? A análise de mercado consiste em compreender o ambiente em que o seu negócio irá operar, identificando tendências, concorrentes, oportunidades e ameaças.

Quando? Realize esta análise antes de iniciar seu negócio gastronômico e atualize-a periodicamente para se manter relevante no mercado.

Como? Pesquise o mercado local e identifique a demanda por serviços gastronômicos. Analise os hábitos de consumo da sua região e as tendências do setor alimentício. Identifique os concorrentes diretos e indiretos, analisando seus pontos fortes e fracos. Avalie as oportunidades de parcerias com fornecedores locais e estratégias de marketing.

3. Plano de Produtos/Serviços

O que? O plano de produtos/serviços detalha os itens que serão oferecidos no menu ou catálogo do seu negócio gastronômico, incluindo ingredientes, preços e diferenciais.

Quando? Desenvolva este plano antes de abrir seu negócio e atualize-o conforme necessário para atender às demandas do mercado e dos clientes.

Como? Liste os produtos/serviços que você pretende oferecer, incluindo detalhes sobre ingredientes, preparo e apresentação. Defina os preços de cada item, considerando custos, concorrência e valor percebido pelo cliente. Destaque os diferenciais dos seus produtos/serviços, como ingredientes locais, pratos exclusivos ou opções saudáveis.

4. Estratégia de Marketing

O que? A estratégia de marketing define como você irá promover seu negócio gastronômico, alcançar seu público-alvo e criar uma imagem de marca forte.

Quando? Elabore esta estratégia antes de iniciar suas atividades e ajuste-a conforme necessário ao longo do tempo para maximizar o alcance e o impacto.

Como? Identifique seu público-alvo e os canais de comunicação mais eficazes para alcançá-los. Desenvolva uma identidade de marca consistente, incluindo nome, logotipo, cores e mensagem. Utilize uma variedade de táticas de marketing, como publicidade digital, mídias sociais, eventos locais e parcerias com influenciadores. Acompanhe e avalie o desempenho de suas estratégias de marketing para fazer ajustes e melhorias contínuas.

5. Plano Financeiro

O que? O plano financeiro detalha os aspectos financeiros do seu negócio, incluindo investimentos necessários, custos operacionais, projeções de receitas e fluxo de caixa.

Quando? Prepare este plano antes de iniciar seu negócio e atualize-o regularmente para acompanhar o desempenho financeiro e fazer ajustes conforme necessário.

Como? Liste todos os investimentos necessários para abrir e operar seu negócio, incluindo equipamentos, reformas, licenças e marketing inicial. Estime os custos operacionais mensais, como aluguel, salários, matéria-prima e despesas gerais. Projete as receitas mensais com base nas vendas esperadas e nos preços dos produtos/serviços. Elabore um fluxo de caixa , prevendo entradas e saídas de dinheiro ao longo do tempo, e identifique possíveis fontes de financiamento, como empréstimos, investidores ou capital próprio.

Referencias dos artigos:

Caliari, L., Araujo, F., Madrid, R., & Cerqueira-Adão, S. (2020). Proposição de uma estrutura de plano de negócio para uma empreendedora do ramo de beleza da fronteira sant'ana do livramento/rs - brasil e rivera - uruguai. Remipe - Revista De Micro E Pequenas Empresas E Empreendedorismo Da Fatec-Osasco, 6(1), 165-186. https://doi.org/10.21574/remipe.v6i1.267

Mainardes, E., Martins, O., & Silva, M. (2010). Plano de vida: proposta de um programa de preparação para a reforma. Revista Pensamento Contemporâneo Em Administração, 4(1), 54. https://doi.org/10.12712/rpca.v4i1.44

Moraes, I. (2020). A importância do plano de negócios para uma gestão mais eficiente. Revista Científica Multidisciplinar Núcleo Do Conhecimento, 172-181. https://doi.org/10.32749/nucleodoconhecimento.com.br/administracao/plano-de-negocios

Régis, E., Passos, A., & Lizote, S. (2021). Empreender ou não? o caso do quiosque de frozen iogurte. Revista Gestão Organizacional, 14(3), 261-277. https://doi.org/10.22277/rgo.v14i3.6401

Santos, P. and Pinheiro, F. (2017). O plano de negócios como ferramenta estratégica para o empreendedor: um estudo de caso. Revista Latino-Americana De Inovação E Engenharia De Produção, 5(8), 150. https://doi.org/10.5380/relainep.v5i7.55161

Referencias dos casos:

Oliveira, J., Tavares, K., Gomes, P., Alves, J., & Melo, F. (2021). Gestão de resíduos orgânicos e viabilidade financeira: um estudo de caso. Research Society and Development, 10(2), e49010212870. https://doi.org/10.33448/

rsd-v10i2.12870

Régis, E., Passos, A., & Lizote, S. (2021). Empreender ou não? o caso do quiosque de frozen iogurte. Revista Gestão Organizacional, 14(3), 261-277. https://doi.org/10.22277/rgo.v14i3.6401

Santos, P. and Pinheiro, F. (2017). O plano de negócios como ferramenta estratégica para o empreendedor: um estudo de caso. Revista Latino-Americana De Inovação E Engenharia De Produção, 5(8), 150. https://doi.org/10.5380/relainep.v5i7.55161

CONECTANDO-SE COM SEUS CONSUMIDORES.

A identificação do público-alvo é uma etapa para o sucesso de qualquer empreendimento na indústria da gastronomia.

O processo de compreender e definir o grupo específico de consumidores que são mais propensos a se interessar pelos produtos ou serviços oferecidos por um negócio. Envolve a análise de características demográficas, psicográficas[6] e comportamentais dos consumidores para segmentar o mercado de forma eficaz.

Exemplos de Práticas Atuais:

- Pesquisas de Mercado: Realização de pesquisas para coletar dados sobre os hábitos de compra, preferências alimentares e comportamentos dos consumidores.

- Análise de Dados: Utilização de ferramentas analíticas para interpretar dados e identificar padrões que revelem informações sobre o público-alvo.

- Feedback dos Clientes: Coleta de feedback dos clientes por meio de comentários online, pesquisas de satisfação e interações pessoais para entender suas necessidades e preferências.

Passo A Passo:

1. Defina seus Objetivos: Comece definindo claramente os objetivos do seu negócio e o que deseja alcançar ao identificar seu público-alvo.

2. Conduza Pesquisas de Mercado: Realize pesquisas de mercado para coletar informações sobre o perfil demográfico, interesses, comportamentos e necessidades dos consumidores.

3. Analise os Dados Coletados: Utilize ferramentas analíticas para interpretar os dados coletados e identificar padrões ou segmentos de mercado significativos.

4. Crie Personas de Cliente: Desenvolva personas[7] de cliente que representem os diferentes segmentos do seu público-alvo, incluindo informações detalhadas sobre suas características e preferências.

5. Adapte suas Estratégias de Marketing: Com base nas informações obtidas, ajuste suas estratégias de marketing para atender às necessidades e interesses específicos do seu público-alvo.

Aplicação Em Pequenas E Médias Empresas:

-Pequenas Empresas: As pequenas empresas podem se beneficiar da identificação do público-alvo ao direcionar seus recursos de marketing de forma mais eficaz e maximizar o retorno sobre o investimento.

- Médias Empresas: As médias empresas podem usar a identificação do público-alvo para segmentar o mercado de maneira mais precisa, desenvolver mensagens de marketing mais direcionadas e criar relacionamentos mais profundos com os clientes.

Artigos Acadêmicos Sobre Comportamento Do Consumidor Na Indústria Da Gastronomia:

Na área da Gastronomia, a identificação do público-alvo é fundamental para o planejamento estratégico das organizações. Ter os públicos-alvo mapeados e identificados é crucial para definir as estratégias de comunicação e divulgação de ações (Farias & Claudino, 2018). Esse processo de identificação do público-alvo também é relevante em outras áreas, como na Educação, onde a validação de tecnologias educacionais deve considerar as necessidades e interesses do público-alvo para favorecer a aprendizagem significativa (Rodrigues et al., 2022). Além disso, em pesquisas sobre o uso de tecnologias gragradigitais no ensino, é essencial considerar que o público-alvo pode incluir tanto professores quanto alunos, como no caso de estudos sobre o ensino de Química (Leite, 2021).

A caracterização do público-alvo também é crucial no desenvolvimento de jogos educacionais na área da Computação, pois jogos bem concebidos levam em consideração as características do público-alvo para proporcionar benefícios educacionais eficazes (Battistella & Wangenheim, 2016). Da mesma forma, ao desenvolver aplicativos móveis para orientações em saúde, é importante envolver ativamente o público-alvo no processo de desenvolvimento para identificar as informações mais relevantes e garantir fácil acesso às tecnologias educacionais (Toledo et al., 2022).

Em diferentes contextos, como na Educação Especial, a identificação do público-alvo é essencial para direcionar a formação de professores, a avaliação e a organização do Atendimento Educacional Especializado (AEE) de forma adequada (Victor & Piloto, 2016). Além disso, em projetos de extensão voltados para a formação cidadã de crianças e adolescentes, a identificação do público-alvo é fundamental para o planejamento e implementação de ações educativas eficazes (Filadelfi et al., 2018).

Portanto, a identificação do público-alvo é um aspecto crucial em diversas áreas, incluindo Gastronomia, Educação, Saúde e Tecnologia, pois permite direcionar estratégias, desenvolver materiais educacionais adequados e garantir a eficácia das ações planejadas.

Casos De Sucesso:

Analisando três estudos de casos de sucesso relacionados ao tema "público-alvo na gastronomia", podemos destacar pontos relevantes que emergem dessas pesquisas.

O primeiro estudo, realizado por (Flores et al., 2022), aborda os fatores críticos de sucesso do enoturismo em São Joaquim, Santa Catarina, Brasil. Os resultados destacam a importância de elementos como o vinho, vinícolas, visitação, degustação e gastronomia para o sucesso nesse setor. Isso ressalta a relevância de uma oferta gastronômica atrativa e integrada a outras experiências turísticas.

O segundo estudo, conduzido por (Piñar-Álvarez, 2022), discute a gastronomia sustentável em restaurantes e eventos turísticos, evidenciando a importância de estratégias para a geração de gastronomia sustentável. Isso ressalta a crescente preocupação com a sustentabilidade na gastronomia e como essa abordagem pode atrair e fidelizar o público-alvo interessado em práticas mais sustentáveis.

Por fim, o terceiro estudo, realizado por (Aliner et al., 2015), destaca a relação entre gastronomia e turismo cultural, enfatizando a importância da divulgação de atrativos turísticos brasileiros por meio da culinária típica. Essa abordagem ressalta como a gastronomia pode ser um elemento-chave na atração e retenção do público-alvo em eventos turísticos.

Em síntese, os estudos de casos analisados destacam a relevância da oferta gastronômica, da sustentabilidade na gastronomia e da integração da culinária com experiências turísticas para o sucesso no setor, evidenciando a importância de compreender e atender às expectativas do público-alvo na gastronomia.

Exercício:

1. Descrição do Público-Alvo

O que? Esta seção descreve quem é o público-alvo do seu negócio, incluindo características demográficas, comportamentais e psicográficas.

Quando? Preencha esta seção antes de iniciar qualquer atividade de marketing ou desenvolvimento de produtos/ serviços.

Como? Demográfico: Identifique características como idade, gênero, estado civil, nível de escolaridade, renda familiar, ocupação e localização geográfica. Comportamental: Analise comportamentos relacionados ao consumo de produtos/serviços gastronômicos, como frequência de visitas a restaurantes, preferências alimentares, hábitos de compra e estilo de vida. Psicográfico: Explore valores, interesses, hobbies, personalidade e motivações do seu público-alvo, buscando compreender o que influencia suas decisões de compra e consumo.

2. Necessidades e Desejos do Público-Alvo

O que? Esta seção detalha as necessidades, desejos e problemas que o seu público-alvo enfrenta e que o seu negócio pode resolver.

Quando? Preencha esta seção durante a fase de pesquisa

de mercado e atualize-a conforme necessário ao longo do tempo.

Como? Identifique Necessidades: Descubra quais são as necessidades básicas ou desafios que o seu público-alvo enfrenta no contexto gastronômico, como busca por conveniência, experiências culinárias únicas ou opções saudáveis. Explore Desejos: Analise os desejos e aspirações do seu público-alvo em relação à gastronomia, como experimentar novos sabores, conhecer culturas culinárias diferentes ou se envolver em práticas alimentares sustentáveis. Entenda Problemas: Reconheça quais são os problemas ou dores que o seu público-alvo enfrenta ao consumir produtos/serviços gastronômicos, como dificuldade em encontrar opções que atendam a restrições alimentares, falta de tempo para cozinhar em casa ou preocupações com a origem dos ingredientes.

3. Comportamentos de Compra e Consumo

O que? Esta seção analisa os comportamentos de compra e consumo do seu público-alvo, incluindo onde, quando e como eles tomam decisões relacionadas à gastronomia.

Quando? Preencha esta seção durante a fase de pesquisa de mercado e atualize-a conforme necessário para acompanhar as mudanças nos hábitos do consumidor.

Como? Locais de Compra: Identifique onde o seu público-alvo costuma comprar produtos/serviços gastronômicos, como restaurantes, mercados, delivery online, food trucks, entre outros. Momento de Compra: Analise quando o seu público-alvo costuma consumir alimentos ou refeições, como durante a semana, nos finais de semana, em ocasiões especiais ou em momentos de lazer. Canais de Informação: Descubra como o seu público-alvo busca informações sobre gastronomia, seja por meio de redes sociais, sites especializados, recomendações de amigos, críticas online, entre outros.

4. Perfil de Consumo e Preferências

O que? Esta seção descreve o perfil de consumo e as preferências gastronômicas do seu público-alvo, incluindo tipos de alimentos, estilos de culinária, experiências de consumo e expectativas em relação ao serviço.

Quando? Preencha esta seção durante a fase de pesquisa de mercado e atualize-a conforme necessário para acompanhar as mudanças nas preferências do consumidor.

Como? Tipos de Alimentos: Identifique quais tipos de alimentos e ingredientes são preferidos pelo seu público-alvo, como pratos tradicionais, alimentos orgânicos, opções vegetarianas/veganas, comida rápida, entre outros. Estilos de Culinária: Analise quais estilos de culinária são mais apreciados pelo seu público-alvo, como comida italiana, comida asiática, churrasco, culinária fusion, entre outros. Experiências de Consumo: Descubra quais são as expectativas e preferências do seu público-alvo em relação à experiência de consumo, como ambiente do restaurante, atendimento ao cliente, apresentação dos pratos, entre outros.

5. Feedback e Interação

O que? Esta seção enfatiza a importância do feedback e da interação com o público-alvo para entender melhor suas necessidades, desejos e preferências.

Quando? Estabeleça mecanismos de coleta de feedback desde o início das operações do seu negócio e mantenha uma comunicação constante com o público-alvo.

Como? Pesquisas de Satisfação: Realize pesquisas de satisfação regularmente para coletar feedback sobre a experiência do cliente, qualidade dos produtos/serviços e áreas de melhoria. Canais de Comunicação: Mantenha canais abertos de comunicação com o público-alvo, como redes sociais, e-mail, formulários de contato no site e pessoalmente no estabelecimento. Análise de Comportamento: Análise padrões de comportamento do cliente, como pedidos frequentes, horários de pico, feedbacks recorrentes e interações nas redes sociais, para identificar tendências e oportunidades de melhoria.

Referencias Artigos:

Battistella, P. and Wangenheim, C. (2016). Caracterização do público-alvo de jogos educacionais na área da computação. https://doi.org/10.5753/wei.2016.9645

Farias, B. and Claudino, R. (2018). Estratégias de comunicação e públicos-alvo: um estudo de caso da academia olímpica de portugal. Olimpianos - Journal of Olympic Studies, 2(3), 489-509. https://doi.org/10.30937/2526-6314.v2n3.id62

Filadelfi, A., Jaskiu, E., Siqueira, J., & Tobaldini, G. (2018). A indissociabilidade entre ensino-pesquisa-extensão. Revista Extensão & Cidadania, 5(9), 1. https://doi.org/10.22481/recuesb.v5i9.4598

Leite, B. (2021). Pesquisas sobre as tecnologias digitais no ensino de química. Debates Em Educação, 13, 244-269. https://doi.org/10.28998/2175-6600.2021v13nesp2p244-269

Rodrigues, I., Pinheiro, P., Mondragón-Sánchez, E., Costa, M., Paula, P., Sales, J., ... & Queiroz, M. (2022). Tecnologia educacional às famílias de lactentes sobre identificação de sinais de alerta: estudo de validação. Revista Brasileira De Enfermagem, 75(5). https://doi.org/10.1590/0034-7167-2021-0964pt

Toledo, T., Peres, A., Barros, P., Russo, R., & Carvalho, L. (2022). Prevtev: construção e validação de aplicativo móvel para orientações sobre tromboembolismo venoso. Revista Brasileira De Educação Médica, 46(1). https://doi.org/10.1590/1981-5271v46.1-20210405

Victor, S. and Piloto, S. (2016). A formação e o oneesp: estado do es em foco. Journal of Research in Special Educational Needs, 16(S1), 75-79. https://doi.org/10.1111/1471-3802.12270

Referencias Casos:

Aliner, A., Rodrigues, T., & Pons, M. (2015). Gastronomia e turismo cultural: um exercício para a divulgação de atrativos turísticos brasileiros. Relacult - Revista Latino-Americana De Estudos Em Cultura E Sociedade, 1(02), 183-186. https://doi.org/10.23899/relacult.v1i02.44

Flores, L., Júnior, I., Fiuza, T., & Flores, G. (2022). Fatores críticos de sucesso do enoturismo em são joaquim, santa catarina, brasil. Revista Rosa Dos Ventos - Turismo E Hospitalidade, 14(4), 1052-1072. https://doi.org/10.18226/21789061.v14i4p1052

Piñar-Álvarez, M. (2022). Gastronomía sustentable en restaurantes y eventos turísticos de méxico en el contexto internacional. El Periplo Sustentable, (43), 120. https://doi.org/10.36677/elperiplo.v0i43.15272

ANÁLISE DE CONCORRÊNCIA

A análise de concorrência é uma prática essencial para qualquer negócio na indústria da gastronomia.

O estudo dos concorrentes diretos e indiretos de uma empresa, com o objetivo de identificar suas estratégias, pontos fortes e fracos, e oportunidades de diferenciação. Essa análise fornece insights valiosos para a tomada de decisões estratégicas, ajudando as empresas a se posicionarem de forma única no mercado.

As práticas atuais de análise de concorrência abrangem uma variedade de métodos e ferramentas. Isso inclui a observação direta dos concorrentes, pesquisa online, análise de mídia social, participação em eventos do setor, e uso de ferramentas de análise de mercado. Empresas também estão utilizando inteligência competitiva para monitorar continuamente as atividades e estratégias dos concorrentes.

Passo A Passo:

1. Identificação dos Concorrentes: Comece identificando os concorrentes diretos e indiretos da sua empresa. Isso inclui restaurantes similares em termos de tipo de culinária, localização, público-alvo e proposta de valor.

2. Coleta de Dados: Realize uma coleta abrangente de dados sobre os concorrentes, incluindo seus menus, preços, horários de funcionamento, marketing e presença online.

3. Análise SWOT: Utilize a análise SWOT (Forças, Fraquezas, Oportunidades e Ameaças) para avaliar os pontos fortes e fracos dos concorrentes, bem como as oportunidades e ameaças presentes no mercado.

4. Identificação de Lacunas e Oportunidades: Identifique as lacunas no mercado que os concorrentes não estão explorando e as oportunidades de diferenciação que sua empresa pode aproveitar.

5. Desenvolvimento de Estratégias: Com base na análise realizada, desenvolva estratégias para posicionar sua empresa de forma única no mercado, destacando seus pontos fortes e atendendo às necessidades não atendidas pelos concorrentes.

Aplicação Em Pequenas E Médias Empresas:

-Pequenas Empresas: Para pequenas empresas, a análise de concorrência pode ser mais direta e prática. Isso pode envolver a observação direta dos concorrentes locais, a análise de seus menus e preços, e a identificação de oportunidades de nicho que não estão sendo exploradas.

- Médias Empresas: Já para médias empresas, uma abordagem mais abrangente pode ser necessária. Isso pode incluir o uso de ferramentas de análise de mercado mais avançadas, como software de inteligência competitiva, e a realização de análises mais detalhadas sobre os concorrentes e o mercado em geral.

Artigos Acadêmicos Relevantes:

A análise da concorrência na gastronomia é um tema relevante que pode ser abordado sob diferentes perspectivas acadêmicas. Ao considerar a competitividade no setor gastronômico, é essencial compreender os padrões de concorrência e estratégias emergentes. Ferraz, Kupfer e

Haguenauer (1996) propõem uma análise da competitividade que pode ser complementada pelo modelo de análise das indústrias de Porter (1986) (Lagreca & Hexsel, 2007). Esses enfoques permitem uma compreensão mais aprofundada das dinâmicas de concorrência desleal e seus impactos na competitividade organizacional.

Além disso, a concentração de mercado e o padrão de concorrência são aspectos cruciais a considerar na indústria alimentar. Estudos demonstram a importância da rivalidade e concorrência industrial para manter o equilíbrio competitivo e o poder dos consumidores (Ferreira et al., 2021). A fragmentação da concorrência e a busca por resultados de curto prazo também influenciam as práticas organizacionais na indústria automotiva, o que pode ser extrapolado para o setor gastronômico (Filho & Simões, 2015).

A concorrência no setor de alimentos pode ser influenciada por fatores como a diferenciação de produtos, investimentos em pesquisa e desenvolvimento, e estratégias de marketing (Oliveira et al., 2006). A mudança técnica e a natureza da concorrência também são elementos essenciais a considerar, pois impactam diretamente a dinâmica competitiva (Carvalho et al., 2020). Além disso, a análise de estratégias genéricas e vantagem competitiva é fundamental para entender como as empresas podem se manter competitivas diante da evolução da indústria e do comportamento da concorrência (Almeida et al., 2013).

Em suma, ao analisar a concorrência na gastronomia sob uma perspectiva acadêmica, é crucial considerar os padrões de concorrência, estratégias emergentes, diferenciação de produtos, investimentos em pesquisa e desenvolvimento, bem como a evolução da indústria e o comportamento dos concorrentes. Esses elementos fornecem insights valiosos para compreender a dinâmica competitiva e promover a competitividade no setor gastronômico.

Casos De Sucesso:

Para analisar casos de sucesso de empresas relacionados à análise de concorrência na gastronomia, destacamos três estudos relevantes.

O primeiro estudo, realizado por (Kieling et al., 2017), aborda o caso da Rock Hamburgueria, um restaurante em Florianópolis-SC. O empreendimento, fundado em 2014, obteve sucesso inicial, porém enfrentou uma queda nas vendas devido ao aumento da concorrência no setor e à crise econômica nacional.

O segundo estudo, conduzido por (Flores et al., 2022), analisa os fatores críticos de sucesso do enoturismo em São Joaquim, Santa Catarina. A pesquisa ressalta a relevância de ações para melhorar a atividade gastronômica na região, considerando a concorrência e a importância do marketing para o desenvolvimento local.

Por fim, o estudo de Mozzato e Grzybovski (2011) destaca a análise de conteúdo como uma técnica valiosa para a compreensão de dados qualitativos no campo da administração. Essa abordagem pode ser aplicada na análise da concorrência na gastronomia, permitindo uma compreensão aprofundada do mercado e das estratégias adotadas por empresas do setor.

Esses estudos evidenciam a importância da análise da concorrência na gastronomia para o sucesso empresarial, destacando a necessidade de estratégias competitivas, compreensão do mercado local e adaptação contínua às mudanças no ambiente de negócios.

Exercício:

1. Identificação dos Concorrentes

O que? Esta seção visa identificar os concorrentes diretos e indiretos do seu negócio, ou seja, empresas que oferecem produtos ou serviços semelhantes aos seus e competem pelo mesmo público-alvo.

Quando? Preencha esta seção antes de iniciar qualquer atividade de marketing ou desenvolvimento de produtos/serviços.

Como? Pesquisa Online e Offline: Realize pesquisas online utilizando mecanismos de busca e redes sociais para identificar concorrentes diretos e indiretos. Além disso, visite pessoalmente estabelecimentos concorrentes na sua região. Observação de Mercado: Observe a presença dos concorrentes nos locais onde seu público-alvo costuma frequentar, como restaurantes, mercados, feiras, eventos gastronômicos, entre outros. Registro de Dados: Registre o nome, localização, segmento de mercado, pontos fortes e fracos, preços praticados e estratégias de marketing dos concorrentes identificados.

2. Análise SWOT dos Concorrentes

O que? Esta seção consiste em realizar uma análise SWOT (Strengths, Weaknesses, Opportunities, Threats) dos concorrentes identificados, destacando seus pontos fortes, pontos fracos, oportunidades e ameaças.

Quando? Preencha esta seção durante a fase de pesquisa de mercado e atualize-a conforme necessário para acompanhar as mudanças no ambiente competitivo.

Como? Pontos Fortes (Strengths): Liste as vantagens competitivas dos concorrentes, como localização privilegiada, reputação sólida, qualidade dos produtos/serviços, preços competitivos, entre outros. Pontos Fracos (Weaknesses): Identifique as fraquezas dos concorrentes, como atendimento ao cliente insatisfatório, falta de inovação, problemas de qualidade, alta rotatividade de funcionários, entre outros.

Oportunidades (Opportunities): Analise as oportunidades que os concorrentes estão aproveitando ou poderiam aproveitar no mercado, como lançamento de novos produtos/serviços, expansão para novas áreas geográficas, parcerias estratégicas, entre outros. Ameaças (Threats): Identifique as ameaças que os concorrentes enfrentam ou poderiam enfrentar no mercado, como mudanças na legislação, entrada de novos concorrentes, flutuações econômicas, sazonalidade, entre outros.

3. Análise de Preços e Posicionamento

O que? Esta seção analisa os preços praticados pelos concorrentes e seu posicionamento no mercado em relação ao seu negócio.

Quando? Preencha esta seção durante a fase de pesquisa de mercado e atualize-a conforme necessário para acompanhar as mudanças nos preços e no posicionamento dos concorrentes.

Como? Preços Praticados: Liste os preços dos produtos/serviços oferecidos pelos concorrentes diretos e indiretos, comparando com os seus. Posicionamento de Mercado: Analise como os concorrentes se posicionam no mercado em relação a fatores como qualidade, exclusividade, variedade, conveniência, entre outros. Estratégias de Preço: Identifique as estratégias de preços dos concorrentes, como precificação premium, precificação de penetração, descontos sazonais, entre outros.

4. Estratégias de Marketing dos Concorrentes

O que? Esta seção analisa as estratégias de marketing adotadas pelos concorrentes para atrair e reter clientes.

Quando? Preencha esta seção durante a fase de pesquisa de mercado e atualize-a conforme necessário para acompanhar as mudanças nas estratégias de marketing dos concorrentes.

Como? Presença Online: Avalie a presença dos

concorrentes nas redes sociais, websites, aplicativos de entrega, blogs, entre outros. Publicidade e Promoções: Observe as campanhas de publicidade, promoções, eventos e parcerias promovidas pelos concorrentes. Reputação e Avaliações: Analise as avaliações, comentários e reputação dos concorrentes em plataformas online e redes sociais.

5. Aprendizados e Oportunidades

O que? Esta seção destaca os principais aprendizados e oportunidades identificados a partir da análise de concorrência.

Quando? Revise esta seção regularmente para incorporar novos aprendizados e aproveitar oportunidades identificadas ao longo do tempo.

Como? Aprendizados: Registre as principais conclusões e insights obtidos a partir da análise de concorrência, destacando pontos fortes a serem replicados e pontos fracos a serem evitados. Oportunidades: Identifique oportunidades de diferenciação, inovação, parcerias estratégicas e melhoria contínua a partir das lacunas identificadas na oferta dos concorrentes.

Referencias Artigos:

Almeida, D., Vieira, J., & Neto, J. (2013). Alinhamento estratégico em construtoras de fortaleza/ce: aplicação de um modelo de medição. Sistemas & Gestão, 8(2), 172-188. https://doi.org/10.7177/sg.2012.v8.n2.a6

Carvalho, J., Santana, A., Soares, A., Souza, A., & Neto, J. (2020). A concorrência schumpeteriana de mercado na oferta de serviços educacionais de ensino superior. Brazilian Journal of Development, 6(9), 73436-73454. https://doi.org/10.34117/bjdv6n9-704

Ferreira, B., Gomes, G., ALMEIDA, G., & Souza, S. (2021). Concentração do mercado e padrão de concorrência dual na indústria de alumínio no brasil.. https://doi.org/10.14488/enegep2021_tn_sto_359_1849_42817

Filho, P. and Simões, J. (2015). Relações de poder e controle na indústria automobilística. Revista Pensamento Contemporâneo Em Administração, 9(2), 129. https://doi.org/10.12712/rpca.v9i2.537

Lagreca, R. and Hexsel, A. (2007). Concorrência desleal: concepções do processo de mobilização estratégica a partir de um estudo de caso. Revista De

Administração Contemporânea, 11(spe1), 11-31. https://doi.org/10.1590/s1415-65552007000500002

Oliveira, E., Labra, M., & Bermudez, J. (2006). A produção pública de medicamentos no brasil: uma visão geral. Cadernos De Saúde Pública, 22(11), 2379-2389. https://doi.org/10.1590/s0102-311x2006001100012

Referencias Casos:

Flores, L., Júnior, I., Fiuza, T., & Flores, G. (2022). Fatores críticos de sucesso do enoturismo em são joaquim, santa catarina, brasil. Revista Rosa Dos Ventos - Turismo E Hospitalidade, 14(4), 1052-1072. https://doi.org/10.18226/21789061.v14i4p1052

Kieling, A., Hoffmann, E., & Boeing, R. (2017). Abocanhando o mercado: o caso da rock hamburgueria. Administração Ensino E Pesquisa, 18(1), 153-186. https://doi.org/10.13058/raep.2017.v18n1.471

MUNDO CULINÁRIO COMPETITIVO

Vamos explorar esse tema, desde sua definição até sua aplicação prática em pequenas e médias empresas.

A imagem percebida que um estabelecimento gastronômico deseja transmitir aos seus clientes, envolve a identificação e comunicação de características únicas e diferenciadoras que definem a marca em relação aos concorrentes. Isso inclui elementos como estilo de culinária[8], atmosfera do estabelecimento, preço, serviço ao cliente e proposta de valor.

Exemplos de Práticas Atuais:

- Diferenciação de Produto: Oferecer pratos exclusivos ou especialidades que se destacam da concorrência, seja por sua qualidade, apresentação ou sabor único.

- Segmentação de Mercado: Focar em um nicho específico de mercado, como comida saudável, culinária étnica ou refeições gourmet, para atender às necessidades e preferências de um público-alvo específico.

- Posicionamento de Preço: Posicionar-se como uma opção premium, com preços mais altos que refletem qualidade superior, ou como uma opção acessível, com preços competitivos que atraem clientes conscientes do valor.

Passo A Passo:

1. Análise de Mercado: Avalie o mercado gastronômico local e identifique lacunas ou oportunidades que possam ser aproveitadas.

2. Identificação do Público-Alvo: Entenda as preferências, necessidades e comportamentos dos clientes potenciais para direcionar suas estratégias de posicionamento.

3. Definição da Proposta de Valor: Estabeleça claramente o que torna seu estabelecimento único e por que os clientes devem escolhê-lo em vez da concorrência.

4. Desenvolvimento da Mensagem de Marca: Crie uma mensagem de marca consistente que comunique efetivamente o posicionamento desejado aos clientes.

5. Implementação e Monitoramento: Implemente suas estratégias de posicionamento e monitore continuamente os resultados para fazer ajustes conforme necessário.

Aplicação Em Pequenas E Médias Empresas:

-Pequenas Empresas: As pequenas empresas podem se diferenciar através de um posicionamento de nicho específico, oferecendo algo único que atrai um grupo seleto de clientes.

- Médias Empresas: As médias empresas podem explorar diferentes estratégias de posicionamento, como qualidade premium, conveniência ou experiência gastronômica única, para atrair e reter uma base de clientes fiel.

Artigos Acadêmicos Relevantes:

O posicionamento de mercado na gastronomia é um tema relevante que envolve estratégias fundamentais para o sucesso de empresas nesse setor. Diversos estudos acadêmicos abordam a importância do posicionamento estratégico para garantir a competitividade e a manutenção no mercado gastronômico (Santos & Marques, 2021; Sarquis et al., 2017). A diferenciação e a criação de uma proposta de valor são aspectos essenciais no processo de posicionamento de marketing (Gouvêa & Niño, 2010). Além disso, a associação da gastronomia com tradição e patrimônio é uma estratégia comum utilizada para promover destinos turísticos (Santos & Bastos, 2016).

A segmentação de mercado é uma prática que permite às empresas identificar os segmentos mais receptivos e desenvolver estratégias de posicionamento específicas para cada um deles (Borelli et al., 2012). No contexto da gastronomia, a formação de profissionais qualificados é crucial para atender às demandas do mercado de trabalho (Gimenes-Minasse, 2018). A gastronomia também pode ser uma ferramenta para reduzir a desigualdade social, como demonstrado por iniciativas que utilizam a culinária para capacitar pessoas em situação de vulnerabilidade (Pinheiro & Sobral, 2018; Silva et al., 2022).

A valorização de produtos locais e a criação de espaços de encontro social em torno da gastronomia são aspectos que contribuem para o posicionamento de mercado no setor (Zaneti & Schneider, 2016; Huerta et al., 2022). Além disso, a ressignificação de conceitos e métodos na ciência gastronômica é essencial para alinhar as competências dos profissionais com as demandas do mercado (Rocha, 2021). Estratégias de marketing e comercialização, como a oferta de produtos diferenciados e a articulação de competências interinstitucionais, são fundamentais para promover o desenvolvimento e a sustentabilidade no mercado gastronômico (Sousa & Kato, 2018; Sousa et al., 2019).

Em suma, o posicionamento de mercado na gastronomia envolve estratégias que visam diferenciar, criar valor e atender às demandas dos consumidores, ao mesmo tempo em que exploram a tradição, a inovação e o potencial local para se destacar em um mercado competitivo e em constante evolução.

Casos De Sucesso:

Para analisar casos de sucesso de empresas relacionados ao tema "posicionamento de mercado na gastronomia", podemos destacar três estudos relevantes.

Um estudo de caso interessante é o de Parente e Carvalho (2019) sobre a importância do marketing relacional na gestão do restaurante Sete Portes. Esse caso demonstra como a aplicação de estratégias de marketing relacional pode impactar positivamente o posicionamento de mercado de um restaurante, destacando a relevância de construir e manter relacionamentos sólidos com os clientes para o sucesso do empreendimento gastronômico.

Outro estudo relevante é o de Santos et al. (2020) sobre as relações interpessoais e a satisfação no trabalho em serviços gastronômicos. Esse estudo ressalta a importância de ter bons gestores e líderes no mercado da gastronomia, indicando que o sucesso de um negócio nesse setor está diretamente ligado à qualidade das relações interpessoais e à liderança eficaz dentro da empresa.

Além disso, o estudo de Helal et al. (2020) sobre jovens, mercado de trabalho e gastronomia também traz insights relevantes. Esse estudo quantitativo destaca a importância de uma boa liderança e gestão eficaz para aumentar o índice de sucesso de micro e pequenas empresas no setor gastronômico, evidenciando que aspectos como liderança e gestão podem impactar significativamente o posicionamento de mercado das empresas de gastronomia.

Esses estudos de caso ressaltam a importância de estratégias de marketing relacional, boas relações interpessoais, liderança eficaz e gestão adequada para o sucesso e o posicionamento de mercado de empresas no setor da gastronomia.

Exercício:

1. Definição do Posicionamento

O que? Esta seção define como o seu negócio gastronômico será percebido pelo público-alvo em relação aos concorrentes, destacando o seu diferencial e proposta de valor única.

Quando? Preencha esta seção antes de iniciar qualquer atividade de marketing ou desenvolvimento de produtos/ serviços.

Como? Identifique o Diferencial: Descubra o que torna o seu negócio gastronômico único em relação aos concorrentes, como um menu diferenciado, um ambiente acolhedor, ingredientes exclusivos, serviço excepcional, entre outros. Entenda a Proposta de Valor: Defina qual é a promessa que o seu negócio gastronômico oferece ao cliente, ou seja, qual benefício ele receberá ao escolher seu estabelecimento em vez dos concorrentes. Escolha a Estratégia de Posicionamento: Determine como você deseja que o seu negócio seja percebido pelo público-alvo, seja como o melhor em qualidade, o mais acessível, o mais autêntico, o mais inovador, entre outros.

2. Análise da Concorrência

O que? Esta seção analisa como os concorrentes estão posicionados no mercado gastronômico, identificando lacunas e oportunidades para diferenciar o seu negócio.

Quando? Preencha esta seção durante a fase de pesquisa de mercado e atualize-a conforme necessário para acompanhar as mudanças no ambiente competitivo.

Como? Identifique a Competição Direta e Indireta: Liste os concorrentes diretos (restaurantes com conceitos similares) e indiretos (outras opções de alimentação, como fast-food, delivery, comida de rua) e analise como eles estão posicionados. Analise os Pontos Fortes e Fracos dos Concorrentes: Identifique os pontos fortes que os concorrentes estão destacando em sua estratégia de posicionamento e onde eles estão falhando, criando oportunidades para o seu negócio se destacar.

3. Definição do Público-Alvo Específico

O que? Esta seção define o público-alvo específico que você pretende atrair com o seu posicionamento no mercado gastronômico.

Quando? Preencha esta seção antes de iniciar qualquer atividade de marketing ou desenvolvimento de produtos/ serviços.

Como? Identifique as Preferências do Público-Alvo: Analise as características demográficas, comportamentais e psicográficas do seu público-alvo para entender o que eles valorizam na experiência gastronômica. Escolha um Nicho de Mercado: Determine se você deseja focar em um nicho específico do mercado gastronômico, como alimentação saudável, culinária étnica, comida de conforto, entre outros. Personalize sua Mensagem: Adapte sua mensagem de marketing e sua oferta de produtos/serviços para atender às necessidades e preferências do seu público-alvo específico.

4. Desenvolvimento da Estratégia de Marketing

O que? Esta seção descreve como você irá comunicar e promover o seu posicionamento no mercado gastronômico para o público-alvo definido.

Quando? Preencha esta seção antes de iniciar qualquer atividade de marketing ou desenvolvimento de produtos/ serviços.

Como? Identifique os Canais de Comunicação: Escolha os canais de comunicação mais adequados para alcançar o seu público-alvo, como redes sociais, publicidade online, mídia impressa, eventos locais, entre outros. Crie Mensagens de Marketing Relevantes: Desenvolva mensagens de marketing que destaquem o seu posicionamento único no mercado e comuniquem a proposta de valor aos clientes. Implemente Estratégias de Engajamento: Crie experiências memoráveis para os clientes que reforcem o seu posicionamento no mercado gastronômico, como eventos especiais, programas de fidelidade, degustações, entre outros.

5. Avaliação e Ajustes Contínuos

O que? Esta seção destaca a importância de avaliar regularmente o desempenho do seu posicionamento no mercado gastronômico e fazer ajustes conforme necessário.

Quando? Revise esta seção regularmente para incorporar novos aprendizados e fazer ajustes à sua estratégia de posicionamento.

Como? Coleta de Feedback: Solicite feedback dos clientes sobre a percepção do seu posicionamento no mercado gastronômico e como você pode melhorar. Acompanhamento de Métricas: Monitore métricas relevantes, como tráfego do site, engajamento nas redes sociais, taxa de conversão e satisfação do cliente, para avaliar o desempenho do seu posicionamento. Adaptação da Estratégia: Com base nos dados coletados, faça ajustes à sua estratégia de posicionamento, mensagens de marketing e oferta de produtos/serviços para melhor atender às necessidades e preferências do seu público-alvo.

Referencias Artigos:

Borelli, F., Hemais, M., & Dias, P. (2012). Sandálias kenner. Revista De Administração Contemporânea, 16(1), 157-171. https://doi.org/10.1590/s1415-65552012000100010

Gimenes-Minasse, M. (2018). A formação superior em gastronomia e a realidade do mercado de trabalho no estado de são paulo: percepções de coordenadores e empregadores. Turismo - Visão E Ação, 21(1), 121. https://doi.org/10.14210/rtva.v21n1.p121-143

Gouvêa, M. and Niño, F. (2010). A diferenciação no processo de posicionamento de marketing e o setor de turismo. Gestão & Regionalidade, 26(76). https://doi.org/10.13037/gr.vol26n76.25

Huerta, L., Corredor, M., Daza, S., & Baron, J. (2022). Las plazas de mercado como espacios territoriales de turismo gastronómico, valoración de la gastronomía típica bogotana. Cuadernos De Geografía Revista Colombiana De Geografía, 31(1), 128-145. https://doi.org/10.15446/rcdg.v31n1.88754

Pinheiro, R. and Sobral, M. (2018). A gastronomia como alternativa para a redução da desigualdade social. Desafios Revista Interdisciplinar Da Universidade Federal Do Tocantins, 5(3), 85-93. https://doi.org/10.20873/uft.2359-3652.2018v5n3p85_

Rocha, F. (2021). Gastronomia: ciência e profissão. Arquivos Brasileiros De Alimentação, 1(1), 3-20. https://doi.org/10.53928/aba.v1i1.417

Santos, F. and Bastos, S. (2016). O papel do festival gastronômico de taquaruçu na definição da gastronomia de tocantins/to. Turismo - Visão E Ação, 18(3), 611. https://doi.org/10.14210/rtva.v18n3.p611-632

Santos, F. and Marques, R. (2021). Marketing educacional: propostas e desafios para uma instituição de educação básica. Quaestum, 2, 1-18. https://doi.org/10.22167/2675-441x-20210592

Sarquis, A., Hoeckesfeld, L., Soares, J., Dias, A., & Lima, M. (2017). Posicionamento de marca: estudo de casos na instituição comunitária de ensino superior. Revista Brasileira De Gestão E Inovação, V.5(N.1). https://doi.org/10.18226/23190639.v5n1.06

Silva, E., Anjos, M., & Branco, C. (2022). Gastronomia como recurso para minimizar assimetrias sociais. Revista Em Extensão, 21(1), 20-38. https://doi.org/10.14393/ree-v21n12022-65214

Sousa, D. and Kato, H. (2018). Novos produtos e cortes diferenciados: o potencial dos peixes nativos nos mercados da gastronomia. Extensão Rural, 24(4), 86. https://doi.org/10.5902/2318179629090

Sousa, D., Kato, H., Niederle, P., Freitas, A., & Milagres, C. (2019). Estratégias de comercialização do pescado da agricultura familiar para a alimentação escolar: a experiência no estado do tocantins. Cadernos De Ciência & Tecnologia, 36(2), 26450. https://doi.org/10.35977/0104-1096.cct2019.v36.26450

Zaneti, T. and Schneider, S. (2016). A conversa chegou à cozinha: um olhar sobre o uso de produtos agroalimentares singulares na gastronomia contemporânea. Revista Mundi Meio Ambiente E Agrárias (Issn 2525-4790), 1(1). https://doi.org/10.21575/25254790rmmaa2016vol1n1125

Referencias Casos:

Helal, D., Fong, T., & Paiva, K. (2020). Jovens, mercado de trabalho e gastronomia. Cultur - Revista De Cultura E Turismo, 14(01). https://

doi.org/10.36113/cultur.v14i01.2694

Santos, F., Passos, M., & Paula, N. (2020). As relações interpessoais e a satisfação no trabalho em serviços gastronômicos. Revista Hospitalidade, 109-135. https://doi.org/10.21714/2179-9164.2020.v17n2.007

SUCESSO FINANCEIRO DE SEU NEGÓCIO

Oestudo de viabilidade financeira envolve a análise detalhada dos aspectos financeiros de um empreendimento para determinar sua capacidade de gerar lucro e sustentabilidade a longo prazo.

É um processo que analisa diversos aspectos financeiros, como custos iniciais, projeções de receita, fluxo de caixa, ponto de equilíbrio e retorno sobre o investimento, com o objetivo de determinar se o empreendimento é financeiramente viável e lucrativo.

As práticas atuais de estudo de viabilidade financeira envolvem o uso de ferramentas e técnicas financeiras avançadas, como análise de mercado, análise SWOT financeira, análise de sensibilidade, modelagem financeira e simulação de cenários. Além disso, o uso de softwares especializados facilita a elaboração de projeções financeiras precisas e a avaliação de riscos e oportunidades.

Passo A Passo:

1. Definição do Escopo: Determine os objetivos e o escopo do estudo, incluindo o período de análise e os principais indicadores a serem avaliados.

2. Levantamento de Dados: Colete informações detalhadas sobre custos, despesas, receitas, investimentos iniciais e projeções de vendas.

3. Análise Financeira: Realize análises financeiras detalhadas, como cálculo do ponto de equilíbrio, análise de fluxo de caixa, análise de retorno sobre o investimento (ROI) e análise de viabilidade econômica.

4. Avaliação de Riscos: Identifique e avalie os riscos financeiros associados ao empreendimento, incluindo riscos operacionais, financeiros e de mercado.

5. Elaboração do Relatório: Compile os resultados do estudo em um relatório abrangente, destacando as conclusões, recomendações e projeções financeiras.

Aplicação Em Pequenas E Médias Empresas:

-Pequenas Empresas: Para pequenas empresas, o estudo de viabilidade financeira é essencial para garantir a sustentabilidade financeira desde o início. Ele ajuda os empreendedores a tomarem decisões informadas sobre investimentos, custos e estratégias de precificação.

- Médias Empresas: Em médias empresas, o estudo de viabilidade financeira pode ser aplicado para avaliar a viabilidade de expansões, lançamentos de novos produtos ou serviços e investimentos em tecnologia e inovação.

Artigos Acadêmicos Relacionados Ao Tema:

A viabilidade financeira é um aspecto crucial a ser considerado em diversos setores, incluindo a gastronomia. Estudos como o de Garcia et al. (2021) sobre sistemas agroflorestais e o de Serafim et al. (2018) sobre energia fotovoltaica residencial demonstram a importância de análises econômico-financeiras para avaliar a sustentabilidade e rentabilidade de projetos. Além disso, pesquisas como a de Gomes et al. (2019) destacam a relevância das novas tecnologias, como as da informação e comunicação, na realização de estudos de viabilidade econômica e financeira.

No contexto da gastronomia, a análise de viabilidade financeira pode abranger desde a introdução de novas embalagens inteligentes e sustentáveis, como discutido por (Silva et al., 2021), até a aquisição de equipamentos para redução de consumo de água e energia, conforme abordado por (Carlos et al., 2022). Esses estudos ressaltam a necessidade de considerar não apenas os aspectos econômicos, mas também os impactos ambientais e sociais ao avaliar a viabilidade de investimentos na área da gastronomia.

A utilização de métodos como análise de opções reais, mencionada por (Nardelli & Macedo, 2011), e a aplicação de simulações computacionais, como discutido por (Negrini et al., 2019), podem fornecer insights valiosos para a tomada de decisões financeiras em projetos gastronômicos. Essas abordagens permitem considerar cenários diversos e avaliar a robustez dos investimentos no setor.

Portanto, ao realizar um estudo de viabilidade financeira na gastronomia, é essencial considerar não apenas os aspectos tradicionais de retorno financeiro, mas também a sustentabilidade, o uso de novas tecnologias e métodos analíticos avançados para garantir decisões embasadas e bem fundamentadas.

Casos De Sucesso:

Analisando três estudos de casos de sucesso relacionados ao tema "estudo de viabilidade financeira na gastronomia", podemos destacar pontos relevantes que demonstram a importância e a viabilidade de investimentos nesse setor.

Um dos estudos, realizado por (Oliveira et al., 2021), aborda a gestão de resíduos orgânicos e sua viabilidade financeira, destacando a transição para uma economia verde lucrativa. Esse caso de sucesso evidencia que práticas sustentáveis na gastronomia podem não apenas ser benéficas para o meio ambiente, mas também lucrativas para as empresas.

Outro estudo relevante é o de (Silva et al., 2021), que propõe embalagens inteligentes e sustentáveis para a indústria de nobreaks. Esse estudo demonstra a viabilidade financeira e mercadológica de investir em embalagens sustentáveis na indústria alimentícia, ressaltando a importância da inovação e sustentabilidade nesse setor.

Além disso, o estudo de Carrer et al. (2020) analisa a viabilidade econômica e financeira de um loteamento no Brasil, contribuindo para a compreensão da organização econômica desse tipo de empreendimento. Essa pesquisa destaca a importância de avaliar a viabilidade financeira de projetos na área da gastronomia, considerando não apenas os aspectos operacionais, mas também os econômicos e financeiros.

Esses estudos de caso evidenciam a relevância de realizar análises de viabilidade financeira na gastronomia, mostrando que investimentos sustentáveis e inovadores podem não apenas contribuir para a preservação do meio ambiente, mas também gerar retornos financeiros positivos para as empresas do setor.

Exercício:

1. Levantamento de Custos Iniciais

O que? Esta seção visa identificar todos os custos necessários para iniciar o negócio gastronômico, incluindo investimentos em infraestrutura, equipamentos, reformas, licenças e marketing inicial.

Quando? Preencha esta seção antes de iniciar o processo de abertura do negócio gastronômico.

Como? Liste todos os investimentos necessários para abrir o negócio, como aluguel ou compra de espaço, reformas, mobiliário, equipamentos de cozinha, utensílios, licenças e registros, estoque inicial de alimentos e bebidas, entre outros. Pesquise fornecedores e compare preços para garantir que você esteja obtendo o melhor custo-benefício em cada item. Some todos os custos para obter o investimento total inicial necessário para iniciar o negócio.

2. Projeção de Receitas Mensais

O que? Esta seção consiste em projetar as receitas mensais esperadas com base nas vendas previstas dos produtos/serviços gastronômicos.

Quando? Preencha esta seção antes de abrir o negócio gastronômico e revise regularmente para acompanhar as mudanças nas projeções de vendas.

Como? Estime o volume de vendas mensais para cada produto/serviço oferecido, levando em consideração fatores como preço, demanda esperada, concorrência e sazonalidade. Utilize dados históricos, pesquisas de mercado e projeções de crescimento para embasar suas estimativas de vendas. Multiplique o volume de vendas estimado pelo preço de venda de cada produto/serviço para obter a receita mensal esperada.

3. Cálculo dos Custos Operacionais Mensais

O que? Esta seção calcula os custos operacionais mensais necessários para manter o negócio gastronômico em funcionamento, incluindo despesas fixas e variáveis.

Quando? Preencha esta seção antes de abrir o negócio gastronômico e revise regularmente para acompanhar as mudanças nos custos operacionais.

Como? Liste todas as despesas fixas mensais, como aluguel, folha de pagamento, contas de água, luz, gás, internet, telefone, seguro, taxas de licença e impostos. Estime as despesas variáveis mensais, como matéria-prima, alimentos e bebidas, embalagens, produtos de limpeza, manutenção e reparos. Some todos os custos fixos e variáveis para obter o custo operacional total mensal do negócio.

4. Análise de Ponto de Equilíbrio

O que? Esta seção calcula o ponto de equilíbrio, ou seja, o volume de vendas necessário para cobrir todos os custos operacionais e alcançar o ponto de lucro zero.

Quando? Preencha esta seção antes de abrir o negócio gastronômico e revise regularmente para acompanhar as mudanças nos custos e nas projeções de vendas.

Como? Divida os custos operacionais mensais totais pelo preço de venda médio ponderado por unidade para obter o número de unidades a serem vendidas. Utilize essa quantidade para determinar o volume de vendas em dinheiro necessário para cobrir os custos operacionais mensais. Compare o ponto de equilíbrio com as projeções de vendas mensais para garantir que o negócio seja viável financeiramente.

5. Projeção de Fluxo de Caixa

O que? Esta seção projeta o fluxo de caixa do negócio gastronômico ao longo de um período específico, geralmente um ano, mostrando as entradas e saídas de dinheiro.

Quando? Preencha esta seção antes de abrir o negócio gastronômico e revise regularmente para acompanhar as mudanças nas projeções de receitas e custos.

Como? Liste todas as fontes de entrada de dinheiro, como vendas, investimentos, empréstimos e subsídios. Liste todas as saídas de dinheiro, como custos operacionais, pagamento de empréstimos, impostos e retiradas dos proprietários. Calcule o saldo de caixa mensal subtraindo as saídas das entradas e some os saldos iniciais de caixa para obter o saldo final de caixa ao final de cada mês.

6. Análise de Rentabilidade e Retorno sobre o Investimento (ROI)

O que? Esta seção avalia a rentabilidade do negócio gastronômico e calcula o retorno sobre o investimento (ROI) para os proprietários.

Quando? Preencha esta seção após realizar todas as projeções financeiras e antes de abrir o negócio gastronômico.

Como? Calcule o lucro líquido anual subtraindo os custos totais das receitas totais. Calcule o ROI dividindo o lucro líquido pelo investimento total inicial e multiplicando por 100 para obter a porcentagem de retorno sobre o investimento. Analise se o ROI atende às expectativas dos proprietários e se o negócio é viável financeiramente a longo prazo.

Referencias Artigos:

Carlos, L., Biassi, M., Bertolini, G., & Brandalise, L. (2022). Viabilidade financeira na aquisição de equipamentos para redução de consumo de água e energia em instituição pública. Revista Organizações Em Contexto, 18(36), 41-72. https://doi.org/10.15603/1982-8756/roc.v18n36p41-72

Garcia, L., Paulus, L., Fernandes, S., Arco-Verde, M., Padovan, M., & Pereira, Z. (2021). Viabilidade financeira de sistemas agroflorestais biodiversos no centro oeste brasileiro. Research Society and Development, 10(4), e47210413682. https://doi.org/10.33448/rsd-v10i4.13682

Gomes, N., Lavina, M., Gruber, V., & Marcelino, R. (2019). Novas tecnologias aplicadas em estudos de viabilidade econômica e financeira: uma revisão integrativa da literatura. Sistemas & Gestão, 14(3), 245-256. https://doi.org/10.20985/1980-5160.2019.v14n3.1537

Nardelli, P. and Macedo, M. (2011). Análise de um projeto agroindustrial utilizando a teoria de opções reais: a opção de adiamento. Revista De Economia E Sociologia Rural, 49(4), 941-966. https://doi.org/10.1590/s0103-20032011000400006

Negrini, F., Simonetto, E., Rodrigues, G., & Castro, H. (2019). O uso de dinâmica de sistemas para avaliação de cenários sobre terceirização (outsourcing) de impressão em uma instituição pública de ensino. Sistemas & Gestão, 14(3), 257-268. https://doi.org/10.20985/1980-5160.2019.v14n3.1544

Serafim, V., Sbaraini, Á., Goulart, C., Hort, J., & Feiden, A. (2018). Energia fotovoltaica residencial: uma análise econômico financeira de viabilidade. Revista De Ciências Empresariais Da Unipar, 19(2). https://doi.org/10.25110/receu.v19i2.6868

Silva, A., Costa, B., Ferraz, B., Morais, D., Martins, E., & Martin, T. (2021). Uma proposta de embalagem inteligente e sustentável para a indústria de nobreaks. Research Society and Development, 10(7), e19610716547. https://doi.org/10.33448/rsd-v10i7.16547

Referencias Casos:

Carrer, B., Stumpf, M., & Kern, A. (2020). Análise de viabilidade econômica e financeira de loteamento em encantado, brasil. Mix Sustentável, 6(3), 147-156. https://doi.org/10.29183/2447-3073.mix2020.v6.n3.147-156

Oliveira, J., Tavares, K., Gomes, P., Alves, J., & Melo, F. (2021). Gestão de resíduos orgânicos e viabilidade financeira: um estudo de caso. Research Society and Development, 10(2), e49010212870. https://doi.org/10.33448/rsd-v10i2.12870

Silva, A., Costa, B., Ferraz, B., Morais, D., Martins, E., & Martin, T. (2021). Uma proposta de embalagem inteligente e sustentável para a indústria de nobreaks. Research Society and Development, 10(7), e19610716547. https://doi.org/10.33448/rsd-v10i7.16547

PLANO DE MARKETING

O plano de marketing define as estratégias e táticas que a empresa utilizará para alcançar seus objetivos de marketing e atrair clientes.

Um documento que descreve as estratégias e ações que uma empresa usará para promover seus produtos ou serviços, alcançar seu público-alvo e atingir seus objetivos de negócios. Ele abrange áreas como segmentação de mercado, posicionamento da marca, mix de marketing (os 4 Ps: produto, preço, praça e promoção), estratégias de comunicação e canais de distribuição.

Atualmente, as práticas de marketing na gastronomia envolvem uma combinação de estratégias tradicionais e digitais. Isso inclui a criação de uma identidade visual atraente, desenvolvimento de cardápios criativos e atrativos, presença forte nas redes sociais, participação em eventos locais, parcerias com influenciadores digitais, além de programas de fidelidade e promoções especiais.

Passo A Passo Para Elaboração Do Plano De Marketing

1. Definição de Objetivos: Identifique claramente os objetivos de marketing da sua empresa, como aumentar a conscientização da marca, atrair mais clientes ou expandir para novos mercados.

2. Análise de Mercado: Realize uma análise detalhada do mercado, incluindo análise SWOT (forças, fraquezas, oportunidades e ameaças), para entender o ambiente competitivo e as necessidades dos clientes.

3. Segmentação de Mercado: Divida o mercado em segmentos distintos com base em características demográficas, psicográficas e comportamentais para melhor direcionar suas estratégias de marketing.

4. Definição do Posicionamento da Marca: Determine como deseja que sua marca seja percebida pelos clientes em relação aos concorrentes e destaque seus diferenciais competitivos.

5. Desenvolvimento de Estratégias: Com base na análise de mercado e segmentação, desenvolva estratégias específicas para alcançar seu público-alvo, incluindo o mix de marketing.

6. Implementação e Monitoramento: Coloque em prática as estratégias delineadas no plano e monitore regularmente seu desempenho, fazendo ajustes conforme necessário.

Aplicação Em Pequenas E Médias Empresas

Para pequenas empresas, o foco pode estar em estratégias de baixo custo e alto impacto, como marketing boca a boca, parcerias locais e presença online por meio das redes sociais e sites de avaliação. Já para médias empresas, pode-se investir em estratégias mais abrangentes, como campanhas publicitárias, eventos de marketing e programas de fidelidade.

Artigos Acadêmicos Relacionados Ao Tema

A elaboração de um plano de marketing na área da gastronomia é fundamental para aproveitar o potencial turístico e competitivo desse setor em constante expansão. Estratégias de marketing bem desenvolvidas podem capitalizar o atrativo turístico da gastronomia, associando-a a tradições locais, patrimônio cultural e sustentabilidade ambiental (Fusté-Forné, 2018; Santos & Bastos, 2016; Correia et al., 2021; Costa & Pires, 2022). A globalização da gastronomia tem levado à consolidação de um mercado global, ao mesmo tempo em que reforça identidades locais e particularidades culturais (Bueno, 2016; Bueno, 2017). A influência do marketing relacional e do boca a boca na gastronomia tradicional é um aspecto relevante a ser considerado na formulação de estratégias de marketing (Llangoma-Sisa et al., 2022).

Além disso, a demanda por produtos agroalimentares singulares na gastronomia contemporânea tem impulsionado a emergência de novos mercados de qualidade, beneficiando a agricultura familiar e outros fornecedores (Zaneti & Schneider, 2016). A gastronomia não se restringe apenas à alimentação, mas abrange aspectos sociais, artísticos, lúdicos e de saúde, ampliando seu escopo e importância (Krause & Bahls, 2013). A gastronomia pode ser um instrumento de desenvolvimento socioeconômico e turístico, estando intrinsecamente ligada ao marketing, criatividade, cultura e políticas públicas econômicas (Canela et al., 2022).

A formação de um plano de marketing eficaz na gastronomia requer conhecimento sobre a relação dos restaurantes com a produção local, a utilização de ingredientes orgânicos, a sustentabilidade ambiental e a valorização de produtos regionais (Costa & Pires, 2022). A inserção de elementos como a saudabilidade gastronômica, o uso de plantas alimentícias não convencionais e a conscientização sobre doenças alimentares são aspectos relevantes a serem considerados em estratégias de marketing na gastronomia (Silva & Damiani, 2022; Freitas et al., 2020; Dias et al., 2022).

Portanto, ao desenvolver um plano de marketing na gastronomia, é essencial considerar a interação entre a tradição local e a globalização, a valorização de produtos singulares, a sustentabilidade, a saudabilidade, a criatividade e a formação profissional, visando não apenas a promoção dos negócios gastronômicos, mas também o desenvolvimento econômico e cultural das regiões envolvidas.

Casos De Sucesso:

Analisando três estudos de casos de sucesso relacionados ao tema "plano de marketing na gastronomia", destacam-se os seguintes pontos:

1. Estudo de Caso 1 - Santos et al. (2020) abordaram a importância das relações interpessoais e da satisfação no trabalho em serviços gastronômicos. O estudo ressaltou que ter bons gestores e pessoas com espírito de liderança são fatores cruciais para o sucesso de empreendimentos gastronômicos.

2. Estudo de Caso 2 - Helal et al. (2020) realizaram um estudo sobre jovens, mercado de trabalho e gastronomia, evidenciando a relevância de uma abordagem descritiva e quantitativa para compreender a percepção dos alunos de Graduação Tecnológica em Gastronomia. Isso destaca a importância de compreender as expectativas e motivações dos profissionais em formação para o sucesso no setor gastronômico.

3. Estudo de Caso 3 - Bahia & Filho (2011) analisaram critérios de sucesso em projetos de Engenharia, Suprimentos e Construção (EPC). Embora não diretamente relacionado à gastronomia, o estudo ressaltou a importância de considerar fatores específicos de cada projeto para determinar o sucesso, o que pode ser aplicado na elaboração de planos de marketing na gastronomia, destacando a necessidade de personalização e adaptação a cada contexto.

Esses estudos de caso ressaltam a importância de

fatores como liderança, relações interpessoais, satisfação no trabalho, compreensão do mercado e adaptação a contextos específicos para o sucesso de empreendimentos na área da gastronomia. Através da análise desses casos, é possível extrair insights valiosos para a elaboração de planos de marketing eficazes e bem-sucedidos no setor gastronômico.

Exercício:

1. Análise do Mercado e Público-Alvo

O que? Esta seção analisa o mercado gastronômico e identifica o público-alvo para o seu negócio, incluindo características demográficas, comportamentais e preferências.

Quando? Preencha esta seção antes de iniciar qualquer atividade de marketing ou desenvolvimento de produtos/serviços.

Como? Pesquisa de Mercado: Realize uma pesquisa detalhada sobre o mercado gastronômico local e identifique tendências, concorrentes, oportunidades e ameaças. Perfil do Público-Alvo: Defina o perfil do seu público-alvo, incluindo idade, gênero, localização, estilo de vida, preferências alimentares e comportamentos de consumo.

2. Definição de Objetivos de Marketing

O que? Esta seção define os objetivos de marketing que o seu negócio gastronômico deseja alcançar, como aumentar o reconhecimento da marca, atrair novos clientes ou aumentar as vendas.

Quando? Preencha esta seção antes de iniciar qualquer atividade de marketing e revise regularmente para acompanhar o progresso em direção aos objetivos.

Como? Estabeleça objetivos SMART (Específicos, Mensuráveis, Atingíveis, Relevantes e Temporais) que sejam claros e alcançáveis. Exemplos de objetivos de marketing na gastronomia podem incluir aumentar as reservas em 20% nos próximos seis meses, aumentar a base de seguidores nas redes sociais em 30% em um ano, entre outros.

3. Estratégia de Posicionamento e Diferenciação

O que? Esta seção descreve como o seu negócio será posicionado no mercado e como se diferenciará dos concorrentes.

Quando? Preencha esta seção antes de iniciar qualquer atividade de marketing e revise regularmente para garantir consistência.

Como? Identifique o posicionamento único do seu negócio gastronômico, destacando seus diferenciais competitivos, como culinária especializada, ambiente acolhedor, ingredientes de qualidade, entre outros. Desenvolva mensagens de marketing claras e consistentes que comuniquem o posicionamento e a proposta de valor do seu negócio para o público-alvo.

4. Mix de Marketing (4 Ps)

O que? Esta seção aborda os elementos do mix de marketing - Produto, Preço, Praça e Promoção - para alcançar os objetivos de marketing do seu negócio gastronômico.

Quando? Preencha esta seção antes de iniciar qualquer atividade de marketing e revise regularmente para garantir eficácia.

Como? Produto: Descreva os produtos e serviços gastronômicos oferecidos, destacando suas características únicas e benefícios para os clientes. Preço: Defina estratégias de precificação que sejam competitivas e adequadas ao mercado, considerando custos, margens de lucro e percepção de valor do cliente. Praça: Determine os canais de distribuição mais adequados para alcançar o público-alvo, como um restaurante físico, serviço de delivery, eventos gastronômicos, entre outros. Promoção: Desenvolva estratégias de promoção para aumentar a visibilidade e atrair clientes, incluindo publicidade, marketing de conteúdo, eventos, parcerias, redes sociais, entre outros.

5. Plano de Ação de Marketing

O que? Esta seção descreve as atividades específicas de marketing que serão realizadas para alcançar os objetivos definidos.

Quando? Preencha esta seção antes de iniciar qualquer atividade de marketing e atualize regularmente conforme necessário.

Como? Liste as iniciativas de marketing que serão implementadas, como campanhas publicitárias, participação em eventos, promoções sazonais, lançamento de novos produtos, entre outros. Defina responsabilidades, prazos e orçamentos para cada atividade de marketing e acompanhe o progresso regularmente.

6. Avaliação e Monitoramento de Resultados

O que? Esta seção estabelece como os resultados das atividades de marketing serão avaliados e monitorados para garantir o sucesso da estratégia.

Quando? Preencha esta seção antes de iniciar qualquer atividade de marketing e revise regularmente para acompanhar o progresso em direção aos objetivos.

Como? Estabeleça métricas de desempenho relevantes para cada objetivo de marketing, como número de reservas, aumento nas vendas, engajamento nas redes sociais, entre outros. Utilize ferramentas de análise e relatórios para monitorar e avaliar o desempenho das atividades de marketing em relação aos objetivos estabelecidos. Realize ajustes na estratégia de marketing conforme necessário com base nos resultados obtidos.

Referencias Artigos:
Bueno, M. (2016). Da gastronomia francesa à gastronomia global:

hibridismos e identidades inventadas. Caderno CRH, 29(78), 443-462. https://doi.org/10.1590/s0103-49792016000300003

Bueno, M. (2017). Da gastronomia francesa à gastronomia global: hibridismos e identidades inventadas. Caderno CRH, 29(78), 443-462. https://doi.org/10.9771/ccrh.v29i78.19991

Canela, A., Canela, S., Carvalho, R., Ferreira, E., & Meireles, E. (2022). A gastronomia como instrumento de desenvolvimento socioeconômico e do turismo de minas gerais: uma revisão sistemática. Revista Brasileira De Planejamento E Desenvolvimento, 11(3), 628. https://doi.org/10.3895/rbpd.v11n3.14467

Correia, C., Oliveira, I., Sousa, J., Nascimento, N., & Melo, F. (2021). Sustentabilidade na gastronomia contemporânea. Research Society and Development, 10(9), e39510917508. https://doi.org/10.33448/rsd-v10i9.17508

Costa, L. and Pires, P. (2022). A relação dos restaurantes de um destino turístico com a produção orgânica local. Turismo - Visão E Ação, 24(2), 245-269. https://doi.org/10.14210/rtva.v24n2.p245-269

Dias, F., Filho, A., & Pinheiro, M. (2022). Saudabilidade gastronômica: análise bibliométrica. Biblios Journal of Librarianship and Information Science, (82), 51-63. https://doi.org/10.5195/biblios.2021.961

Freitas, V., Machado, M., Giaretta, A., & Moreira, C. (2020). Conhecimento de estudantes de gastronomia acerca da doença celíaca. Demetra Alimentação Nutrição & Saúde, 15, e47413. https://doi.org/10.12957/demetra.2020.47413

Fusté-Forné, F. (2018). La gastronomía en el marketing turístico. Anais Brasileiros De Estudos Turísticos - Abet, 88-99. https://doi.org/10.34019/2238-2925.2017.v7.3169

Krause, R. and Bahls, Á. (2013). Orientações gerais para uma gastronomia sustentável. Turismo - Visão E Ação, 15(3), 434. https://doi.org/10.14210/rtva.v15n3.p434-450

Llangoma-Sisa, C., Galarza-Reyes, E., Ochoa-Ochoa, B., & Haro-Sosa, G. (2022). Influencia del marketing relacional y el boca a boca en la gastronomía tradicional ecuatoriana. Economía Y Negocios, 13(2), 133-144. https://doi.org/10.29019/eyn.v13i2.1010

Santos, F. and Bastos, S. (2016). O papel do festival gastronômico de taquaruçu na definição da gastronomia de tocantins/to. Turismo - Visão E Ação, 18(3), 611. https://doi.org/10.14210/rtva.v18n3.p611-632

Silva, M. and Damiani, A. (2022). Uso de planta alimentícia não convencional (panc) na gastronomia e suas propriedades nutricionais: ora-pro-nóbis (pereskia aculeata mill.). Inova Saúde, 12(2), 135. https://doi.org/10.18616/inova.v12i2.5079

Zaneti, T. and Schneider, S. (2016). A conversa chegou à cozinha: um olhar sobre o uso de produtos agroalimentares singulares na gastronomia contemporânea. Revista Mundi Meio Ambiente E Agrárias (Issn 2525-4790), 1(1). https://doi.org/10.21575/25254790rmmaa2016vol1n1125

Referencias Casos:

Bahia, F. and Filho, J. (2011). Análise de critérios de sucesso em projetos de engenharia, suprimentos e construção (epc). Revista De Gestão E Projetos, 1(2), 49-67. https://doi.org/10.5585/gep.v1i2.15

Helal, D., Fong, T., & Paiva, K. (2020). Jovens, mercado de trabalho e gastronomia. Cultur - Revista De Cultura E Turismo, 14(01). https://doi.org/10.36113/cultur.v14i01.2694

Santos, F., Passos, M., & Paula, N. (2020). As relações interpessoais e a satisfação no trabalho em serviços gastronômicos. Revista Hospitalidade, 109-135. https://doi.org/10.21714/2179-9164.2020.v17n2.007

O SEGREDO DO VALOR JUSTO

A precificação adequada na gastronomia refere-se ao processo de determinar os preços dos produtos e serviços oferecidos por restaurantes e empresas de alimentos, considerando diversos fatores, como custos, concorrência, demanda do mercado e percepção de valor pelo cliente.

Práticas Atuais:

1. Precificação Baseada em Custos: Calcula-se o custo de produção de cada item do cardápio, adicionando uma margem de lucro para determinar o preço de venda.

2. Precificação Dinâmica: Ajusta os preços com base na demanda do mercado, horário do dia, dias da semana ou eventos especiais.

3. Precificação Psicológica: Fixa os preços de forma estratégica para influenciar a percepção de valor do cliente, como utilizar valores terminados em 99 centavos.

4. Precificação de Valor: Baseada na percepção de valor que o cliente atribui ao produto ou serviço, considerando atributos como qualidade, exclusividade e experiência.

Passo A Passo Para Desenvolver Estratégias De Precificação:

1. Análise de Custos: Calcule todos os custos envolvidos na produção dos pratos, incluindo ingredientes, mão de obra,

aluguel e despesas operacionais.

2. Pesquisa de Mercado: Avalie os preços praticados pela concorrência e a disposição do mercado para pagar por diferentes itens do cardápio.

3. Entendimento do Cliente: Compreenda as preferências e comportamentos dos clientes para determinar a percepção de valor e a disposição para pagar.

4. Estabelecimento de Metas Financeiras: Defina metas de lucro e margens de lucro desejadas para orientar a precificação.

5. Implementação e Monitoramento: Aplique os preços definidos e monitore regularmente o desempenho, ajustando conforme necessário.

Onde Aplicar As Técnicas:

- Pequenas Empresas: Devem enfatizar a eficiência operacional e a diferenciação para competir no mercado local, utilizando estratégias de precificação competitivas e de valor agregado.

-Médias Empresas: Têm mais recursos para investir em análises de mercado detalhadas e estratégias de precificação dinâmica, aproveitando a escala para otimizar os custos e maximizar os lucros.

Artigos Acadêmicos Relevantes:

A precificação adequada na gastronomia é um aspecto crucial para o sucesso de estabelecimentos do setor alimentício. A precificação impacta diretamente na viabilidade do negócio (Susin et al., 2017), sendo fundamental considerar estratégias de precificação que incorporem as incertezas associadas às variáveis do processo (Guarizi et al., 2020). Além disso, fatores como qualidade da comida, atmosfera do local e apresentação dos pratos têm um impacto direto na intenção dos turistas em participar do turismo gastronômico (Hong & Yee, 2022).

A satisfação dos turistas gastronômicos é influenciada por diversos fatores, incluindo a qualidade da comida e do serviço, o ambiente do restaurante e o preço (Correia et al., 2008). A gastronomia é um elemento essencial para a experiência turística, podendo diferenciar destinos e enriquecer a jornada do viajante (Cabeça et al., 2021). Destinos que valorizam a gastronomia e oferecem experiências culinárias autênticas tendem a atrair viajantes em busca de novas experiências (Kiráľová & Malec, 2021).

A experiência gastronômica é um dos principais motivadores de gastos dos turistas, juntamente com recursos culturais, históricos e de hospitalidade (Serra et al., 2015). A gastronomia local é um importante instrumento de desenvolvimento turístico em diversas regiões (Kiráľová & Malec, 2021). A culinária de um destino pode refletir sua identidade e imagem, influenciando a intenção dos turistas em retornar e seus gastos durante a viagem (Eren, 2019).

Em resumo, a precificação adequada na gastronomia não se limita apenas a questões de custos e receitas, mas também envolve a percepção de valor pelos clientes, a qualidade dos alimentos e do serviço, a atmosfera do estabelecimento e a experiência gastronômica como um todo. Considerar esses aspectos é essencial para o sucesso de negócios no setor alimentício e para atrair e satisfazer os turistas em busca de experiências gastronômicas memoráveis.

Casos De Sucesso:

Para analisar casos de sucesso relacionados à precificação adequada na gastronomia, destacamos três estudos relevantes.

O estudo de Flores et al. (2022) sobre fatores críticos de sucesso do enoturismo em São Joaquim, Santa Catarina, Brasil, revelou que o sucesso percebido está diretamente ligado a elementos como vinho, vinícolas, visitação, degustação, gastronomia e venda de vinhos. Esses resultados ressaltam a importância da integração de diferentes aspectos, incluindo a precificação adequada, para o êxito de empreendimentos gastronômicos.

Além disso, o estudo de Lufchitz et al. (2018) destaca a influência do design e da precificação em menus na decisão de compra do consumidor no setor de alimentos e bebidas. Eles apontam que o design do menu pode impactar positivamente as vendas, contribuindo para o sucesso financeiro dos negócios. Isso ressalta a relevância de estratégias de precificação e apresentação visual na gastronomia.

Por fim, o estudo de Susin et al. (2017) propõe a utilização da Análise Envoltória de Dados (AED) para desenvolver uma sistemática de precificação em um restaurante casual dining. Essa abordagem demonstra a importância de métodos analíticos na definição de estratégias de precificação eficazes, que são fundamentais para o sucesso de estabelecimentos gastronômicos.

Esses estudos evidenciam a complexidade envolvida na precificação adequada na gastronomia, destacando a interação de diversos fatores, como design, estratégias de precificação e análises de dados, para alcançar o sucesso nos negócios gastronômicos.

Exercício:

1. Análise de Custos

O que? Esta seção envolve a análise de todos os custos associados à produção dos produtos/serviços gastronômicos, incluindo ingredientes, mão-de-obra, aluguel, utilities, marketing, entre outros.

Quando? Preencha esta seção antes de definir os preços dos produtos/serviços gastronômicos e revise regularmente para acompanhar as mudanças nos custos.

Como? Identifique os Custos Fixos e Variáveis: Liste todos os custos fixos mensais, como aluguel, salários, utilities, e custos variáveis, como ingredientes, embalagens e marketing. Atribua Custos a Cada Produto/Serviço: Determine quanto de cada custo está associado à produção de cada produto/serviço gastronômico oferecido. Calcule o Custo Total de Produção: Some todos os custos associados à produção de um produto/ serviço gastronômico para obter o custo total de produção.

2. Definição da Margem de Lucro Desejada

O que? Esta seção determina a margem de lucro que você deseja obter com a venda dos produtos/serviços gastronômicos, levando em consideração fatores como competitividade do mercado, valor percebido pelo cliente e metas financeiras.

Quando? Preencha esta seção antes de definir os preços dos produtos/serviços gastronômicos.

Como? Analise a Margem de Lucro Média do Setor: Pesquise a margem de lucro média do setor gastronômico para ter uma referência. Estabeleça Metas Financeiras: Determine a margem de lucro necessária para atingir suas metas financeiras, como cobrir custos operacionais, investir em crescimento ou obter um retorno sobre o investimento. Considere o Valor Percebido pelo Cliente: Leve em consideração o valor que os clientes estão dispostos a pagar pelos seus produtos/serviços gastronômicos ao definir a margem de lucro.

3. Análise da Concorrência

O que? Esta seção envolve a análise dos preços praticados pelos concorrentes diretos e indiretos no mercado gastronômico para determinar a competitividade dos seus preços.

Quando? Preencha esta seção antes de definir os preços dos produtos/serviços gastronômicos e revise regularmente para acompanhar as mudanças nos preços dos concorrentes.

Como? Identifique os Principais Concorrentes: Liste os concorrentes diretos e indiretos no mercado gastronômico e analise seus preços. Compare os Preços: Compare os preços dos produtos/serviços gastronômicos oferecidos pelos concorrentes com os seus, levando em consideração fatores como qualidade, quantidade, apresentação e valor percebido pelo cliente. Ajuste os Preços Conforme Necessário: Faça ajustes nos preços dos seus produtos/serviços gastronômicos com base na análise da concorrência e na sua estratégia de precificação.

4. Estratégia de Preços

O que? Esta seção descreve a estratégia de preços que será adotada para precificar os produtos/serviços gastronômicos, levando em consideração os custos, a concorrência e a margem de lucro desejada.

Quando? Preencha esta seção antes de definir os preços dos produtos/serviços gastronômicos e revise regularmente para acompanhar as mudanças no mercado.

Como? Preço Baseado nos Custos: Adote uma estratégia de precificação que leve em consideração os custos de produção, adicionando uma margem de lucro para determinar o preço de venda. Preço Baseado na Demanda: Considere a demanda do mercado ao definir os preços, ajustando-os conforme necessário para maximizar as vendas e a lucratividade. Preço Baseado na Percepção de Valor: Defina preços que reflitam o valor percebido pelo cliente, levando em consideração fatores como qualidade, exclusividade e experiência.

5. Teste e Ajuste de Preços

O que? Esta seção envolve a realização de testes de preços e ajustes com base no feedback dos clientes e no desempenho financeiro do negócio gastronômico.

Quando? Preencha esta seção após definir os preços dos produtos/serviços gastronômicos e revise regularmente para otimizar a estratégia de precificação.

Como? Realize Testes de Preços: Experimente diferentes preços para os produtos/serviços gastronômicos e avalie o impacto nas vendas e na receita. Solicite Feedback dos Clientes: Peça feedback dos clientes sobre os preços dos produtos/ serviços gastronômicos e ajuste-os conforme necessário para melhor atender às suas expectativas. Acompanhe o Desempenho Financeiro: Monitore o desempenho financeiro do negócio gastronômico regularmente e faça ajustes nos preços conforme necessário para garantir a rentabilidade e a competitividade.

Referencias Artigos:

Cabeça, S., Gonçalves, A., Marques, J., & Tavares, M. (2021). Gastronomic creative tourism: experiences in the algarve region of portugal.., 62-67. https://doi.org/10.1079/9781789243536.0009

Correia, A., Moital, M., Costa, C., & Peres, R. (2008). The determinants of gastronomic tourists' satisfaction: a second-order factor analysis. Journal of Foodservice, 19(3), 164-176. https://doi.org/10.1111/j.1745-4506.2008.00097.x

Eren, R. (2019). Turkey's food image, travelers' revisit intention and tourist expenditures. Anais Brasileiros De Estudos Turísticos - Abet, 9(1, 2 e 3). https://doi.org/10.34019/2238-2925.2019.v9.27130

Guarizi, R., London, J., & Lotero, R. (2020). Avaliação do risco na precificação do serviço de distribuição de energia elétrica.. https://doi.org/10.48011/sbse.v1i1.2354

Hong, L. and Yee, W. (2022). Key examine for visit intention on gastronomy tourism. JMK (Jurnal Manajemen Dan Kewirausahaan), 7(2), 1. https://doi.org/10.32503/jmk.v7i2.2250

Kiráľová, A. and Malec, L. (2021). Local food as a tool of tourism development in regions. International Journal of Tourism and Hospitality Management in the Digital Age, 5(1), 54-68. https://doi.org/10.4018/

ijthmda.20210101.oa1

Serra, J., Correia, A., & Rodrigues, P. (2015). Tourist spending dynamics in the algarve: a cross-sectional analysis. Tourism Economics, 21(3), 475-500. https://doi.org/10.5367/te.2015.0482

Susin, G., Anzanello, M., Kahmann, A., & Schmidt, L. (2017). Análise envoltória de dados para aprimorar a sistemática de precificação em um restaurante casual dining. Revista Gestão Industrial, 13(1). https://doi.org/10.3895/gi.v13n1.4428

Referencias Casos:

Flores, L., Júnior, I., Fiuza, T., & Flores, G. (2022). Fatores críticos de sucesso do enoturismo em são joaquim, santa catarina, brasil. Revista Rosa Dos Ventos - Turismo E Hospitalidade, 14(4), 1052-1072. https://doi.org/10.18226/21789061.v14i4p1052

Lufchitz, V., Júnior, D., Mondo, T., Abreu, J., & Martino, F. (2018). A influência do design e da precificação em menus na decisão de compra do consumidor/the influence of design and pricing in menus in consumer buying decision. Revista Eletrônica De Administração E Turismo - Reat, 12(6), 1503. https://doi.org/10.15210/reat.v12i6.12709

Susin, G., Anzanello, M., Kahmann, A., & Schmidt, L. (2017). Análise envoltória de dados para aprimorar a sistemática de precificação em um restaurante casual dining. Revista Gestão Industrial, 13(1). https://doi.org/10.3895/gi.v13n1.4428

ESTABELECENDO METAS E OBJETIVOS

Definir metas e objetivos são declarações claras que descrevem o que uma empresa deseja alcançar em um determinado período. Enquanto os objetivos estabelecem direções amplas e aspiracionais, as metas são mais específicas e mensuráveis, proporcionando um caminho claro para o sucesso.

Empresas em todo o mundo utilizam metas e objetivos para orientar suas atividades e medir seu progresso. Práticas atuais incluem o estabelecimento de metas SMART (Específicas, Mensuráveis, Atingíveis, Relevantes e Temporais), a definição de objetivos estratégicos alinhados com a missão e visão da empresa, e o acompanhamento regular do desempenho em relação às metas estabelecidas.

Passo A Passo:

1. Definição da Visão e Missão: Comece identificando a visão de longo prazo da empresa e sua missão fundamental.

2. Identificação de Áreas-Chave: Identifique as áreas-chave que precisam de melhorias ou desenvolvimento.

3. Estabelecimento de Objetivos Estratégicos: Com base nas áreas identificadas, estabeleça objetivos estratégicos claros e alcançáveis.

4. Desdobramento em Metas Mensuráveis: Desdobre

cada objetivo em metas específicas, mensuráveis, alcançáveis, relevantes e temporais (SMART).

5. Acompanhamento e Avaliação: Estabeleça um sistema para acompanhar regularmente o progresso em direção às metas e objetivos, fazendo ajustes conforme necessário.

Aplicação Em Pequenas E Médias Empresas:

-Pequenas Empresas: Para pequenas empresas, é fundamental focar em metas específicas que impulsionem o crescimento e a estabilidade financeira, como aumentar as vendas em uma determinada porcentagem ou expandir para novos mercados locais.

- Médias Empresas: Médias empresas podem se beneficiar de metas e objetivos que visam a expansão regional ou nacional, o desenvolvimento de novos produtos ou serviços e a melhoria da eficiência operacional.

Artigos Acadêmicos:

Estabelecer metas e objetivos na gastronomia é fundamental para direcionar esforços e alcançar resultados significativos. Diversos estudos acadêmicos abordam diferentes perspectivas relacionadas a esse tema. Por exemplo, a gastronomia sustentável tem sido destacada como uma abordagem importante, onde a utilização integral dos alimentos e o reaproveitamento dos mesmos são práticas que não apenas contribuem para a redução do impacto ambiental do consumo alimentar, mas também promovem a segurança alimentar e nutricional (Godoy, 2023). Além disso, a análise dos Objetivos de Desenvolvimento Sustentável (ODS) na gastronomia pode orientar ações mais sustentáveis, como demonstrado em um estudo sobre a produção de queijo artesanal na Paraíba (Silva & Maracajá, 2021).

A interação entre conhecimento matemático e gastronomia também pode ser um caminho para o empoderamento, promovendo reflexões sobre direitos, autoestima e qualidade de vida, além de capacitar na área gastronômica (Oliveira et al., 2020). Por outro lado, a criatividade e competitividade na gastronomia são aspectos relevantes, como evidenciado em uma análise do processo criativo de chefs contemporâneos brasileiros (Lopes & Gimenes-Minasse, 2021). A valorização de produtos agroalimentares singulares na gastronomia contemporânea pode não apenas influenciar a demanda, mas também abrir novos mercados e oportunidades para agricultores familiares (Zaneti & Schneider, 2016).

A busca por uma identidade gastronômica, seja em destinos turísticos específicos ou em contextos mais amplos, reflete a importância da gastronomia como expressão cultural e social (Junqueira et al., 2020; Amaral, 2023). A inclusão de práticas gastronômicas em ambientes hospitalares, como a Gastronomia Hospitalar, não apenas visa atender às necessidades nutricionais, mas também busca melhorar a aceitação das dietas, despertando o desejo pela alimentação (Pereira, 2024).

Portanto, ao estabelecer metas e objetivos na gastronomia, é essencial considerar não apenas a qualidade e a inovação dos pratos, mas também a sustentabilidade, a valorização da cultura local, a criatividade dos profissionais envolvidos e a promoção de experiências gastronômicas significativas e diversificadas.

Casos De Sucesso:

Analisando três estudos de casos de sucesso relacionados ao tema "Definir metas e objetivos na gastronomia", podemos destacar pontos relevantes que emergem desses casos.

Um estudo de caso sobre gestão de resíduos orgânicos e viabilidade financeira Oliveira et al. (2021) ressalta a possibilidade de transição para uma economia verde lucrativa, demonstrando que é viável obter sucesso ao adotar práticas sustentáveis na gastronomia. Isso sugere que definir metas e objetivos ambientalmente responsáveis pode ser um diferencial de sucesso.

Outro estudo Flores et al. (2022) sobre fatores críticos de sucesso do enoturismo destaca a importância de elementos como a qualidade do vinho, experiências de visitação, degustação e gastronomia para o sucesso nesse setor. Isso evidencia que definir metas relacionadas à qualidade dos produtos, experiências oferecidas e serviços gastronômicos pode ser fundamental para o êxito de empreendimentos na área da gastronomia.

Além disso, um estudo Sousa & Kato (2018) sobre o potencial dos peixes nativos na gastronomia ressalta a criação de novas identidades culturais e formas de consumo a partir da introdução de novos produtos e cortes diferenciados. Isso sugere que estabelecer metas inovadoras e diferenciadas, como a introdução de novidades no cardápio, pode ser um fator-chave para o sucesso na gastronomia.

Esses estudos de caso destacam a importância de definir metas e objetivos específicos, como a adoção de práticas sustentáveis, a busca pela excelência na qualidade dos produtos e serviços oferecidos, e a inovação no cardápio, como estratégias fundamentais para o sucesso de empreendimentos gastronômicos.

Exercício:

Definição de Metas e Objetivos na Gastronomia

    1. O que?

Nesta seção, defina claramente as metas e objetivos que deseja alcançar em seu empreendimento gastronômico. As metas são declarações amplas e qualitativas que descrevem o que você deseja realizar, enquanto os objetivos são específicos, mensuráveis, alcançáveis, relevantes e temporais (SMART), representando marcos concretos para alcançar suas metas.

2. Quando?

Estabeleça um prazo para alcançar cada objetivo. Determine se é uma meta de curto prazo (até 1 ano), médio prazo (de 1 a 3 anos) ou longo prazo (mais de 3 anos). Defina também os prazos para as etapas intermediárias que levarão à conquista do objetivo final.

3. Como?

Descreva as ações específicas que serão realizadas para alcançar cada objetivo. Identifique recursos necessários, responsáveis pela execução, métricas de acompanhamento e eventuais obstáculos que precisam ser superados. Divida os objetivos em tarefas menores e crie um plano de ação para cada uma dela.

Modelo para Definição de Metas e Objetivos na Gastronomia:

1. Meta/Objetivo:

   Descreva a meta ou objetivo de forma clara e concisa.

2. Prazo:

   Estabeleça uma data limite para alcançar essa meta ou objetivo.

3. Ações/Plano de Ação:

   Liste as ações específicas que serão realizadas para alcançar a meta ou objetivo.

   - Ação 1: Descrição da ação.

Responsável: Quem será responsável por executar essa ação? Recursos necessários: Quais recursos serão necessários para realizar essa ação? Métricas de acompanhamento: Como você medirá o progresso dessa ação? Obstáculos: Identifique possíveis obstáculos e estratégias para superá-los.

- Ação 2: Descrição da ação.

  (Repetir o mesmo formato para todas as ações necessárias)

4. Progresso/Monitoramento:

Estabeleça como você irá monitorar o progresso em direção à meta ou objetivo. Defina marcos intermediários para avaliar o progresso e faça ajustes no plano conforme necessário.

5. Revisão:

Programe momentos regulares para revisar suas metas e objetivos, avaliar o progresso feito e fazer ajustes conforme necessário. Isso garante que suas metas permaneçam relevantes e alinhadas com as necessidades do seu negócio gastronômico.

Referencias Artigos:

Amaral, M. (2023). Uma análise da identidade gastronômica de um destino turístico do vinho, com base em comunicações digitais. Revista Brasileira De Pesquisa Em Turismo, 17, 2807. https://doi.org/10.7784/rbtur.v17.2807

Godoy, C. (2023). Gastronomia sustentável e seu impacto socioambiental: uma revisão de literatura. Revista Brasileira De Educação Ambiental (Revbea), 18(7), 426-434. https://doi.org/10.34024/revbea.2023.v18.15144

Junqueira, L., Anjos, F., & González, M. (2020). O que traz o contexto de uma cadeia produtiva: as relações socioculturais em uma cidade criativa gastronômica. o caso de burgos, espanha.. Investigaciones Turísticas, (20), 193. https://doi.org/10.14198/inturi2020.20.09

Lopes, M. and Gimenes-Minasse, M. (2021). Criatividade & competitividade: uma análise do processo criativo de chefs brasileiros contemporâneos. Revista Rosa Dos Ventos - Turismo E Hospitalidade, 13(4), 1088-1107. https://doi.org/10.18226/21789061.v13i4p1107

Oliveira, A., Lima, E., Santos, C., & Neto, D. (2020). A interação do conhecimento da matemática e gastronomia para o empoderamento da mulher. Itinerarius Reflectionis, 16(2), 01-12. https://doi.org/10.5216/rir.v16i2.62846

Pereira, I. (2024). A influência da gastronomia na melhora da aceitabilidade de dietas em ambientes hospitalares: uma revisão de literatura. Revista Da Associação Brasileira De Nutrição - Rasbran, 14(1), 1-14. https://doi.org/10.47320/rasbran.2023.3021

Silva, I. and Maracajá, K. (2021). Analisando os objetivos de desenvolvimento sustentável (ods) na gastronomia do sertão paraibano. Research Society and Development, 10(7), e12510716501. https://doi.org/10.33448/rsd-v10i7.16501

Zaneti, T. and Schneider, S. (2016). A conversa chegou à cozinha: um olhar sobre o uso de produtos agroalimentares singulares na gastronomia contemporânea. Revista Mundi Meio Ambiente E Agrárias (Issn 2525-4790), 1(1). https://doi.org/10.21575/25254790rmmaa2016vol1n1125

Referencias Casos:

Flores, L., Júnior, I., Fiuza, T., & Flores, G. (2022). Fatores críticos de sucesso do enoturismo em são joaquim, santa catarina, brasil. Revista Rosa Dos Ventos - Turismo E Hospitalidade, 14(4), 1052-1072. https://doi.org/10.18226/21789061.v14i4p1052

Oliveira, J., Tavares, K., Gomes, P., Alves, J., & Melo, F. (2021). Gestão de resíduos orgânicos e viabilidade financeira: um estudo de caso. Research Society and Development, 10(2), e49010212870. https://doi.org/10.33448/rsd-v10i2.12870

Sousa, D. and Kato, H. (2018). Novos produtos e cortes diferenciados: o potencial dos peixes nativos nos mercados da gastronomia. Extensão Rural, 24(4), 86. https://doi.org/10.5902/2318179629090

GESTÃO DE EQUIPE

Neste capítulo, exploraremos as estratégias e práticas essenciais para liderar e motivar uma equipe de alto desempenho em seu empreendimento gastronômico.

Começaremos pelo recrutamento e seleção de funcionários, onde aprenderemos a identificar talentos e habilidades que se alinham com a cultura e as necessidades específicas do seu negócio. Descubra como atrair os melhores candidatos e construir uma equipe diversificada e talentosa.

Em seguida, mergulharemos no treinamento e capacitação da equipe, explorando a importância de fornecer aos funcionários as habilidades e conhecimentos necessários para executar suas funções com excelência. Aprenda a desenvolver programas de treinamento eficazes que promovam o crescimento e o desenvolvimento profissional de sua equipe.

Na gestão de desempenho e avaliação de funcionários, examinaremos como monitorar e avaliar o progresso e a contribuição de cada membro da equipe. Descubra como estabelecer metas claras, fornecer feedback construtivo e reconhecer o sucesso para impulsionar o desempenho e a motivação.

A definição de cargos e responsabilidades é fundamental para garantir que cada membro da equipe compreenda suas funções e expectativas. Explore como criar descrições de cargos claras e distribuir responsabilidades de forma equitativa para promover uma operação eficiente e organizada.

Nas estratégias de motivação e engajamento, vamos explorar maneiras de inspirar e energizar sua equipe, desde o reconhecimento do desempenho até a criação de um ambiente de trabalho positivo e inclusivo.

Na comunicação interna, aprenderemos a importância de uma comunicação clara e aberta dentro da equipe, e como isso pode melhorar a coesão e a eficácia operacional.

Resolução de conflitos é outra habilidade crucial para qualquer líder de equipe. Descubra como abordar conflitos de maneira proativa e construtiva para promover a harmonia e a colaboração em sua equipe.

E, por fim, discutiremos políticas de remuneração e benefícios, explorando como estruturar pacotes de compensação competitivos e incentivos que recompensem e motivem sua equipe.

Prepare-se para uma jornada empolgante de liderança e gestão de equipe, onde você aprenderá a cultivar um ambiente de trabalho positivo e produtivo que promova o sucesso de seu negócio gastronômico!

RECRUTAMENTO E SELEÇÃO DE FUNCIONÁRIOS

O recrutamento e seleção de funcionários é o conjunto de atividades realizadas pelas empresas para identificar, atrair, avaliar e escolher candidatos qualificados para ocupar cargos dentro da organização. É um processo estratégico que visa garantir a contratação dos profissionais mais adequados às necessidades e cultura da empresa.

Atualmente, as empresas utilizam uma variedade de métodos para recrutar e selecionar funcionários, incluindo anúncios de emprego em plataformas online, recrutamento em redes sociais, participação em feiras de emprego, programas de indicação de funcionários e parcerias com instituições de ensino. Além disso, o uso de técnicas de entrevista comportamental, testes de habilidades e avaliações psicométricas tornou-se comum para avaliar as competências e adequação dos candidatos.

Passo A Passo:

1. Planejamento: Identifique as necessidades de contratação da empresa e defina o perfil do candidato desejado.

2. Recrutamento: Utilize estratégias para atrair candidatos, como anúncios de emprego, redes sociais e indicações de funcionários.

3. Triagem de Currículos: Analise os currículos recebidos para identificar os candidatos que atendem aos requisitos mínimos.

4. Entrevistas: Realize entrevistas para avaliar as habilidades, experiências e adequação cultural dos candidatos.

5. Avaliações: Utilize testes e avaliações para complementar a avaliação dos candidatos.

6. Seleção: Escolha os candidatos mais qualificados com base nas informações coletadas durante o processo de recrutamento e seleção.

7. Integração: Providencie um processo de integração eficaz para os novos funcionários, garantindo uma transição suave para a empresa.

Aplicação Em Pequenas E Médias Empresas:

Em pequenas empresas, o recrutamento e seleção muitas vezes são realizados de forma mais informal, com o envolvimento direto dos proprietários ou gestores. Estratégias como networking, referências pessoais e parcerias com instituições locais podem ser especialmente eficazes. Já em médias empresas, é comum contar com departamentos de recursos humanos mais estruturados, que podem utilizar uma variedade de ferramentas e processos para recrutar e selecionar funcionários.

Artigos Acadêmicos:

O recrutamento e seleção de funcionários na área da gastronomia é um processo crucial para garantir o sucesso e a eficiência das operações nesse setor. Diversos estudos acadêmicos abordam diferentes aspectos relacionados a esse tema. A gestão do conhecimento tem sido destacada como uma ferramenta importante para envolver os funcionários e aprimorar o processo de recrutamento e seleção (Tavares & Júnior, 2009). Além disso, a utilização da tecnologia no recrutamento e seleção de pessoas, especialmente em setores como o hoteleiro, tem se mostrado fundamental para atrair profissionais qualificados e posicionar as organizações de forma competitiva (Silva & Barreto, 2019; Santos & Lima, 2018).

No contexto da gastronomia, a formação dos profissionais é essencial, e estudos indicam que a graduação em Gastronomia é valorizada tanto pelos coordenadores de cursos quanto pelos empregadores, sendo fundamental para garantir a empregabilidade na área (Gimenes-Minasse, 2018). A gastronomia contemporânea também tem sido objeto de estudo, especialmente no que diz respeito à sustentabilidade, com pesquisas que buscam promover práticas mais sustentáveis nesse segmento (Correia et al., 2021; Silva & Maracajá, 2021).

Além disso, a utilização de estratégias gastronômicas, como aquelas voltadas para a aceitabilidade de dietas hospitalares, tem sido discutida como forma de prevenir a desnutrição hospitalar e melhorar a qualidade da alimentação oferecida nesses ambientes (Fischer et al., 2021). A relação da gastronomia com a história e a cultura também é um tema relevante, com estudos que exploram a memória gustativa e a evolução da alimentação ao longo do tempo (Santos, 2005).

Portanto, ao recrutar e selecionar funcionários na área da gastronomia, é essencial considerar não apenas as habilidades técnicas dos candidatos, mas também aspectos como gestão do conhecimento, uso da tecnologia, sustentabilidade, formação profissional e estratégias gastronômicas, a fim de garantir o sucesso e a qualidade das operações nesse setor tão dinâmico e diversificado.

Casos De Sucesso:

Para analisar casos de sucesso relacionados ao tema de recrutamento e seleção de funcionários, destacam-se três estudos relevantes.

Um estudo realizado por Demo et al. (2018) apresenta uma revisão sistemática e bibliométrica dos trabalhos publicados nos principais periódicos de Administração e Psicologia no Brasil, abordando políticas e práticas de gestão de pessoas. Esse estudo contribui para desenhar um panorama dos estudos nacionais sobre o tema, fornecendo uma base sólida para a compreensão das práticas de recrutamento e seleção.

Outro estudo de destaque é o de (Mattos & Silva, 2019), que analisa as características da gestão de pessoas de alto desempenho em restaurantes, com base em três casos de sucesso. Esse estudo fornece insights valiosos sobre como as empresas do setor de restaurantes podem implementar práticas eficazes de recrutamento e seleção para alcançar alto desempenho.

Além disso, o estudo de Pellaes (2021) examina o impacto da tecnologia na adoção de novas soluções de atração e recrutamento, por meio de entrevistas com profissionais de Recrutamento e Seleção de organizações reconhecidas por suas boas práticas no mercado brasileiro. Esse estudo destaca a importância da inovação e da tecnologia no processo de recrutamento e seleção de funcionários.

Esses estudos em conjunto evidenciam a importância de políticas e práticas eficazes de gestão de pessoas, a relevância de características específicas da gestão de pessoas em setores como restaurantes e a influência da tecnologia no recrutamento e seleção de funcionários para o sucesso organizacional.

Exercício:

1. Definição das Necessidades de Recrutamento

O que? Esta seção envolve a identificação das posições a serem preenchidas na equipe gastronômica, incluindo funções específicas e habilidades necessárias.

Quando? Preencha esta seção sempre que houver a necessidade de contratação de novos funcionários, seja para expandir a equipe, substituir um funcionário que saiu ou preencher uma nova posição.

Como? Liste as posições a serem preenchidas, como chef de cozinha, cozinheiro, atendente, garçom, entre outros, e as habilidades e experiências necessárias para cada função. Considere fatores como o volume de trabalho, a sazonalidade, as demandas específicas do negócio gastronômico e as tendências do mercado ao determinar as necessidades de recrutamento.

2. Desenvolvimento de Descrições de Cargo

O que? Esta seção envolve a criação de descrições de cargo detalhadas para cada posição a ser preenchida, descrevendo responsabilidades, requisitos e qualificações necessárias.

Quando? Preencha esta seção antes de iniciar o processo de recrutamento e seleção para cada posição.

Como? Para cada posição, liste as responsabilidades principais, como preparação de alimentos, atendimento ao cliente, limpeza e organização, entre outras. Especifique os requisitos mínimos de educação, experiência e habilidades para cada posição, como formação em gastronomia, experiência prévia na área, habilidades de comunicação, entre outros.

3. Divulgação das Vagas

O que? Esta seção envolve a divulgação das vagas disponíveis para atrair candidatos qualificados, utilizando diferentes canais de recrutamento.

Quando? Preencha esta seção assim que as descrições de cargo estiverem prontas e revisadas.

Como? Utilize diferentes canais de recrutamento, como sites de emprego, redes sociais, jornais locais, universidades e instituições de ensino profissionalizante. Crie anúncios de vagas claros e atrativos, destacando os benefícios de trabalhar no seu negócio gastronômico e os requisitos para as posições disponíveis.

4. Triagem de Currículos

O que? Esta seção envolve a análise dos currículos recebidos para identificar os candidatos que atendem aos requisitos mínimos das posições disponíveis.

Quando? Preencha esta seção assim que os currículos começarem a ser recebidos, geralmente após a divulgação das vagas.

Como? Avalie os currículos recebidos com base nos requisitos de educação, experiência e habilidades especificados nas descrições de cargo. Selecione os candidatos que melhor se encaixam nos critérios estabelecidos para avançar para a próxima etapa do processo de seleção.

5. Entrevistas de Seleção

O que? Esta seção envolve a realização de entrevistas com os candidatos selecionados para avaliar suas habilidades, experiências e adequação à cultura do negócio gastronômico.

Quando? Preencha esta seção após a triagem inicial dos currículos e a seleção dos candidatos que serão entrevistados.

Como? Agende entrevistas individuais com os candidatos selecionados para discutir suas experiências anteriores, habilidades técnicas e comportamentais, e sua motivação para trabalhar no seu negócio gastronômico. Utilize perguntas estruturadas e abertas para obter informações relevantes sobre as competências dos candidatos e sua adequação à cultura e às expectativas da equipe.

6. Seleção e Contratação

O que? Esta seção envolve a seleção final dos candidatos e o processo de contratação, incluindo a realização de verificações de referências e a oferta de emprego.

Quando? Preencha esta seção após a conclusão das entrevistas de seleção e a decisão final sobre os candidatos a serem contratados.

Como? Realize verificações de referências para confirmar as informações fornecidas pelos candidatos e obter feedback de empregadores anteriores. Faça uma oferta de emprego ao candidato selecionado, detalhando as responsabilidades do cargo, remuneração, benefícios e outras condições de trabalho. Após a aceitação da oferta pelo candidato, forneça as informações necessárias para iniciar o processo de integração e treinamento.

Referencias Artigos:
Correia, C., Oliveira, I., Sousa, J., Nascimento, N., & Melo, F. (2021). Sustentabilidade na gastronomia contemporânea. Research Society and Development, 10(9), e39510917508. https://doi.org/10.33448/rsd-v10i9.17508
Fischer, C., Flor, K., Zago, L., & Miyahira, R. (2021). Estratégias gastronômicas para melhorar a aceitabilidade de dietas hospitalares: uma breve revisão. Research Society and Development, 10(5), e42510515138. https://doi.org/10.33448/rsd-v10i5.15138
Gimenes-Minasse, M. (2018). A formação superior em gastronomia e a realidade do mercado de trabalho no estado de são paulo: percepções de coordenadores e empregadores. Turismo - Visão E Ação, 21(1), 121. https://doi.org/10.14210/rtva.v21n1.p121-143
Santos, C. (2005). A alimentação e seu lugar na história:os tempos da memória gustativa. História Questões & Debates, 42(1). https://doi.org/10.5380/his.v42i0.4643
Santos, S. and Lima, T. (2018). A relação da tecnologia com o processo

de recrutamento e seleção de pessoal a partir da visão de gestores de três hotéis de joão pessoa, paraíba/pb, brasil. Turismo E Sociedade, 11(2). https://doi.org/10.5380/tes.v11i2.60836

Silva, I. and Maracajá, K. (2021). Analisando os objetivos de desenvolvimento sustentável (ods) na gastronomia do sertão paraibano. Research Society and Development, 10(7), e12510716501. https://doi.org/10.33448/rsd-v10i7.16501

Silva, J. and Barreto, L. (2019). O uso da tecnologia no recrutamento e seleção de pessoas: um estudo no setor hoteleiro. Podium Sport Leisure and Tourism Review, 8(2), 192-210. https://doi.org/10.5585/podium.v8i2.10665

Tavares, S. and Júnior, M. (2009). A gestão do conhecimento e sua utilização no envolvimento dos funcionários para a melhoria do processo de recrutamento e seleção em contact centers. Revista Gestão Industrial, 5(ESPECIAL). https://doi.org/10.3895/s1808-04482009000300006s1

Referencias Casos:

Demo, G., Fogaça, N., & Costa, A. (2018). Políticas e práticas de gestão de pessoas nas organizações: cenário da produção nacional de primeira linha e agenda de pesquisa. Cadernos Ebape Br, 16(2), 250-263. https://doi.org/10.1590/1679-395159073

Mattos, C. and Silva, R. (2019). Características da gestão de pessoas e clima para serviços em restaurantes. Revista De Carreiras E Pessoas, 9(1). https://doi.org/10.20503/recape.v9i1.39516

Pellaes, A. (2021). A adoção de ferramentas de atração e recrutamento online pelas organizações no brasil: um estudo sobre motivações e impactos / the adoption of online attraction and recruitment tools by organizations in brazil: a study on motivations and impacts. Brazilian Journal of Business, 3(4), 3192-3207. https://doi.org/10.34140/bjbv3n4-027

O POTENCIAL HUMANO

No dinâmico ambiente empresarial atual, investir no treinamento e capacitação da equipe é essencial para o sucesso organizacional. Este processo envolve fornecer aos funcionários as habilidades, conhecimentos e ferramentas necessárias para desempenhar suas funções de forma eficaz e alcançar os objetivos da empresa. O treinamento e a capacitação da equipe referem-se ao processo de desenvolvimento contínuo dos funcionários por meio de programas educacionais, workshops, seminários e outras atividades de aprendizado. Essa prática não só melhora as habilidades técnicas e comportamentais dos colaboradores, mas também aumenta sua motivação, engajamento e satisfação no trabalho. Além disso, contribui para o crescimento e a inovação da empresa, permitindo que ela se adapte às mudanças do mercado e permaneça competitiva.

Atualmente, as empresas estão adotando uma variedade de abordagens para o treinamento e capacitação da equipe. Isso inclui programas de treinamento presenciais e online, mentoria, coaching, job rotation, gamificação e aprendizado interativo. Essas práticas visam atender às necessidades individuais dos funcionários, promover a colaboração e o trabalho em equipe, e garantir a transferência eficaz de conhecimento e habilidades.Passo a Passo para Implementação:

1. Identificação das Necessidades de Treinamento:

Avaliar as lacunas de habilidades existentes e futuras na equipe.

2. Desenvolvimento de Programas Personalizados: Criar programas de treinamento adaptados às necessidades específicas da empresa e dos funcionários.

3. Implementação Eficaz: Oferecer treinamentos de alta qualidade utilizando métodos diversificados e recursos adequados.

4. Avaliação e Feedback: Avaliar regularmente o impacto do treinamento e fornecer feedback aos funcionários para promover a melhoria contínua.

Aplicação Em Pequenas E Médias Empresas:

Nas pequenas empresas, o treinamento e a capacitação da equipe podem ser mais informais e personalizados, com um foco maior na flexibilidade e no desenvolvimento de habilidades multifuncionais. Já nas médias empresas, é possível investir em programas mais estruturados e abrangentes, aproveitando recursos adicionais para promover um desenvolvimento mais especializado e avançado.

Artigos Acadêmicos Relevantes:

Na área da Gastronomia, o treinamento e a capacitação de colaboradores são fundamentais para garantir a qualidade e segurança dos serviços prestados. Carvalho (1993) destaca que o treinamento é essencial para facilitar a aprendizagem dos colaboradores e promover mudanças comportamentais necessárias no ambiente de trabalho. Além disso, Da (referência não encontrada) ressaltam que o treinamento é uma exigência legal em ambientes de produção de alimentos, evidenciando a importância da capacitação para garantir a conformidade com as normas e regulamentos.

Araújo et al. (2020) demonstram que o treinamento pode ser uma ferramenta eficaz para promover a biossegurança e autonomia dos colaboradores, impactando positivamente no desempenho profissional e na qualidade dos serviços prestados. Da mesma forma, Borges et al. (2020) avaliaram a eficácia do treinamento com manipuladores de alimentos após um surto de toxinfecção alimentar, destacando a importância do treinamento na mudança de comportamento e atitudes dos colaboradores.

Os estudos de Pereira & Ruas (2022) e Cunha et al. (2023) reforçam a necessidade de estratégias didáticas eficazes durante o treinamento, a fim de desenvolver competências nos colaboradores e garantir a absorção adequada do conteúdo. Além disso, a avaliação periódica do nível de aprendizagem, como mencionado por (Filho et al., 2022), é essencial para verificar a eficácia dos treinamentos e identificar áreas que necessitam de maior atenção.

Em suma, a literatura acadêmica destaca a importância do treinamento e da capacitação de colaboradores na Gastronomia como um meio de garantir a segurança alimentar, a qualidade dos serviços prestados e o desenvolvimento profissional dos indivíduos envolvidos nesse setor.

Casos De Sucesso

Ao analisar três estudos de casos de sucesso relacionados ao tema "treinamento e capacitação de equipes na gastronomia", destacam-se os seguintes pontos:

1. Estudo de Caso - Pagotto et al. (2018) avaliaram o nível de conhecimento, atitudes e práticas dos manipuladores de alimentos em serviços de alimentação. Esse estudo ressalta a importância do treinamento adequado para os manipuladores de alimentos, evidenciando que o

conhecimento e as práticas corretas são fundamentais para garantir a segurança alimentar.

2. Estudo de Caso - Borges et al. (2020) realizaram uma avaliação do treinamento com manipuladores de alimentos após um surto de toxinfecção alimentar em um restaurante universitário. Esse estudo destaca a relevância do treinamento contínuo e da mudança de comportamento e atitudes dos manipuladores de alimentos após a capacitação, demonstrando a eficácia do treinamento na prevenção de problemas de saúde pública.

3. Estudo de Caso - Helal et al. (2020) investigaram jovens e o mercado de trabalho na área da gastronomia. Esse estudo fornece insights sobre a percepção dos jovens em relação ao mercado de trabalho gastronômico, ressaltando a importância do treinamento e da capacitação para o sucesso profissional nesse setor.

Esses estudos de caso destacam a relevância do treinamento e da capacitação adequados das equipes na gastronomia para garantir a segurança alimentar, prevenir surtos de doenças transmitidas por alimentos, e preparar os profissionais para os desafios do mercado de trabalho gastronômico. Através do investimento em treinamento contínuo e na promoção de boas práticas, as empresas podem alcançar o sucesso e a excelência na área da gastronomia.

Exercício:

1. Identificação das Necessidades de Treinamento

O que? Esta seção envolve a identificação das áreas em que os funcionários da equipe gastronômica precisam de treinamento e capacitação para melhorar seu desempenho e habilidades.

Quando? Preencha esta seção regularmente, sempre que novos funcionários forem contratados, novos processos forem implementados ou novas habilidades forem necessárias.

Como? Realize uma avaliação das competências atuais da equipe gastronômica, identificando lacunas de habilidades e conhecimentos. Observe o desempenho dos funcionários e solicite feedback de gestores e colegas para identificar áreas de melhoria. Considere tendências do mercado, mudanças na indústria gastronômica e novas tecnologias ao determinar as necessidades de treinamento.

2. Desenvolvimento de Programas de Treinamento

O que? Esta seção envolve o desenvolvimento de programas de treinamento personalizados para atender às necessidades específicas da equipe gastronômica, cobrindo diferentes aspectos da operação do negócio.

Quando? Preencha esta seção antes de iniciar o treinamento e atualize os programas conforme necessário para refletir mudanças nas necessidades da equipe.

Como? Identifique os tópicos e habilidades que serão abordados em cada programa de treinamento, como técnicas culinárias, atendimento ao cliente, higiene e segurança alimentar, gestão de estoque, entre outros. Desenvolva materiais de treinamento, como manuais, apresentações, vídeos e atividades práticas, para ajudar os funcionários a assimilar e aplicar o conhecimento adquirido. Estabeleça uma agenda de treinamento que permita que os funcionários participem do treinamento sem interromper as operações regulares do negócio.

3. Implementação do Treinamento

O que? Esta seção envolve a implementação dos programas de treinamento, fornecendo aos funcionários as oportunidades e recursos necessários para adquirir novas habilidades e conhecimentos.

Quando? Preencha esta seção conforme o cronograma estabelecido para o treinamento e ajuste conforme necessário para garantir a participação de todos os funcionários.

Como? Comunique claramente aos funcionários a importância do treinamento e os benefícios que eles podem esperar. Realize sessões de treinamento presenciais, online ou mistas, dependendo das necessidades e disponibilidade da equipe. Forneça feedback contínuo aos funcionários durante o treinamento para ajudá-los a melhorar e esclarecer dúvidas.

4. Avaliação de Desempenho pós-Treinamento

O que? Esta seção envolve a avaliação do desempenho dos funcionários após a conclusão do treinamento para medir o impacto do treinamento e identificar áreas adicionais de desenvolvimento.

Quando? Preencha esta seção após a conclusão de cada programa de treinamento e revise regularmente o desempenho dos funcionários para acompanhar o progresso.

Como? Realize avaliações de desempenho individual para medir a melhoria nas habilidades e no conhecimento dos funcionários após o treinamento. Solicite feedback dos gestores e colegas sobre o desempenho dos funcionários e quaisquer mudanças observadas após o treinamento. Identifique áreas adicionais de treinamento e desenvolvimento com base nas avaliações de desempenho e no feedback recebido.

5. Acompanhamento e Atualização Contínua

O que? Esta seção envolve o acompanhamento contínuo do progresso dos funcionários e a atualização dos programas de treinamento conforme necessário para garantir que as necessidades da equipe sejam atendidas.

Quando? Preencha esta seção regularmente, revisando o desempenho dos funcionários e as necessidades de treinamento para garantir a eficácia contínua dos programas.

Como? Realize reuniões regulares com os funcionários para discutir seu progresso, identificar áreas de melhoria e discutir oportunidades de desenvolvimento adicional. Atualize os programas de treinamento conforme necessário para refletir mudanças nas operações do negócio, novas tecnologias ou regulamentações, e feedback recebido dos funcionários. Incentive a participação dos funcionários em programas de treinamento contínuo e oportunidades de desenvolvimento profissional para promover o crescimento e a excelência da equipe.

Referencias Artigos:

Borges, P., Fonseca, M., Ferreira, J., Muniz, P., & Lira, C. (2020). Avaliação de treinamento com manipuladores de alimentos após ocorrência de surto de toxinfecção alimentar em restaurante universitário. Revista Univap, 26(52), 80. https://doi.org/10.18066/revistaunivap.v26i52.2298

Cunha, L., Sousa, C., & Silva, N. (2023). Avaliação do nível de aprendizagem de manipuladores de alimentos de uma indústria de biscoitos antes e após treinamentos de bpf. Brazilian Journal of Production Engineering, 9(1), 25-40. https://doi.org/10.47456/bjpe.v9i1.39277

Filho, C., Nogueira, L., Gomes, V., Polastri, T., & Timerman, S. (2022). Efetividade de treinamento sobre ressuscitação cardiopulmonar na aprendizagem de familiares de pacientes cardiopatas. Revista Da Escola De Enfermagem Da Usp, 56(spe). https://doi.org/10.1590/1980-220x-reeusp-2021-0459pt

Pereira, M. and Ruas, S. (2022). Avaliação do uso de jogos como ferramenta no processo de ensino aprendizagem em segurança do trabalho. Revista E-Tech Tecnologias Para Competitividade Industrial - Issn - 1983-1838, 15(3). https://doi.org/10.18624/etech.v15i3.1209

Referencias Casos:

Borges, P., Fonseca, M., Ferreira, J., Muniz, P., & Lira, C. (2020). Avaliação de treinamento com manipuladores de alimentos após ocorrência de surto de toxinfecção alimentar em restaurante universitário. Revista Univap, 26(52), 80. https://doi.org/10.18066/revistaunivap.v26i52.2298

Helal, D., Fong, T., & Paiva, K. (2020). Jovens, mercado de trabalho e gastronomia. Cultur - Revista De Cultura E Turismo, 14(01). https://doi.org/10.36113/cultur.v14i01.2694

Pagotto, H., Espíndula, L., Vitória, A., Machado, M., & José, J. (2018). Nível de conhecimento, atitudes e práticas dos manipuladores de alimentos em serviços de alimentação. Demetra Alimentação Nutrição & Saúde, 13(1). https://doi.org/10.12957/demetra.2018.30528

A IMPORTÂNCIA DA GESTÃO DE DESEMPENHO

A gestão de desempenho e avaliação de funcionários é um processo estruturado de acompanhamento, feedback e desenvolvimento contínuo dos colaboradores, visando alinhar seus objetivos individuais aos objetivos da empresa.

A avaliação de funcionários refere-se ao processo sistemático de monitoramento, análise e desenvolvimento do desempenho individual dos colaboradores em uma organização. Envolve estabelecer metas claras, fornecer feedback regular, identificar áreas de melhoria e oferecer suporte para o crescimento profissional dos funcionários.

Práticas atuais de gestão de desempenho incluem o estabelecimento de metas SMART (Específicas, Mensuráveis, Atingíveis, Relevantes e Temporais), realização de avaliações de desempenho periódicas, feedback contínuo, desenvolvimento de planos de desenvolvimento individual e reconhecimento do bom desempenho.

Passo A Passo :

1. Estabelecimento de Metas: Defina metas claras e mensuráveis alinhadas aos objetivos organizacionais.

2. Avaliação de Desempenho: Realize avaliações regulares

do desempenho dos funcionários, utilizando métricas objetivas e subjetivas.

3. Feedback Construtivo: Forneça feedback regular aos funcionários, destacando pontos fortes e áreas de melhoria.

4. Desenvolvimento Individual: Desenvolva planos de desenvolvimento individual para ajudar os funcionários a alcançarem seu potencial máximo.

5. Reconhecimento e Recompensa: Reconheça e recompense o bom desempenho para incentivar a motivação e o engajamento dos funcionários.

Onde Aplicar:

Técnicas de gestão de desempenho podem ser aplicadas em pequenas empresas através de processos simples e adaptáveis, enquanto em médias empresas, podem ser implementadas de forma mais estruturada, envolvendo sistemas de gestão de desempenho mais sofisticados e abrangentes.

Artigos Acadêmicos Relevantes:

A gestão de desempenho e avaliação de funcionários na área da Gastronomia é fundamental para garantir a eficiência e qualidade dos serviços prestados. A avaliação de desempenho deve considerar o comprometimento e o desempenho dos funcionários, fornecendo feedback para avaliar o cumprimento das metas (Antonio et al., 2022). A sistematização da avaliação de desempenho busca motivar os funcionários, melhorar a qualidade e produtividade do trabalho (Antonio et al., 2022).

A gestão do desempenho por competências envolve etapas como mapeamento de competências, sensibilização, aplicação da avaliação, feedback e planos de ação (Bezerra et al., 2017). Além disso, a gestão de desempenho organizacional é estratégica e utiliza indicadores como o Balanced Scorecard para avaliar resultados e ativos da empresa (Bezerra et al., 2017).

A avaliação de desempenho é essencial para o desenvolvimento profissional dos colaboradores, permitindo avaliar, desenvolver habilidades e recompensar de forma justa (Brito, 2011). A importância de avaliar a motivação, satisfação e adaptabilidade dos funcionários no trabalho remoto destaca a relevância da gestão de desempenho em diferentes contextos de trabalho (Luiz et al., 2023).

Portanto, a gestão de desempenho e avaliação de funcionários na Gastronomia devem ser estruturadas, considerando competências, feedback, motivação e desenvolvimento profissional para garantir a excelência operacional e a satisfação dos colaboradores.

Casos De Sucesso:

Analisando três estudos de casos de sucesso relacionados à gestão de desempenho e avaliação de funcionários na gastronomia, podemos destacar alguns pontos relevantes.

Um estudo realizado por Brandão e Guimarães Brandão & Guimarães (2001) destaca a complementaridade entre a gestão de competências e a gestão de desempenho no contexto organizacional, ressaltando que esses modelos não são tecnologias independentes, mas sim instrumentos que se complementam em uma gestão mais ampla. Isso sugere que na gastronomia, a avaliação de competências e desempenho dos funcionários pode ser integrada para um melhor gerenciamento.

Outro estudo conduzido por Boen e Nonato Boen &

Nonato (2022) revela que a aplicação de programas que aumentam a satisfação no trabalho pode contribuir para a redução da taxa de turnover nas empresas. A análise de dados e a avaliação do nível de satisfação dos funcionários são ferramentas essenciais para identificar potenciais razões por trás da insatisfação, auxiliando na retenção de talentos na indústria gastronômica.

Além disso, o estudo de Tamayo e Paschoal Tamayo & Paschoal (2003) introduz o conceito de perfil motivacional do trabalhador e discute sua avaliação nas organizações. Na gastronomia, compreender a motivação dos funcionários e alinhar suas metas individuais com os objetivos da empresa pode ser fundamental para impulsionar o desempenho e a satisfação no trabalho.

Portanto, ao correlacionar esses estudos, percebemos a importância de integrar a gestão de competências e desempenho, promover a satisfação no trabalho para reduzir o turnover e avaliar a motivação dos funcionários na indústria gastronômica, visando um melhor desempenho e engajamento da equipe.

Exercício:

1. Estabelecimento de Metas e Expectativas

O que? Esta seção envolve o estabelecimento claro de metas e expectativas para os funcionários da equipe gastronômica, alinhadas aos objetivos do negócio.

Quando? Preencha esta seção no início do período de avaliação de desempenho, geralmente anualmente, e revise conforme necessário ao longo do ano.

Como? Defina metas específicas, mensuráveis, alcançáveis, relevantes e com prazo definido (SMART) para cada funcionário, relacionadas às suas responsabilidades e ao sucesso do negócio. Comunique as metas e expectativas claramente aos funcionários, explicando como elas contribuem para os objetivos gerais do negócio gastronômico.

2. Monitoramento do Desempenho ao Longo do Tempo

O que? Esta seção envolve o acompanhamento contínuo do desempenho dos funcionários ao longo do período de avaliação, identificando pontos fortes e áreas de melhoria.

Quando? Preencha esta seção regularmente, por exemplo, através de reuniões individuais trimestrais ou semestrais entre gestores e funcionários.

Como? Realize avaliações regulares do desempenho dos funcionários, observando seu cumprimento das metas estabelecidas, qualidade do trabalho, habilidades interpessoais e contribuições para a equipe. Forneça feedback contínuo aos funcionários sobre seu desempenho, reconhecendo suas conquistas e oferecendo orientação e suporte para superar desafios.

3. Avaliação Formal de Desempenho

O que? Esta seção envolve a realização de uma avaliação formal do desempenho dos funcionários, utilizando critérios objetivos e subjetivos para avaliar seu desempenho.

Quando? Preencha esta seção no final do período de avaliação, geralmente anualmente, para fornecer uma visão abrangente do desempenho do funcionário ao longo do ano.

Como? Utilize formulários de avaliação de desempenho que incluam critérios específicos de avaliação, como qualidade do trabalho, produtividade, habilidades interpessoais e contribuições para a equipe. Realize reuniões individuais com cada funcionário para discutir os resultados da avaliação de desempenho, fornecer feedback construtivo e estabelecer metas para o próximo período.

4. Desenvolvimento de Planos de Melhoria

O que? Esta seção envolve o desenvolvimento de planos

de melhoria para os funcionários que demonstram áreas de desempenho abaixo do esperado durante a avaliação.

Quando? Preencha esta seção após a avaliação formal de desempenho, identificando áreas específicas de melhoria para cada funcionário.

Como? Identifique as áreas específicas de desempenho que precisam ser melhoradas por cada funcionário, com base nos resultados da avaliação de desempenho. Colabore com o funcionário para desenvolver um plano de ação realista e alcançável para melhorar seu desempenho, incluindo metas de curto e longo prazo, recursos necessários e prazos.

5. Reconhecimento e Recompensa pelo Desempenho

O que? Esta seção envolve o reconhecimento e recompensa dos funcionários pelo seu desempenho excepcional e contribuições para o sucesso do negócio gastronômico.

Quando? Preencha esta seção regularmente, reconhecendo e recompensando os funcionários pelo seu desempenho ao longo do ano.

Como? Reconheça publicamente o desempenho excepcional dos funcionários, seja através de elogios pessoais, anúncios em reuniões de equipe ou prêmios formais. Ofereça recompensas tangíveis, como bônus, aumento de salário, folgas extras ou oportunidades de desenvolvimento profissional, para reconhecer e incentivar o desempenho excepcional.

6. Acompanhamento e Revisão Contínua

O que? Esta seção envolve o acompanhamento contínuo do desempenho dos funcionários e a revisão regular dos processos de avaliação para garantir sua eficácia.

Quando? Preencha esta seção regularmente, revisando e ajustando os processos de avaliação conforme necessário para garantir sua relevância e eficácia.

Como? Realize reuniões regulares para revisar o progresso dos funcionários em relação às metas estabelecidas e identificar áreas adicionais de desenvolvimento. Solicite feedback dos funcionários sobre o processo de avaliação de desempenho e use essas informações para fazer melhorias contínuas.

Referencias Artigos:

Antonio, G., Aly, C., & Aly, A. (2022). Impacto do sistema de classificação de mérito na motivação dos funcionários: serviços províncias do ambiente de nampula – moçambique. Recima21 - Revista Científica Multidisciplinar - Issn 2675-6218, 3(7), e371671. https://doi.org/10.47820/recima21.v3i7.1671

Bezerra, L., Gomes, M., Junior, L., & Tractenberg, L. (2017). Avaliação e gestão de desempenho no setor público: uma análise do manual de orientação. Revista Brasileira De Administração Científica, 8(2), 147-158. https://doi.org/10.6008/spc2179-684x.2017.002.0011

Brito, F. (2011). A influência da avaliação de desempenho para o desenvolvimento profissional dos colaboradores: um estudo de multicasos na amazônia. Revista De Administração De Roraima - Rarr, 1(1), 67-83. https://doi.org/10.18227/rarr.v1i1.587

Luiz, J., Costa, M., Petri, S., & Martins, V. (2023). Análise da avaliação de desempenho de funcionários no trabalho remoto - um estudo de caso na universidade federal da integração latino-americana – unila. Revista De Ciências Empresariais Da Unipar, 24(1), 20-40. https://doi.org/10.25110/receu.v24i1-002

Referencias Casos:

Boen, V. and Nonato, L. (2022). Aprendizado de máquina na gestão estratégica de pessoas. aplicando modelo preditivo de turnover.. https://doi.org/10.17648/wmecai-2022-154052

Brandão, H. and Guimarães, T. (2001). Gestão de competências e gestao de desempenho: tecnologias distintas ou instrumentos de um mesmo construto?. Revista De Administração De Empresas, 41(1), 8-15. https://doi.org/10.1590/s0034-75902001000100002

Tamayo, A. and Paschoal, T. (2003). A relação da motivação para o trabalho com as metas do trabalhador. Revista De Administração Contemporânea, 7(4), 33-54. https://doi.org/10.1590/s1415-65552003000400003

MAXIMIZANDO A EFICIÊNCIA ORGANIZACIONAL

A definição de cargos e responsabilidades é um processo que envolve a identificação e documentação das funções, deveres e responsabilidades de cada cargo dentro da empresa, garantindo clareza e alinhamento nas expectativas e contribuições dos colaboradores.

É o processo de identificação e documentação das atribuições específicas de cada posição dentro da organização. Isso inclui a descrição das tarefas, habilidades necessárias, autoridade e responsabilidades de cada cargo. Essa prática não apenas estabelece expectativas claras para os funcionários, mas também facilita a avaliação do desempenho, o planejamento de sucessão e o desenvolvimento de carreira.

Atualmente, as empresas adotam diversas abordagens para definir cargos e responsabilidades. Alguns utilizam softwares especializados em gestão de recursos humanos para criar perfis de cargos s, enquanto outros preferem métodos mais simples, como a elaboração de manuais de cargo. Além disso, muitas organizações estão incorporando elementos de flexibilidade e adaptação às mudanças nas descrições de cargos, para acompanhar as demandas do mercado e as necessidades dos colaboradores.

Passo A Passo Para A Definição De Cargos E Responsabilidades:

1. Levantamento de informações: Entreviste os ocupantes atuais dos cargos para entender suas responsabilidades diárias, habilidades necessárias e desafios enfrentados.

2. Análise de tarefas: Liste e analise as tarefas realizadas por cada cargo, identificando sua frequência, complexidade e importância para o sucesso da organização.

3. Definição de responsabilidades: Atribua responsabilidades específicas a cada cargo, garantindo que estejam alinhadas com os objetivos estratégicos da empresa.

4. Elaboração de descrições de cargo: Crie descrições de cargo claras e concisas, detalhando as responsabilidades, habilidades necessárias, qualificações e autoridade para cada posição.

5. Revisão e aprovação: Revise as descrições de cargo com os gestores e colaboradores relevantes para garantir sua precisão e relevância.

6. Comunicação: Comunique as descrições de cargo revisadas a todos os colaboradores e forneça orientações adicionais, se necessário.

Aplicação Nas Pequenas E Médias Empresas:

Nas pequenas empresas, a definição de cargos e responsabilidades pode ser mais flexível e direta, muitas vezes envolvendo o uso de organogramas simples e descrições de cargo básicas. Em contrapartida, nas médias empresas, onde a estrutura organizacional é mais complexa, é essencial ter processos mais formais e abrangentes para garantir a eficiência e a clareza nas responsabilidades.

Artigos Acadêmicos Relevantes:

Na área da Gastronomia, a definição de cargos e responsabilidades é fundamental para o bom funcionamento de estabelecimentos gastronômicos. A gastronomia não se restringe apenas à preparação de alimentos, mas também envolve a decoração dos pratos, a escolha dos ingredientes, a apresentação dos pratos, e até mesmo a responsabilidade socioambiental (Soares et al., 2021). Além disso, a associação da gastronomia à tradição e ao patrimônio pode fundamentar estratégias de marketing em destinos turísticos (Santos & Bastos, 2016).

Para que a gastronomia seja reconhecida como uma ciência e para avaliar a inserção dos profissionais gastrônomos no setor de restauração, é essencial discutir a maneira como a gastronomia elabora seu discurso epistemológico e opera metodologicamente (Rocha, 2021). Isso implica não apenas nas habilidades culinárias, mas também na compreensão dos aspectos científicos e metodológicos envolvidos na gastronomia.

A responsabilidade sobre a alimentação da família, mesmo quando assumindo papéis profissionais fora do ambiente doméstico, muitas vezes recai sobre as mulheres (Freitas et al., 2020). Nesse contexto, a definição de cargos e responsabilidades na gastronomia pode contribuir para uma distribuição mais equitativa das tarefas relacionadas à alimentação e à culinária.

Portanto, a definição de cargos e responsabilidades na gastronomia não se restringe apenas às atividades culinárias, mas também envolve aspectos de marketing, tradição, patrimônio, responsabilidade socioambiental e até mesmo questões de gênero. É essencial que os profissionais gastrônomos estejam preparados não apenas do ponto de vista prático, mas também teórico e metodológico para atender às demandas e desafios do setor gastronômico.

Casos De Sucesso:

Analisando os estudos de casos de sucesso relacionados à definição de cargos e responsabilidades na gastronomia, podemos destacar alguns pontos relevantes. Um dos estudos menciona a importância da definição de atributos de sucesso e do tratamento de fatores críticos em projetos, ressaltando a necessidade de uma abordagem cuidadosa para garantir o sucesso (Forno & Müller, 2017). Além disso, outro estudo destaca a importância da responsabilidade financeira supletiva da União para viabilizar a exigibilidade de metas, demonstrando como a definição clara de responsabilidades pode impactar positivamente os resultados (Vick & Lavalle, 2020).

No contexto da gastronomia, a definição de cargos e responsabilidades pode ser crucial para o bom desempenho das equipes. Um estudo menciona que os fatores de demandas e recursos específicos para os funcionários do setor gastronômico estão em linha com os de outras empresas do mercado de trabalho em geral, ressaltando a importância de equilibrar os aspectos sociais e econômicos no ambiente de trabalho (Kordsmeyer et al., 2022). Isso sugere que a definição adequada de cargos e responsabilidades pode contribuir para a satisfação e o desempenho dos colaboradores no setor gastronômico.

Portanto, a partir desses estudos de casos de sucesso, podemos inferir que a definição clara de cargos e responsabilidades na gastronomia é fundamental para o sucesso organizacional, influenciando diretamente a eficiência operacional, a satisfação dos funcionários e, consequentemente, a qualidade do serviço prestado.

Exercícios:

1. Identificação do Cargo

O que? Esta seção envolve a identificação e descrição do cargo a ser preenchido na equipe gastronômica, incluindo título do cargo e departamento.

Quando? Preencha esta seção sempre que uma nova posição precisar ser preenchida ou quando houver alterações significativas nas responsabilidades do cargo existente.

Como? Escreva o título do cargo de forma clara e descritiva, como "Chef de Cozinha", "Garçom" ou "Auxiliar de Cozinha". Especifique o departamento ou área em que o cargo está localizado, como "Cozinha", "Atendimento ao Cliente" ou "Estoque".

2. Descrição do Cargo

O que? Esta seção envolve a descrição detalhada das responsabilidades, tarefas e qualificações necessárias para o cargo, delineando claramente o papel do funcionário na equipe gastronômica.

Quando? Preencha esta seção antes de iniciar o processo de recrutamento e seleção para o cargo e revise conforme necessário para refletir mudanças nas responsabilidades do cargo.

Como? Liste as responsabilidades principais do cargo, como preparação de alimentos, atendimento ao cliente, limpeza e organização, entre outras. Especifique as tarefas específicas que o funcionário será responsável por realizar no desempenho de suas funções. Descreva as qualificações mínimas necessárias para o cargo, como experiência prévia, habilidades técnicas, conhecimento culinário, entre outros.

3. Competências e Habilidades Necessárias

O que? Esta seção envolve a identificação das competências e habilidades essenciais que os candidatos devem possuir para desempenhar com sucesso o cargo na equipe gastronômica.

Quando? Preencha esta seção antes de iniciar o processo de recrutamento e seleção para o cargo e revise conforme necessário para refletir mudanças nas demandas do mercado.

Como? Liste as competências técnicas necessárias para o cargo, como conhecimento culinário, habilidades de preparação de alimentos, domínio de técnicas de serviço, entre outros. Identifique as habilidades interpessoais e comportamentais desejadas para o cargo, como habilidades de comunicação, trabalho em equipe, capacidade de lidar com o estresse e adaptabilidade.

4. Relacionamento Hierárquico e Interdepartamental

O que? Esta seção envolve a definição das relações hierárquicas e interdepartamentais do cargo na equipe gastronômica, incluindo supervisores diretos e colaboradores de outros departamentos.

Quando? Preencha esta seção no início do processo de definição de cargos e responsabilidades e revise conforme necessário para refletir mudanças na estrutura organizacional.

Como? Identifique o supervisor direto do cargo, descrevendo sua posição na hierarquia organizacional e suas responsabilidades de supervisão. Liste os colaboradores de outros departamentos com os quais o funcionário interagirá regularmente e descreva a natureza dessas interações.

5. Expectativas de Desempenho

O que? Esta seção envolve a definição de expectativas claras de desempenho para o cargo, incluindo metas quantitativas e qualitativas a serem alcançadas.

Quando? Preencha esta seção no início do processo

de definição de cargos e responsabilidades e revise conforme necessário para refletir mudanças nas metas e expectativas do negócio gastronômico.

Como? Estabeleça metas específicas de desempenho para o cargo, como tempos de preparação de alimentos, índices de satisfação do cliente, taxa de retenção de clientes, entre outros. Descreva as expectativas de desempenho em termos de qualidade do trabalho, produtividade, atendimento ao cliente e contribuições para o sucesso geral do negócio gastronômico.

Referencias Artigos:

Freitas, V., Machado, M., Giaretta, A., & Moreira, C. (2020). Conhecimento de estudantes de gastronomia acerca da doença celíaca. Demetra Alimentação Nutrição & Saúde, 15, e47413. https://doi.org/10.12957/demetra.2020.47413

Rocha, F. (2021). Gastronomia: ciência e profissão. Arquivos Brasileiros De Alimentação, 1(1), 3-20. https://doi.org/10.53928/aba.v1i1.417

Santos, F. and Bastos, S. (2016). O papel do festival gastronômico de taquaruçu na definição da gastronomia de tocantins/to. Turismo - Visão E Ação, 18(3), 611. https://doi.org/10.14210/rtva.v18n3.p611-632

Soares, C., Ferro, R., Brandão, B., Sugizaki, B., Silva, G., Mourão, T., ... & Santos, F. (2021). Conceitos de gastronomia: um debate sobre dissonâncias e convergências na literatura científica. Revista Confluências Culturais, 9(2), 147-161. https://doi.org/10.21726/rcc.v9i2.98

Referencias Casos:

Forno, G. and Müller, F. (2017). Relação entre os fatores críticos em projetos de desenvolvimento de software e os atributos que determinam o seu sucesso.. Revista Gestão & Tecnologia, 17(3), 172-190. https://doi.org/10.20397/2177-6652/2017.v17i3.1168

Kordsmeyer, A., Efimov, I., Lengen, J., Flothow, A., Nienhaus, A., Harth, V., ... & Mache, S. (2022). Balancing social and economic factors - explorative qualitative analysis of working conditions of supervisors in german social firms. Journal of Occupational Medicine and Toxicology, 17(1). https://doi.org/10.1186/s12995-021-00342-y

Vick, F. and Lavalle, A. (2020). É a política... a efetividade das conferências e seus mecanismos causais. Opinião Pública, 26(3), 556-586. https://doi.org/10.1590/1807-01912020263556

ESTRATÉGIAS DE MOTIVAÇÃO E ENGAJAMENTO

As estratégias de motivação e engajamento referem-se ao conjunto de ações e práticas implementadas pelas organizações para estimular o envolvimento, comprometimento e produtividade dos seus colaboradores. Essas estratégias visam criar um ambiente de trabalho positivo, onde os funcionários sintam-se valorizados, reconhecidos e motivados a contribuir para os objetivos da empresa.

Atualmente, as práticas de motivação e engajamento abrangem desde programas de reconhecimento e recompensa, como bonificações e prêmios, até a promoção de um ambiente de trabalho inclusivo e de desenvolvimento profissional. Além disso, a flexibilidade no horário, programas de bem-estar e feedback regular também são práticas comuns para manter os colaboradores engajados.

Passo A Passo :

1. Identificação das Necessidades: Comece por compreender as necessidades e expectativas dos colaboradores através de pesquisas de clima organizacional e feedbacks individuais.

2. Desenvolvimento de Programas: Com base nas

informações obtidas, desenvolva programas de motivação e engajamento personalizados, alinhados com os valores e cultura da empresa.

3. Implementação e Avaliação: Implemente as estratégias definidas e monitore regularmente os resultados, ajustando-as conforme necessário para garantir sua eficácia.

4. Comunicação Efetiva: Mantenha uma comunicação aberta e transparente com os colaboradores, compartilhando informações sobre os programas de motivação e incentivando o feedback constante.

Onde Aplicar As Técnicas:

- Pequenas Empresas: Em pequenas empresas, as estratégias de motivação e engajamento podem ser aplicadas de forma mais direta e personalizada, aproveitando o ambiente familiar e a proximidade entre líderes e colaboradores.

- Médias Empresas: Em médias empresas, é importante investir em programas mais estruturados e abrangentes, envolvendo diversos departamentos e níveis hierárquicos, para garantir a coesão e alinhamento organizacional.

Artigos Acadêmicos:

A motivação e o engajamento dos colaboradores na área da Gastronomia são fundamentais para o sucesso das organizações. Colaboradores motivados tendem a permanecer mais tempo na empresa, produzir com eficiência e impactar positivamente no clima organizacional (Azevedo et al., 2021; Silva et al., 2015). A introdução de ações contínuas para estimular os colaboradores pode levá-los a alcançar metas pessoais e profissionais, criando um ambiente de trabalho positivo (Santos et al., 2022). A relação entre clima organizacional, satisfação e motivação dos colaboradores é crucial para melhorar o desempenho e os resultados da organização (Alves et al., 2022)

Além disso, o engajamento dos colaboradores está diretamente ligado à sua motivação, satisfação e produtividade no trabalho (Aragão & Maranhão, 2020). Reconhecer o trabalho dos colaboradores e proporcionar um ambiente harmonioso e de desenvolvimento de competências socioemocionais são aspectos essenciais para manter o engajamento (Bojorge et al., 2021). A valorização profissional, as relações interpessoais e as condições físicas do ambiente de trabalho promovem o desejo de permanência, comprometimento, entusiasmo e bem-estar dos colaboradores (Abreu, n.d.).

Na Gastronomia, a autenticidade dos sabores locais pode atrair turistas em busca de novas experiências, destacando a importância da gastronomia típica na área do turismo (Santiago et al., 2020). A gastronomia não se resume apenas à comida, mas também envolve a decoração dos pratos, vinhos e toda a experiência sensorial (Bueno, 2016; Zaneti & Schneider, 2016). A inserção dos gastrônomos no setor de restauração e a elaboração de um discurso epistemológico são aspectos relevantes para a consolidação da Gastronomia como ciência e profissão (Rocha, 2021).

Portanto, para promover o engajamento e a motivação dos colaboradores na Gastronomia, é essencial investir em ações que valorizem os profissionais, criem um ambiente de trabalho positivo, reconheçam o trabalho realizado e proporcionem experiências autênticas aos clientes. A satisfação e o engajamento dos colaboradores são pilares fundamentais para o sucesso e a excelência no setor gastronômico.

Casos De Sucesso:

Para analisar empresas de sucesso na área de motivação e engajamento dos colaboradores na gastronomia, podemos destacar o estudo de caso realizado por Santos et al. (2022) na empresa Só Fitas Embalagens LTDA, que propôs a implementação de uma estratégia estruturada de endomarketing para aprimorar o engajamento e a motivação dos colaboradores. Esse estudo ressalta a importância de informações precisas sobre fenômenos sociais complexos para a construção de projetos eficazes.

Além disso, o estudo de Filippim et al. (2018) sobre motivação e retenção de docentes em instituição de ensino superior comunitária pode trazer insights relevantes. A aplicação de questionários e análise de documentos nesse estudo de caso pode fornecer abordagens práticas para melhorar a motivação e o engajamento dos colaboradores na gastronomia.

Outro estudo relevante é o de Furquim et al. (2020) que descreve os fatores motivacionais no setor público, especificamente na Emater - Regional Caiapó. Identificar os fatores que influenciam a motivação dos colaboradores pode ser crucial para empresas gastronômicas. Esse estudo de caso pode fornecer insights valiosos sobre estratégias eficazes de motivação e engajamento.

Portanto, ao analisar esses estudos de caso, é possível correlacionar a importância de estratégias estruturadas, a aplicação de questionários e análise de documentos, e a identificação dos fatores motivacionais específicos para promover o engajamento e a motivação dos colaboradores na área da gastronomia.

Exercício:

1. Reconhecimento e Feedback Constante

O que? Esta seção envolve o reconhecimento regular

do trabalho dos funcionários e o fornecimento contínuo de feedback sobre seu desempenho.

Quando? Preencha esta seção regularmente, reconhecendo e fornecendo feedback aos funcionários sempre que ocorrerem realizações significativas ou oportunidades de melhoria.

Como? Reconheça publicamente o trabalho duro e as conquistas dos funcionários durante reuniões de equipe, em boletins informativos ou através de programas de reconhecimento. Forneça feedback específico e construtivo aos funcionários sobre seu desempenho, destacando suas realizações e oferecendo orientação para melhorias.

2. Oportunidades de Desenvolvimento Profissional

O que? Esta seção envolve a oferta de oportunidades de desenvolvimento profissional para os funcionários melhorarem suas habilidades e avançarem em suas carreiras.

Quando? Preencha esta seção regularmente, oferecendo oportunidades de desenvolvimento sempre que possível e ajustando conforme as necessidades e interesses dos funcionários.

Como? Ofereça treinamentos, workshops e cursos relacionados à gastronomia, atendimento ao cliente, gestão de negócios e outras áreas relevantes. Apoie os funcionários que desejam obter certificações profissionais ou avançar em suas carreiras através de programas de educação continuada ou reembolso de mensalidades.

3. Ambiente de Trabalho Positivo e Inclusivo

O que? Esta seção envolve a criação de um ambiente de trabalho que promova o respeito mútuo, a colaboração e a diversidade entre os funcionários.

Quando? Preencha esta seção continuamente, promovendo um ambiente de trabalho positivo e inclusivo em todos os aspectos das operações do negócio gastronômico.

Como? Promova uma cultura de respeito e inclusão, celebrando a diversidade e valorizando as contribuições únicas de cada funcionário. Crie oportunidades para os funcionários se envolverem em atividades sociais e comunitárias, como eventos de voluntariado ou celebrações culturais.

4. Incentivos e Recompensas

O que? Esta seção envolve a oferta de incentivos e recompensas para reconhecer o desempenho excepcional e motivar os funcionários a alcançarem seus objetivos.

Quando? Preencha esta seção regularmente, oferecendo incentivos e recompensas conforme as metas são alcançadas e o desempenho excepcional é demonstrado.

Como? Crie programas de incentivo, como bônus por desempenho, reconhecimento em equipe ou prêmios por funcionário do mês. Ofereça benefícios adicionais, como descontos em refeições, folgas extras ou oportunidades de avanço na carreira, como recompensas pelo desempenho excepcional.

5. Comunicação Transparente e Aberta

O que? Esta seção envolve a promoção de uma comunicação transparente e aberta entre os funcionários e a administração, permitindo que todos se sintam ouvidos e valorizados.

Quando? Preencha esta seção continuamente, mantendo linhas de comunicação abertas em todos os níveis da organização e respondendo prontamente às preocupações e sugestões dos funcionários.

Como? Realize reuniões regulares de equipe para discutir questões relacionadas ao trabalho, compartilhar atualizações sobre o negócio e permitir que os funcionários expressem suas opiniões e ideias. Estabeleça canais formais e informais de comunicação, como caixas de sugestões, e-mails abertos ou reuniões individuais com gerentes, para garantir que os funcionários se sintam à vontade para compartilhar feedback e preocupações.

6. Flexibilidade e Equilíbrio Trabalho-Vida

O que? Esta seção envolve o fornecimento de flexibilidade no local de trabalho e apoio ao equilíbrio entre trabalho e vida pessoal dos funcionários.

Quando? Preencha esta seção continuamente, ajustando políticas e práticas de trabalho conforme necessário para melhorar o equilíbrio entre trabalho e vida pessoal dos funcionários.

Como? Ofereça opções de horário flexível, como horários de trabalho alternativos, teletrabalho ou troca de turnos, para acomodar as necessidades individuais dos funcionários. Promova uma cultura de respeito pelo tempo pessoal dos funcionários, incentivando-os a tirar férias e folgas quando necessário e respeitando os limites de trabalho após o expediente.

Referencias Artigos:

Abreu, R. <b>o capital humano e a segurança dos alimentos:</b> um olhar humanista na prática da alimentação coletiva.. https://doi.org/10.11606/d.10.2016.tde-29012016-103142

Alves, L., Cruz, T., Silva, L., Roberto, J., & Pinto, J. (2022). A relação do clima organizacional com a satisfação e motivação dos colaboradores. Revista Científica Multidisciplinar Núcleo Do Conhecimento, 33-39. https://doi.org/10.32749/nucleodoconhecimento.com.br/administracao/relacao-do-clima-organizacional

Aragão, A. and Maranhão, T. (2020). Reconhecimento profissional e motivação nas empresas: revisão sistemática da literatura / professional recognition and motivation in companies: systematic literature review. Id on Line Revista De Psicologia, 14(51), 511-536. https://doi.org/10.14295/idonline.v14i51.2616

Azevedo, L., Teixeira, M., & Filho, A. (2021). Fatores motivacionais para o trabalho em instituições de ensino superior. Educationis, 9(2), 1-17. https://doi.org/10.6008/cbpc2318-3047.2021.002.0001

Bojorge, E., Quinelato, J., Santos, K., & Reinh, M. (2021). Gestão de pessoas no pet elétrica: ambiente harmônico, de acolhimento e desenvolvimento de competências socioemocionais na formação de engenheiros.. https://

doi.org/10.37702/cobenge.2021.3602

Bueno, M. (2016). Da gastronomia francesa à gastronomia global: hibridismos e identidades inventadas. Caderno CRH, 29(78), 443-462. https://doi.org/10.1590/s0103-49792016000300003

Rocha, F. (2021). Gastronomia: ciência e profissão. Arquivos Brasileiros De Alimentação, 1(1), 3-20. https://doi.org/10.53928/aba.v1i1.417

Santiago, M., Medina, J., & Brasileiro, M. (2020). Saberes e sabores do turismo na paraíba: uma análise de um guia de viagem. Caderno Virtual De Turismo, 19(3). https://doi.org/10.18472/cvt.19n3.2019.1460

Santos, A., Lima, K., Nascimento, L., Roberto, J., & Almeida, V. (2022). Proposta de implementação de estratégia estruturada de endomarketing objetivando aprimorar o engajamento e a motivação dos colaboradores: estudo de caso na empresa só fitas embalagens ltda. Revista Científica Multidisciplinar Núcleo Do Conhecimento, 142-164. https://doi.org/10.32749/nucleodoconhecimento.com.br/administracao/estrategia-estruturada

Silva, L., Mousquer, L., Schadeck, M., & Rodrigues, L. (2015). A influência da motivação na produtividade do trabalho na representação comercial. Revista De Administração Imed, 5(3), 241-249. https://doi.org/10.18256/2237-7956/raimed.v5n3p241-249

Zaneti, T. and Schneider, S. (2016). A conversa chegou à cozinha: um olhar sobre o uso de produtos agroalimentares singulares na gastronomia contemporânea. Revista Mundi Meio Ambiente E Agrárias (Issn 2525-4790), 1(1). https://doi.org/10.21575/25254790rmmaa2016vol1n1125

Referencias Casos:

Filippim, E., Júnior, S., Zulian, L., & Lazzarotti, F. (2018). Motivação e retenção de docentes em instituição de ensino superior comunitária. Reuna, 23(1), 54-74. https://doi.org/10.21714/2179-8834/2017v22n4p54-74

Furquim, M., Abdala, K., Andrade, A., Júnior, J., Oliveira, D., Salviano, P., … & Rabelo, J. (2020). Descrição dos fatores motivacionais no setor público: o caso da emater – regional caiapó. Research Society and Development, 9(8), e994986697. https://doi.org/10.33448/rsd-v9i8.6697

Santos, A., Lima, K., Nascimento, L., Roberto, J., & Almeida, V. (2022). Proposta de implementação de estratégia estruturada de endomarketing objetivando aprimorar o engajamento e a motivação dos colaboradores: estudo de caso na empresa só fitas embalagens ltda. Revista Científica Multidisciplinar Núcleo Do Conhecimento, 142-164. https://doi.org/10.32749/nucleodoconhecimento.com.br/administracao/estrategia-estruturada

COMUNICAÇÃO INTERNA: CONSTRUINDO PONTES

A comunicação interna é uma parte fundamental da cultura organizacional, pois envolve a troca de informações, ideias e sentimentos entre os membros de uma organização. É através dela que os colaboradores se mantêm informados, engajados e alinhados com os objetivos e valores da empresa. Ela abrange todas as formas de comunicação dentro de uma organização, seja vertical (de cima para baixo ou de baixo para cima), horizontal (entre colegas de trabalho) ou diagonal (através de diferentes níveis hierárquicos). Ela inclui não apenas a transmissão de informações, mas também o compartilhamento de valores, cultura e visão da empresa.

Atualmente, as práticas de comunicação interna estão cada vez mais diversificadas e integradas, incluindo o uso de intranets, redes sociais corporativas, boletins informativos, reuniões regulares, e-mails, grupos de mensagens instantâneas e até mesmo aplicativos móveis específicos para empresas.

Passo A Passo Para Implementação:

1. Avaliação das Necessidades: Identificar as necessidades

de comunicação da organização e dos funcionários.

2. Definição de Objetivos: Estabelecer metas claras para a comunicação interna, alinhadas com os objetivos estratégicos da empresa.

3. Escolha de Canais: Selecionar os canais de comunicação mais adequados para atender às necessidades e preferências dos colaboradores.

4. Desenvolvimento de Conteúdo: Criar conteúdo relevante, interessante e envolvente, adaptado para diferentes públicos e canais de comunicação.

5. Implementação e Avaliação: Colocar em prática o plano de comunicação e monitorar regularmente sua eficácia, fazendo ajustes conforme necessário.

Onde Aplicar As Técnicas:

- Pequenas Empresas: Em pequenas empresas, é possível utilizar canais mais informais, como reuniões presenciais e grupos de WhatsApp, para garantir uma comunicação mais próxima e pessoal.

- Médias Empresas: Já em médias empresas, pode ser necessário investir em intranets, redes sociais corporativas e boletins informativos para alcançar uma equipe mais dispersa.

Artigos Acadêmicos:

A comunicação interna desempenha um papel crucial nas organizações gastronômicas, influenciando diretamente a eficácia organizacional, o engajamento dos colaboradores e a qualidade dos serviços prestados. A disponibilização de ferramentas de comunicação interna é essencial para manter um relacionamento contínuo entre os funcionários, evitando conflitos que possam afetar a experiência do cliente final

(Monteiro et al., 2021). A comunicação interna estratégica é capaz de promover maior participação e envolvimento dos colaboradores, contribuindo para um ambiente organizacional positivo e justo, onde os funcionários se sintam valorizados e engajados (Brandão, 2018).

Além disso, a comunicação interna pode ser vista como uma ferramenta estratégica que impacta diretamente nos resultados organizacionais, na inovação e na criação de redes de comunicação interna para promover discussões e implementação de ideias inovadoras (Dutra et al., 2022; Reis & Baldessar, 2021). A adaptação da comunicação interna às demandas atuais, como a integração da geração Y e das mídias sociais, é essencial para construir uma cultura de comunicação em rede e garantir a eficácia da comunicação interna (Bueno, 2013).

Estudos demonstram que a comunicação interna bem planejada está relacionada positivamente com o comprometimento organizacional dos colaboradores, impactando diretamente na satisfação no trabalho e na qualidade dos serviços prestados (Tavares & Limongi-França, 2010). A análise da comunicação interna em instituições de ensino superior revela a importância de identificar os componentes que interferem na comunicação interna e externa da organização para garantir sua eficácia (Bassotto et al., 2021).

Portanto, a comunicação interna estratégica desempenha um papel crucial na gastronomia, influenciando a qualidade dos serviços, o engajamento dos colaboradores e a satisfação dos clientes. É fundamental que as organizações gastronômicas invistam em estratégias de comunicação interna eficazes para promover um ambiente de trabalho positivo, inovação e excelência no atendimento.

Casos De Sucesso:

Para analisar casos de sucesso na área de comunicação interna na gastronomia, é relevante destacar o estudo de caso realizado por (Teixeira et al., 2022), que aborda a comunicação interna nas organizações, incluindo estudos de caso sobre a comunicação interna nas organizações, comunicação interna e multimídia, e comunicação interna como melhoria para as relações de trabalho (Teixeira et al., 2022). Além disso, o estudo de Almeida et al. (2010) destaca a importância da comunicação interna como instrumento de promoção da qualidade, sendo conduzido em uma empresa global de comunicação (Almeida et al., 2010).

Outro estudo relevante é o de (Rufino et al., 2021), que analisa a comunicação interna e as relações de trabalho em instituições públicas de saúde, buscando fatores da comunicação interna que contribuem para melhorias nas relações de trabalho (Rufino et al., 2021). Embora não seja diretamente relacionado à gastronomia, as descobertas sobre como a comunicação interna contribui para melhorias nas relações de trabalho podem ser aplicadas em empresas gastronômicas, onde a comunicação eficaz é essencial para o bom funcionamento das equipes.

Ao correlacionar esses estudos, é possível destacar a importância da comunicação interna como um pilar fundamental para o sucesso de empresas na área da gastronomia. Através de estratégias eficazes de comunicação interna, as organizações podem promover a qualidade, melhorar as relações de trabalho e impulsionar o crescimento. A análise de casos de sucesso, como os apresentados nos estudos mencionados, pode fornecer insights valiosos para empresas gastronômicas que buscam aprimorar suas práticas de comunicação interna e alcançar o sucesso no mercado.

Exercício:

1. Canais de Comunicação Interna

O que? Esta seção envolve a identificação e descrição dos canais de comunicação interna que serão utilizados para facilitar a troca de informações entre os funcionários da equipe gastronômica.

Quando? Preencha esta seção antes de iniciar as operações do negócio gastronômico e revise conforme necessário para incorporar novos canais de comunicação ou ajustar os existentes.

Como? Liste os diferentes canais de comunicação interna disponíveis, como e-mail, murais de avisos, grupos de mensagens instantâneas, reuniões de equipe, entre outros. Descreva como cada canal será usado, quem terá acesso a ele e com que frequência as informações serão compartilhadas.

2. Políticas de Comunicação Interna

O que? Esta seção envolve o estabelecimento de políticas e diretrizes para garantir uma comunicação interna eficaz e respeitosa entre os funcionários da equipe gastronômica.

Quando? Preencha esta seção antes de iniciar as operações do negócio gastronômico e revise conforme necessário para refletir mudanças nas necessidades ou dinâmicas da equipe.

Como? Estabeleça expectativas claras de comunicação, como horários de disponibilidade para responder a e-mails ou tempos de resposta para mensagens urgentes. Defina diretrizes para o uso adequado dos canais de comunicação interna, incluindo linguagem respeitosa, tom profissional e confidencialidade quando apropriado.

3. Compartilhamento de Informações Relevantes

O que? Esta seção envolve o compartilhamento regular de informações relevantes relacionadas às operações do negócio gastronômico, como atualizações de menu, mudanças nos procedimentos e eventos da equipe.

Quando? Preencha esta seção regularmente, compartilhando informações importantes conforme elas surgirem e garantindo que todos os funcionários estejam atualizados.

Como? Utilize os canais de comunicação interna identificados para distribuir informações relevantes de forma rápida e eficiente, garantindo que todos os funcionários recebam as informações necessárias. Estabeleça uma cultura de transparência e abertura, encorajando os funcionários a compartilharem feedback, sugestões e preocupações através dos canais de comunicação interna.

4. Feedback e Comunicação Bidirecional

O que? Esta seção envolve o estabelecimento de canais de feedback e comunicação bidirecional que permitam aos funcionários expressar suas opiniões, ideias e preocupações.

Quando? Preencha esta seção regularmente, promovendo um ambiente de comunicação aberta e incentivando os funcionários a compartilhar feedback regularmente.

Como? Implemente canais formais e informais de feedback, como pesquisas de satisfação, caixas de sugestões, reuniões individuais com gerentes e grupos de discussão. Demonstre abertura e receptividade ao feedback dos funcionários, respondendo prontamente às suas preocupações, reconhecendo suas contribuições e tomando medidas para abordar questões levantadas.

5. Celebração de Conquistas e Reconhecimento

O que? Esta seção envolve o reconhecimento e celebração das conquistas e realizações dos funcionários, incentivando um ambiente de trabalho positivo e motivador.

Quando? Preencha esta seção regularmente, reconhecendo e celebrando as conquistas dos funcionários conforme elas ocorrem e incentivando o reconhecimento entre colegas.

Como? Utilize os canais de comunicação interna para compartilhar e celebrar as conquistas dos funcionários, seja através de e-mails de reconhecimento, postagens em murais de avisos ou anúncios em reuniões de equipe. Encoraje o reconhecimento entre colegas, incentivando os funcionários a elogiarem e reconhecerem as contribuições uns dos outros através de programas de reconhecimento ou prêmios de equipe.

6. Avaliação e Melhoria Contínua da Comunicação Interna

O que? Esta seção envolve a avaliação regular da eficácia da comunicação interna e a implementação de melhorias com base no feedback dos funcionários.

Quando? Preencha esta seção regularmente, realizando avaliações formais e informais da comunicação interna e ajustando os processos conforme necessário.

Como? Realize pesquisas de clima organizacional para avaliar a eficácia da comunicação interna e identificar áreas de melhoria. Utilize o feedback dos funcionários para fazer ajustes nos canais de comunicação, políticas e práticas, garantindo que a comunicação interna continue atendendo às necessidades e expectativas da equipe.

Referencias Artigos:

Bassotto, L., Pereira, A., & Putti, F. (2021). Análise da comunicação em uma instituição de ensino superior localizada no estado de são paulo. Research Society and Development, 10(1), e20510111633. https://doi.org/10.33448/rsd-v10i1.11633

Brandão, N. (2018). A comunicação interna estratégica como reforço da valorização das pessoas e seus níveis de engagement nas organizações. Media & Jornalismo, 18(33), 91-102. https://doi.org/10.14195/2183-5462_33_6

Bueno, W. (2013). Comunicação interna e liderança aberta: os desafios de incorporar a geração y e as mídias sociais. Organicom, 10(19), 60. https://doi.org/10.11606/issn.2238-2593.organicom.2013.139192

Dutra, J., Silva, G., & Santos, M. (2022). Gestão da comunicação interna como ferramenta estratégica organizacional. Conjecturas, 22(15), 671-686. https://doi.org/10.53660/conj-1920-2q16

Monteiro, C., Kuhl, M., & Angnes, J. (2021). O processo de comunicação organizacional interna: um estudo realizado em uma associação comercial e empresarial do paraná. Perspectivas Em Ciência Da Informação, 26(1), 26-56. https://doi.org/10.1590/1981-5344/3975

Reis, K. and Baldessar, M. (2021). A influência da comunicação interna na inovação nas organizações: uma revisão sistemática integrativa. Organicom, 18(37), 126-139. https://doi.org/10.11606/issn.2238-2593.organicom.2021.163373

Tavares, R. and Limongi-França, A. (2010). A relevância da comunicação interna planejada para o desenvolvimento do comprometimento organizacional. Revista De Administração Contabilidade E Economia Da Fundace, 1(1). https://doi.org/10.13059/racef.v1i1.15

Referencias Casos:

Almeida, L., Souza, L., & Mello, C. (2010). A comunicação interna como um instrumento de promoção da qualidade: estudo de caso em uma empresa global de comunicação. Gestão & Produção, 17(1), 19-34. https://doi.org/10.1590/s0104-530x2010000100003

Rufino, F., Melo, G., Oliveira, M., Sousa, J., & Menezes, E. (2021). Comunicação interna e as relações de trabalho:. Comunicação & Informação, 24. https://doi.org/10.5216/ci.v24.70525

Teixeira, M., Campos, R., Carmo, L., & Araújo, U. (2022). A comunicação interna nas organizações: uma revisão sistemática. Revista Da Faculdade De Administração E Economia, 10(2), 93-111. https://doi.org/10.15603/2176-9583/refae.v10n2p93-111

PROMOVENDO A HARMONIA NAS ORGANIZAÇÕES

Aresolução de conflitos é um aspecto essencial da gestão de pessoas em qualquer ambiente organizacional. Ela refere-se ao processo de lidar com desacordos ou divergências entre indivíduos ou grupos dentro de uma organização. Esses conflitos podem surgir de diferenças de personalidade, objetivos, valores, ou devido a mal-entendidos, competição por recursos escassos, ou falhas na comunicação.

Atualmente, as organizações adotam uma variedade de abordagens para resolver conflitos de forma eficaz. Isso pode incluir a mediação, negociação, coaching, treinamento em habilidades de comunicação, além do estabelecimento de políticas claras e procedimentos formais para lidar com conflitos.

Passo A Passo:

1. Identificação do Conflito: Reconhecer a existência do conflito e suas causas subjacentes.

2. Comunicação Aberta: Encorajar todas as partes envolvidas a expressar seus pontos de vista e preocupações.

3. Análise das Alternativas: Explorar diferentes opções para resolver o conflito de maneira construtiva.

4. Negociação e Compromisso: Buscar um acordo mutuamente satisfatório por meio de negociação e compromisso.

5. Implementação de Soluções: Colocar em prática as soluções acordadas e monitorar seu impacto ao longo do tempo.

6. Avaliação Contínua: Reavaliar regularmente a eficácia das soluções adotadas e ajustar conforme necessário.

Técnicas Aplicáveis:

- Mediação: Envolve a intervenção de um terceiro imparcial para facilitar a comunicação e ajudar as partes a chegarem a um acordo.

- Negociação: Busca encontrar um compromisso aceitável por todas as partes envolvidas.

- Coaching: Oferece suporte individualizado para desenvolver habilidades de comunicação e resolução de conflitos.

- Treinamento em Habilidades de Comunicação: Capacita os funcionários a expressarem suas preocupações de forma clara e respeitosa.

- Políticas e Procedimentos: Estabelecem diretrizes claras para lidar com conflitos e garantir consistência na abordagem organizacional.

Aplicação Em Pequenas E Médias Empresas:

Em pequenas empresas, onde as relações são mais próximas, a resolução de conflitos muitas vezes ocorre de forma informal, mas pode se beneficiar de práticas estruturadas. Em médias empresas, abordagens formais podem ser necessárias devido à complexidade das relações e hierarquias.

Artigos Acadêmicos:

A resolução de conflitos na gastronomia é um tema relevante que pode se beneficiar de abordagens acadêmicas diversas. Diversos estudos abordam a resolução de conflitos em diferentes contextos, como na área empresarial, na saúde e até mesmo na educação. A mediação é destacada como um método eficaz para lidar com conflitos complexos, sendo aplicada em diversas áreas, inclusive no ambiente empresarial para resolver disputas de forma organizada e regulamentada (Souza & Tartuce, 2021; Braga & Frota, 2021). Além disso, a comunicação e a cooperação são apontadas como ferramentas essenciais para facilitar a resolução de conflitos em serviços de saúde, demonstrando a importância do diálogo e do trabalho em equipe nesse processo (Pereira et al., 2021).

No contexto da gastronomia, onde as relações interpessoais desempenham um papel fundamental, a habilidade de resolver conflitos de forma eficaz é crucial. Estratégias de resolução de conflitos, como a negociação e a expressividade, são influenciadas por fatores como a idade dos envolvidos, podendo ser mais adaptativas em determinadas faixas etárias (Andrade & Egert, 2019). Além disso, a forma como os conflitos interpessoais são abordados pode impactar significativamente as relações, podendo ser oportunidades de aprendizagem ou resultar em danos, destacando a importância de abordagens assertivas na resolução de conflitos (Oliveira & Morais, 2017).

Portanto, ao considerar a resolução de conflitos na gastronomia, é essencial adotar abordagens que promovam a comunicação eficaz, a cooperação e a busca por soluções que atendam às necessidades de todas as partes envolvidas. A aplicação de métodos alternativos, como a mediação, pode ser uma estratégia eficaz para lidar com conflitos complexos e promover um ambiente de trabalho harmonioso e produtivo na área da gastronomia.

Casos De Sucesso:

Para analisar empresas de sucesso na área de resolução de conflitos na gastronomia, podemos destacar o estudo de caso realizado por Oliveira et al. (2021) sobre a "Gestão de resíduos orgânicos e viabilidade financeira" (Oliveira et al., 2021). Neste estudo, foi conduzida uma pesquisa aplicada, descritiva e qualitativa com método de estudo de caso em uma empresa de resíduos sólidos em Recife - PE, Brasil.

Além disso, o estudo de Santos et al. (2022) na empresa Só Fitas Embalagens LTDA, que propôs a implementação de estratégias de endomarketing para engajamento e motivação dos colaboradores, pode ser relevante (Santos et al., 2022). A resolução de conflitos na gastronomia muitas vezes envolve a interação entre equipes e a motivação dos colaboradores, sendo essencial entender como estratégias internas podem impactar positivamente o ambiente de trabalho e, consequentemente, a resolução de conflitos.

Outro estudo interessante é o de Delatorre et al. (2017) sobre conflito conjugal, que evidenciou a validade de uma escala de resolução de conflitos em casais (Delatorre et al., 2017). Embora o contexto seja diferente, a compreensão das dinâmicas de resolução de conflitos interpessoais pode fornecer insights sobre como lidar com situações semelhantes na gastronomia, onde a comunicação eficaz e a resolução de conflitos são fundamentais para o bom funcionamento de equipes e estabelecimentos.

Portanto, ao analisar esses estudos de caso, é possível extrair pontos importantes relacionados à gestão de equipes, motivação de colaboradores, resolução de conflitos interpessoais e estratégias de endomarketing que podem ser aplicados com sucesso na área da gastronomia para promover um ambiente de trabalho harmonioso e eficiente.

Exercício:

1. Identificação do Conflito

O que? Esta seção envolve a identificação clara do conflito que está ocorrendo na equipe gastronômica, incluindo as partes envolvidas e a natureza do conflito.

Quando? Preencha esta seção assim que um conflito for identificado ou relatado por um membro da equipe.

Como? Descreva o conflito de forma objetiva, identificando as partes envolvidas, as questões em jogo e o impacto do conflito no ambiente de trabalho. Se necessário, conduza entrevistas individuais com as partes envolvidas para obter uma compreensão mais profunda das causas e perspectivas sobre o conflito.

2. Análise das Causas do Conflito

O que? Esta seção envolve a análise das causas subjacentes do conflito, buscando entender as razões por trás das diferenças de opinião ou desentendimentos.

Quando? Preencha esta seção assim que o conflito for identificado, antes de iniciar o processo de resolução.

Como? Identifique as causas raiz do conflito, considerando fatores como diferenças de personalidade, comunicação inadequada, falta de recursos, pressão no trabalho, entre outros. Realize reuniões de equipe ou sessões de brainstorming para discutir abertamente as causas do conflito e identificar padrões ou temas comuns.

3. Desenvolvimento de Estratégias de Resolução

O que? Esta seção envolve o desenvolvimento de estratégias específicas para resolver o conflito de forma eficaz e satisfatória para todas as partes envolvidas.

Quando? Preencha esta seção após a análise das causas do conflito, antes de implementar qualquer estratégia de resolução.

Como? Identifique várias opções de resolução de conflitos, como negociação, mediação, arbitragem, treinamento em habilidades de comunicação, entre outras. Avalie as vantagens e desvantagens de cada estratégia de resolução e escolha aquela que melhor se adapta às necessidades e circunstâncias específicas do conflito em questão.

4. Implementação da Estratégia de Resolução

O que? Esta seção envolve a implementação da estratégia de resolução de conflitos escolhida, seguindo um plano de ação claro e .

Quando? Preencha esta seção assim que a estratégia de resolução for selecionada e aprovada por todas as partes envolvidas.

Como? Comunique claramente as etapas do plano de resolução de conflitos a todas as partes envolvidas, garantindo que cada passo seja compreendido e seguido. Designe responsabilidades específicas para cada membro da equipe envolvido na resolução do conflito e estabeleça prazos para a conclusão de cada etapa do processo.

5. Monitoramento e Avaliação do Progresso

O que? Esta seção envolve o monitoramento contínuo do progresso da resolução do conflito e a avaliação da eficácia das estratégias implementadas.

Quando? Preencha esta seção regularmente, revisando o progresso da resolução e fazendo ajustes conforme necessário.

Como? Realize reuniões regulares para discutir o progresso da resolução do conflito e identificar quaisquer desafios ou obstáculos que possam surgir. Solicite feedback das partes envolvidas sobre a eficácia das estratégias de resolução implementadas e faça ajustes conforme necessário para garantir uma resolução satisfatória.

6. Follow-Up e Prevenção Futura

O que? Esta seção envolve a implementação de medidas para acompanhar o conflito resolvido e prevenir futuros conflitos semelhantes.

Quando? Preencha esta seção após a resolução do conflito atual e mantenha-se vigilante para identificar e prevenir futuros conflitos.

Como? Agende follow-ups regulares para verificar se o conflito foi totalmente resolvido e se as relações entre as partes envolvidas melhoraram. Implemente medidas proativas para prevenir futuros conflitos, como programas de treinamento em resolução de conflitos, comunicação eficaz e construção de equipe.

Referencias Artigos:

Andrade, A. and Egert, C. (2019). Estratégias de resolução de conflito romântico: desenvolvimento de medida e predição. Estudos E Pesquisas Em Psicologia, 18(3), 850-872. https://doi.org/10.12957/epp.2018.40453

Braga, G. and Frota, Í. (2021). Adrs e as benesses de mediação para resolução de conflitos ambientais. Revista De Direito Ambiental E Socioambientalismo, 7(1), 93. https://doi.org/10.26668/indexlawjournals/2525-9628/2021.v7i1.7939

Oliveira, D. and Morais, A. (2017). Conflitos interpessoais e desenho animado: um estudo sobre os estilos de resolução predominantes. Psicologia Argumento, 34(84). https://doi.org/10.7213/psicol.argum.34.084.ao01

Pereira, R., Pereira, K., Guimarães, G., Paula, E., Silva, L., & Tavares, P. (2021). Resolução de conflitos em serviços de saúde e práticas restaurativas: o desafio da gestão. Revista Eletrônica Acervo Saúde, 13(1), e5620. https://doi.org/10.25248/reas.e5620.2021

Souza, J. and Tartuce, F. (2021). Mediação na resolução de conflitos empresariais. Revista Científica Multidisciplinar Núcleo Do Conhecimento, 166-188. https://doi.org/10.32749/nucleodoconhecimento.com.br/lei/resolucao-de-conflitos

Referencias Casos:

Delatorre, M., Scheeren, P., & Wagner, A. (2017). Conflito conjugal: evidências de validade de uma escala de resolução de conflitos em casais do sul do brasil. Avances en Psicología Latinoamericana, 35(1), 79. https://doi.org/10.12804/revistas.urosario.edu.co/apl/a.3742

Oliveira, J., Tavares, K., Gomes, P., Alves, J., & Melo, F. (2021). Gestão de resíduos orgânicos e viabilidade financeira: um estudo de caso. Research Society and Development, 10(2), e49010212870. https://doi.org/10.33448/rsd-v10i2.12870

Santos, A., Lima, K., Nascimento, L., Roberto, J., & Almeida, V. (2022). Proposta de implementação de estratégia estruturada de endomarketing objetivando aprimorar o engajamento e a motivação dos colaboradores: estudo de caso na empresa só fitas embalagens ltda. Revista Científica Multidisciplinar Núcleo Do Conhecimento, 142-164. https://doi.org/10.32749/nucleodoconhecimento.com.br/administracao/estrategia-estruturada

ELEVANDO O POTENCIAL DOS COLABORADORES

As políticas de remuneração e benefícios desempenham um papel crucial na atração, retenção e motivação dos colaboradores de uma empresa. Essas políticas englobam todas as formas de compensação oferecidas aos funcionários, incluindo salários, bônus, benefícios adicionais, programas de bem-estar e oportunidades de desenvolvimento profissional.

As políticas de remuneração e benefícios referem-se ao conjunto de estratégias e práticas utilizadas pelas empresas para atrair, reter e motivar os colaboradores, através da oferta de compensações financeiras e não financeiras.

Oferecer salários alinhados com o mercado para garantir que os funcionários se sintam valorizados. Permitir que os funcionários personalizem seus pacotes de benefícios de acordo com suas necessidades individuais, incluindo planos de saúde, previdência privada, seguro de vida, entre outros. Implementar programas de bonificação e incentivos para reconhecer e recompensar o desempenho excepcional.

Oferecer programas de saúde e bem-estar para promover o equilíbrio entre vida pessoal e profissional, como ginástica laboral, consultas médicas no local de trabalho, entre outros. Investir em treinamentos, workshops e programas de desenvolvimento para capacitar os funcionários e promover o crescimento profissional.

Passo A Passo Para Implementação:

1. Análise de Mercado: Pesquisar e comparar as práticas de remuneração e benefícios em empresas similares para determinar a competitividade.

2. Definição de Pacotes: Estruturar pacotes de remuneração e benefícios que atendam às necessidades dos colaboradores e estejam alinhados com a cultura e os objetivos da empresa.

3. Comunicação Clara: Comunicar de forma transparente as políticas de remuneração e benefícios aos colaboradores, garantindo que compreendam o valor total de sua compensação.

4. Avaliação Contínua: Realizar avaliações regulares para garantir que as políticas estejam alinhadas com as necessidades em constante evolução dos colaboradores e do mercado.

Aplicação Em Pequenas E Médias Empresas:

- Pequenas Empresas: Devem focar em oferecer benefícios diferenciados que as destaquem como empregadoras atrativas, mesmo com orçamentos menores.

- Médias Empresas: Têm mais recursos para investir em programas abrangentes de remuneração e benefícios, o que pode ser usado como diferencial competitivo na atração e retenção de talentos.

Artigos Acadêmicos:

Na área da Gastronomia, as políticas de remuneração e benefícios desempenham um papel crucial na motivação e retenção de colaboradores. Investir em práticas que incluam uma parte fixa de remuneração, complementada por benefícios e incentivos variáveis, pode aumentar a satisfação e o comprometimento dos funcionários (Marquart et al., 2012). Além disso, a transparência e a flexibilidade das práticas de remuneração, alinhadas à estratégia da empresa, são fundamentais para garantir a eficácia e a equidade no sistema de compensação (Oliveira, 2001).

A longevidade da manutenção dos colaboradores está diretamente ligada às políticas de remuneração adotadas, que buscam atingir os objetivos organizacionais e garantir benefícios futuros (Rissatti et al., 2019). Em um estudo de caso específico, foi observado que a combinação de um salário base adequado com planos de incentivos e benefícios atrai profissionais qualificados e contribui para a credibilidade dos serviços prestados (Campos et al., 2021).

No contexto da Gastronomia, onde as relações interpessoais e a satisfação no trabalho desempenham um papel relevante, a remuneração e os benefícios são áreas que requerem atenção especial. A relação entre sistemas de compensação e motivação é essencial para garantir o engajamento dos colaboradores (Ferreira et al., 2018). Além disso, a percepção da influência das políticas de recursos humanos na satisfação com o trabalho destaca a importância da remuneração e das recompensas como fatores determinantes nesse processo (Paiva et al., 2017).

Em suma, as políticas de remuneração e benefícios na Gastronomia devem ser estruturadas de forma a promover a motivação, a satisfação e o comprometimento dos colaboradores, contribuindo assim para o sucesso e a excelência no setor.

Casos De Sucesso:

Para analisar empresas de sucesso na área de políticas de remuneração e benefícios na gastronomia, destacamos três estudos de caso relevantes. O estudo de Campos et al. (2021) sobre o sistema de remuneração de uma empresa de saneamento em Mato Grosso do Sul fornece insights valiosos, utilizando entrevistas com profissionais-chave para coletar dados(Campos et al., 2021).

Além disso, o estudo de Oliveira e Lara (2012) em uma empresa do comércio varejista de materiais para construção em Tangará da Serra-MT destaca a relevância da remuneração estratégica, combinando estudo de caso e pesquisa bibliográfica(Oliveira & Lara, 2012).

Outro estudo importante é o de Silva e Fernandes (2017) que abordou a gestão de benefícios em uma empresa seguradora, enfatizando a necessidade de responder a questões-chave durante o desenvolvimento do estudo de caso para facilitar a obtenção de benefícios tangíveis(Silva & Fernandes, 2017).

Esses estudos de caso ressaltam a importância de considerar diferentes abordagens metodológicas, como entrevistas, pesquisa bibliográfica e o estabelecimento de questões-chave, ao desenvolver políticas eficazes de remuneração e benefícios no setor gastronômico. A análise dessas empresas bem-sucedidas pode fornecer insights valiosos para outras organizações que buscam aprimorar suas práticas nessa área.

Exercício:

1. Estrutura Salarial e Política de Remuneração

O que? Esta seção envolve a definição da estrutura salarial e da política de remuneração da equipe gastronômica, incluindo salários base, incentivos e aumento salarial.

Quando? Preencha esta seção antes de contratar funcionários e revise anualmente para garantir que os salários e políticas estejam alinhados com as práticas do mercado.

Como? Determine os salários base para cada posição, levando em consideração fatores como experiência, habilidades e responsabilidades. Estabeleça políticas de incentivo, como bônus por desempenho, comissões por vendas ou participação nos lucros, para motivar e recompensar os funcionários pelo seu trabalho árduo. Defina os critérios e o processo para aumentos salariais, incluindo avaliações de desempenho regulares e revisões salariais anuais.

2. Benefícios e Perks

O que? Esta seção envolve a definição dos benefícios e perks oferecidos aos funcionários, além do salário, para melhorar sua satisfação no trabalho e bem-estar geral.

Quando? Preencha esta seção antes de contratar funcionários e revise periodicamente para garantir que os benefícios sejam competitivos e atendam às necessidades dos funcionários.

Como? Identifique uma variedade de benefícios, como plano de saúde, seguro odontológico, vale-refeição, vale-transporte, plano de previdência privada, entre outros, que possam ser oferecidos aos funcionários. Considere também perks adicionais, como descontos em refeições, programas de bem-estar, horários flexíveis, folgas remuneradas extras, entre outros, para melhorar a qualidade de vida no trabalho. Comunique claramente os benefícios e perks disponíveis aos funcionários durante o processo de contratação e forneça informações detalhadas sobre como acessá-los e utilizá-los.

3. Política de Horas Extras e Pagamento de Horas Extras

O que? Esta seção envolve a definição da política de horas extras e o pagamento de horas extras para garantir que os funcionários sejam compensados de forma justa por seu tempo adicional de trabalho.

Quando? Preencha esta seção antes de contratar funcionários e revise conforme necessário para garantir conformidade com as leis trabalhistas locais e mudanças nas políticas internas.

Como? Estabeleça uma política clara de horas extras, especificando quando as horas extras são permitidas, como são registradas e como são compensadas. Determine a taxa de pagamento das horas extras de acordo com as leis trabalhistas locais e as práticas do mercado, garantindo que os funcionários sejam compensados adequadamente pelo seu tempo adicional de trabalho. Eduque os funcionários sobre a política de horas extras e o processo para registrar e solicitar horas extras, para evitar mal-entendidos e garantir conformidade.

4. Programas de Reconhecimento e Incentivo

O que? Esta seção envolve a implementação de programas de reconhecimento e incentivo para reconhecer e recompensar os funcionários por seu trabalho árduo e contribuições para o sucesso do negócio gastronômico.

Quando? Preencha esta seção antes de contratar funcionários e revise regularmente para garantir que os programas de reconhecimento sejam eficazes e atendam às necessidades dos funcionários.

Como? Implemente programas de reconhecimento, como funcionário do mês, prêmios por desempenho excepcional, reconhecimento público em reuniões de equipe, entre outros, para destacar as realizações dos funcionários. Ofereça incentivos adicionais, como prêmios em dinheiro, folgas remuneradas extras, vale-presente ou outros benefícios tangíveis, como recompensa pelo desempenho excepcional. Promova uma cultura de reconhecimento e apreciação, incentivando os gerentes e colegas de equipe a reconhecerem e elogiarem regularmente as contribuições uns dos outros.

5. Revisão Periódica e Atualização das Políticas

O que? Esta seção envolve a revisão periódica das políticas de remuneração e benefícios para garantir que permaneçam atualizadas e competitivas.

Quando? Preencha esta seção regularmente, revisando as políticas de remuneração e benefícios anualmente ou conforme necessário para refletir mudanças nas práticas do mercado e nas necessidades dos funcionários.

Como? Realize pesquisas de mercado regularmente para avaliar as práticas de remuneração e benefícios de empresas similares na indústria gastronômica e garantir que suas políticas sejam competitivas. Solicite feedback dos funcionários sobre as políticas de remuneração e benefícios existentes e faça ajustes conforme necessário para atender às suas necessidades e expectativas. Mantenha-se atualizado sobre as mudanças nas leis trabalhistas locais e faça ajustes nas políticas de remuneração e benefícios para garantir conformidade e evitar possíveis problemas legais.

Referencias Artigos:

Campos, T., Faio, W., Grasiel, J., Justi, E., Justi, J., & Justi, J. (2021). Sistema de remuneração: estudo de caso da empresa de saneamento de mato grosso do sul / remuneration system: case study of the mato grosso do sul sanitation company. Brazilian Journal of Development, 7(12), 114718-114728. https://doi.org/10.34117/bjdv7n12-305

Ferreira, D., Baidya, T., & Freitas, A. (2018). A relação entre sistemas de compensação e motivação: um estudo na universidade federal do tocantins (uft). Etd - Educação Temática Digital, 20(1), 27. https://doi.org/10.20396/etd.v20i1.8646436

Marquart, A., Lunkes, R., & Rosa, F. (2012). Um estudo sobre práticas de remuneração estratégica nas maiores empresas de santa catarina. Gestão E Sociedade, 6(13), 04. https://doi.org/10.21171/ges.v6i13.1289

Oliveira, L. (2001). Estratégias e práticas de remuneração utilizadas pelas empresas brasileiras. Organizações & Sociedade, 8(21), 97-108. https://doi.org/10.1590/s1984-92302001000200006

Paiva, L., Oliveira, T., & Pitombeira, S. (2017). Percepção da influência das políticas e práticas de recursos humanos na satisfação com o trabalho.

Revista Pensamento Contemporâneo Em Administração, 11(1), 55. https://doi.org/10.12712/rpca.v11i1.843

Rissatti, J., Souza, J., & Borba, J. (2019). O que informam os formulários de referência sobre as características e remuneração de executivos?. Sociedade Contabilidade E Gestão, 14(1), 54-75. https://doi.org/10.21446/scg_ufrj.v0i0.17527

Referencias Casos:

Campos, T., Faio, W., Grasiel, J., Justi, E., Justi, J., & Justi, J. (2021). Sistema de remuneração: estudo de caso da empresa de saneamento de mato grosso do sul / remuneration system: case study of the mato grosso do sul sanitation company. Brazilian Journal of Development, 7(12), 114718-114728. https://doi.org/10.34117/bjdv7n12-305

Oliveira, A. and Lara, J. (2012). Remuneração estratégica- estudo de caso em uma empresa do comércio varejista de materiais para construção em tangará da serra-mt. Revista Unemat De Contabilidade, 1(2). https://doi.org/10.30681/ruc.v1i2.399

Silva, V. and Fernandes, J. (2017). Utilização da metodologia de gestão de benefícios numa empresa seguradora: um estudo de caso.. https://doi.org/10.18803/capsi.v17.218-232

OPERAÇÕES E LOGÍSTICA

Aqui, exploraremos as estratégias e práticas essenciais para garantir o sucesso operacional do seu empreendimento gastronômico, desde a gestão de fornecedores até a implementação de tecnologias inovadoras.

Começaremos mergulhando nas estratégias para eficiência, onde discutiremos métodos para otimizar processos e maximizar a produtividade em sua operação. Descubra como identificar áreas de melhoria e implementar mudanças que impulsionem a eficiência e a rentabilidade do seu negócio.

Em seguida, exploraremos a gestão de fornecedores e a negociação de contratos, aprendendo a cultivar relacionamentos sólidos com os fornecedores e obter os melhores acordos para garantir a qualidade e a consistência dos ingredientes em seu menu.

Adentre no mundo emocionante do planejamento e execução de eventos gastronômicos, onde aprenderemos a criar experiências memoráveis para seus clientes, desde jantares exclusivos até festivais de comida. Descubra como projetar eventos que cativem o paladar e a imaginação de seus convidados.

Garantir a qualidade e segurança alimentar é essencial para qualquer operação gastronômica de sucesso. Explore as melhores práticas para garantir a segurança dos alimentos em todas as etapas, desde o armazenamento até o serviço ao cliente, e como manter os mais altos padrões de qualidade em sua cozinha.

Promover a sustentabilidade e responsabilidade corporativa é uma prioridade crescente na indústria da gastronomia. Descubra como implementar práticas sustentáveis, desde a redução de resíduos até o uso de ingredientes locais e sazonais, e como comunicar esses esforços aos seus clientes.

Desvende os segredos da logística de distribuição, aprendendo a gerenciar eficientemente o fluxo de produtos e ingredientes em sua operação, garantindo que tudo chegue ao seu destino final no prazo e nas condições adequadas.

Melhore a experiência do cliente e a eficiência operacional com técnicas e tecnologias inovadoras. Descubra como utilizar sistemas de gestão de restaurantes, pedidos online e outras ferramentas digitais para simplificar processos e aprimorar o serviço ao cliente.

Prepare-se para transformar seu restaurante com tecnologias de gestão de ponta, explorando como aplicar sistemas de POS, gestão de estoque e análise de dados para otimizar o desempenho e impulsionar o crescimento do seu negócio.

Este capítulo é uma jornada emocionante pelo mundo complexo e multifacetado das operações e logística na gastronomia, onde você aprenderá as habilidades e estratégias necessárias para garantir o sucesso contínuo de seu negócio.

ESTRATÉGIAS PARA EFICIÊNCIA

A gestão de estoque e o controle de estoque são componentes essenciais da logística e operações de uma empresa, garantindo que os produtos certos estejam disponíveis no momento certo e em quantidade adequada para atender à demanda dos clientes.

O planejamento, organização e controle de todos os aspectos relacionados aos produtos mantidos em estoque por uma empresa. Isso inclui desde o monitoramento dos níveis de estoque até a previsão de demanda e a otimização dos processos de armazenamento e distribuição. O controle de estoque, por sua vez, diz respeito às atividades de monitoramento e regulamentação dos fluxos de entrada e saída de produtos, garantindo que os níveis de estoque estejam alinhados com as necessidades operacionais e estratégicas da empresa.

As práticas atuais de gestão e controle de estoque envolvem o uso de tecnologias avançadas, como sistemas de gestão de estoque automatizados e soluções de rastreamento em tempo real. Além disso, estratégias como Just-in-Time[9] (JIT), gestão de estoque por classificação ABC e parcerias com fornecedores para redução de lead time[10] são amplamente adotadas.

Passo A Passo:

1. Análise da Demanda: Compreender as necessidades dos clientes e as tendências do mercado é o primeiro passo para uma gestão eficaz de estoque.

2. Definição de Políticas de Estoque: Estabelecer políticas claras para níveis mínimos e máximos de estoque, bem como para reabastecimento e reposição.

3. Implementação de Sistemas de Informação: Utilizar sistemas de gestão de estoque e software de previsão de demanda para monitorar e controlar o estoque de forma eficiente.

4. Monitoramento Contínuo: Manter um acompanhamento regular dos níveis de estoque e ajustar as estratégias conforme necessário.

5. Avaliação de Desempenho: Analisar regularmente os resultados e identificar áreas de melhoria na gestão e controle de estoque.

Aplicação Nas Empresas:

- Pequenas Empresas: As pequenas empresas podem se beneficiar da implementação de sistemas de gestão de estoque simples e de baixo custo, como planilhas eletrônicas, para monitorar seus estoques. Estratégias como compras em pequenos lotes e parcerias com fornecedores locais podem ajudar a manter os custos sob controle.

- Médias Empresas: As médias empresas podem investir em sistemas mais avançados de gestão de estoque, como software de planejamento de recursos empresariais (ERP), para uma visão mais abrangente e integrada de seus processos de estoque. Além disso, a automação de processos e a adoção de práticas de gestão de estoque mais sofisticadas podem ajudar a otimizar a eficiência operacional.

Artigos Acadêmicos:

A gestão de estoque e o controle de estoque desempenham papéis fundamentais na área da gastronomia, contribuindo para a redução de custos, a melhoria do serviço prestado e a satisfação dos clientes. A gestão de estoque envolve atividades que buscam eficiência e redução de custos, equilibrando a produção armazenada com a demanda do mercado, garantindo o suprimento adequado aos clientes (Silva et al., 2022). A eficácia da gestão de estoque é essencial para manter o equilíbrio entre o consumo e a reposição de produtos, envolvendo planejamento, previsão, recebimento, armazenamento e controle de estoque (Silva et al., 2020).

A importância da gestão de estoque é ressaltada como um dos pontos-chave das organizações, permitindo a fidelização dos clientes e a disponibilidade dos produtos no momento certo (Pedroso et al., 2015). Além disso, a gestão de estoque visa controlar o volume de produtos armazenados, decidir sobre novas compras, organizar e distribuir materiais de forma eficiente (Prado et al., 2021). A gestão de estoque é uma ferramenta estratégica que contribui para a redução de custos, a liquidez e a qualidade dos produtos ou serviços oferecidos (Rigoleto et al., 2017).

A gestão de estoque na gastronomia requer um planejamento , considerando as necessidades da demanda e adquirindo informações relevantes para manter níveis de estoque adequados (Sousa et al., 2017). A utilização de ferramentas gerenciais e a adoção de técnicas inovadoras são essenciais para um controle eficaz de estoque, garantindo a continuidade do fornecimento e a satisfação dos clientes (Mendes et al., 2023). A gestão de estoque é uma atividade em constante evolução, recebendo atenção estratégica e sendo suportada por tecnologias e programas específicos para garantir o controle eficiente dos níveis de estoque.

Portanto, a gestão de estoque e o controle de estoque desempenham um papel crucial na gastronomia, permitindo a otimização dos custos, a satisfação dos clientes e a eficiência operacional dos estabelecimentos.

Casos De Sucesso:

Para analisar casos de sucesso na gestão de estoque e controle de estoque na gastronomia, destacam-se três estudos de caso relevantes. A empresa "Farmácia IX" foi capaz de se adaptar aos impactos da pandemia de COVID-19, demonstrando como a gestão de estoque pode ser crucial em momentos de crise (Silva et al., 2022). Outro estudo abordou a eficiência da gestão de estoque em uma distribuidora atacadista de produtos alimentícios refrigerados, buscando identificar ferramentas adequadas para aumentar a eficiência, o que pode ser crucial para empresas na área da gastronomia que lidam com produtos perecíveis (Silva et al., 2018). Além disso, a implementação do código de barras na gestão de estoque de uma fábrica de panelas foi avaliada, destacando a importância dessa ferramenta para o gerenciamento eficaz de estoques em um contexto específico, o que pode ser extrapolado para empresas gastronômicas que lidam com diversos produtos (Mendes et al., 2023).

Esses estudos de caso ressaltam a importância da gestão eficiente de estoque na área da gastronomia, especialmente considerando a sazonalidade, perecibilidade e diversidade de produtos envolvidos. A adaptação a cenários de crise, a identificação de ferramentas adequadas e a implementação de tecnologias como o código de barras são aspectos cruciais para o sucesso nesse setor altamente dinâmico e competitivo.

Exercício:

1. Definição de Objetivos e Metas de Estoque

O que? Esta seção envolve a definição clara dos objetivos e metas de estoque do negócio gastronômico, como minimizar desperdícios, garantir a disponibilidade de ingredientes essenciais e otimizar o capital investido em estoque.

Quando? Preencha esta seção antes de iniciar as operações do negócio gastronômico e revise regularmente para garantir que os objetivos e metas de estoque estejam alinhados com as necessidades do negócio.

Como? Identifique os principais objetivos de estoque, como redução de custos, maximização da eficiência operacional, minimização de perdas e garantia de qualidade dos produtos. Estabeleça metas específicas para cada objetivo, como manter um nível mínimo de estoque para evitar interrupções no fornecimento ou reduzir o estoque excedente para minimizar custos de armazenamento.

2. Controle de Estoque

O que? Esta seção envolve a implementação de sistemas e processos para monitorar e controlar o estoque de forma eficaz, garantindo que os níveis de estoque estejam alinhados com a demanda e os objetivos do negócio.

Quando? Preencha esta seção antes de iniciar as operações do negócio gastronômico e mantenha os registros de controle de estoque atualizados regularmente.

Como? Implemente um sistema de controle de estoque que permita rastrear a entrada e saída de cada item, bem como monitorar os níveis de estoque atualizados em tempo real. Realize inventários regulares para comparar os registros de estoque com a contagem física dos itens, identificar discrepâncias e tomar medidas corretivas, se necessário.

3. Gestão de Fornecedores e Pedidos de Compra

O que? Esta seção envolve o estabelecimento de relações

eficazes com os fornecedores e a gestão eficiente dos pedidos de compra para garantir a disponibilidade oportuna de ingredientes e suprimentos essenciais.

Quando? Preencha esta seção antes de iniciar as operações do negócio gastronômico e revise regularmente para garantir que os fornecedores atendam às necessidades do negócio.

Como? Identifique fornecedores confiáveis e estabeleça relações sólidas com eles, comunicando claramente suas expectativas quanto à qualidade, prazos de entrega e condições de pagamento. Estabeleça um processo de pedido de compra eficiente, definindo critérios para determinar quantidades de pedido, prazos de entrega e autorização de compras.

4. Prevenção de Perdas e Controle de Qualidade

O que? Esta seção envolve a implementação de medidas para prevenir perdas de estoque, como vencimento de produtos, deterioração e furtos, além de garantir a qualidade dos produtos armazenados.

Quando? Preencha esta seção antes de iniciar as operações do negócio gastronômico e revise regularmente para garantir a eficácia das medidas de prevenção de perdas e controle de qualidade.

Como? Estabeleça práticas de armazenamento adequadas, como organização por categorias, controle de temperatura e umidade, e uso de métodos de rotatividade de estoque (FIFO, LIFO). Implemente medidas de segurança, como câmeras de vigilância, controle de acesso restrito ao estoque e procedimentos de verificação de entrada e saída de mercadorias.

5. Análise de Desempenho e Melhoria Contínua

O que? Esta seção envolve a análise regular do desempenho do estoque e a implementação de melhorias contínuas para otimizar a gestão e o controle de estoque.

Quando? Preencha esta seção regularmente, realizando análises de desempenho do estoque e identificando oportunidades de melhoria.

Como? Analise regularmente os indicadores de desempenho do estoque, como níveis de estoque, índice de rotatividade, custos de armazenamento e perdas de estoque. Identifique áreas de ineficiência ou oportunidades de melhoria e implemente medidas corretivas, como revisão de políticas de pedido, negociação de melhores termos com fornecedores ou revisão de práticas de armazenamento.

Referencias Artigos:

Mendes, F., Silva, S., Bonini, L., & Santis, S. (2023). A importância do código de barras na gestão de estoque: um estudo numa fábrica de panelas. Revista Ibero-Americana De Humanidades Ciências E Educação, 9(3), 1578-1594. https://doi.org/10.51891/rease.v9i3.8818

Pedroso, L., Silveira, M., & Pacheco, D. (2015). Impacto da variabilidade da demanda no dimensionamento de estoques de segurança de produtos importados. Iberoamerican Journal of Industrial Engineering, 7(13), 59-82. https://doi.org/10.13084/2175-8018/ijie.v7n13p59-82

Prado, J., Almeida, J., & Brito, A. (2021). Gestão de estoques para o controle de ressuprimentos: proposição de plano para uma fábrica de urnas funerárias em vitória da conquista – ba. Revista Visão Gestão Organizacional, 9(2), 187-205. https://doi.org/10.33362/visao.v9i2.2202

Rigoleto, Â., Pereira, E., & Duran, J. (2017). A gestão de estoque como ferramenta estratégica na redução de custos. Organizações E Sociedade, 6(6), 103. https://doi.org/10.29031/ros.v6i6.308

Silva, F., Galdino, A., & Goes, P. (2020). Aplicação de uma planilha de controle de estoque em uma unidade de alimentação e nutrição. Demetra Alimentação Nutrição & Saúde, 15, e48364. https://doi.org/10.12957/demetra.2020.48364

Silva, M., Santos, R., & Anjo, J. (2022). Gestão de estoque em tempos de pandemia da covid-19. Rahis - Revista De Administração Hospitalar E Inovação Em Saúde, 19(2), 46-61. https://doi.org/10.21450/rahis.v19i2.7436

Sousa, D., Claudino, C., Aquino, J., & Melo, F. (2017). Utilização de ferramentas gerenciais para o controle de estoques: um estudo de caso de uma empresa do setor alimentício. Gestão Org, 15(2), 546-563. https://doi.org/10.21714/1679-18272017v15n2.p546-563

Referencias Casos:

Mendes, F., Silva, S., Bonini, L., & Santis, S. (2023). A importância do código de barras na gestão de estoque: um estudo numa fábrica de panelas. Revista Ibero-Americana De Humanidades Ciências E Educação, 9(3), 1578-1594. https://doi.org/10.51891/rease.v9i3.8818

Silva, M., Santos, R., & Anjo, J. (2022). Gestão de estoque em tempos de pandemia da covid-19. Rahis - Revista De Administração Hospitalar E Inovação Em Saúde, 19(2), 46-61. https://doi.org/10.21450/rahis.v19i2.7436

Silva, V., Gomes, M., Braga, C., & Rufino, V. (2018). Controle de estoque: um estudo sobre a eficiência da gestão de estoque numa distribuidora atacadista em divinópolis, mg. Research Society and Development, 7(5), e575152. https://doi.org/10.17648/rsd-v7i5.247

GESTÃO DE FORNECEDORES E NEGOCIAÇÃO DE CONTRATOS

A gestão de fornecedores e a negociação de contratos desempenham papéis fundamentais na operação eficaz de qualquer empresa. Esses processos envolvem a seleção criteriosa de fornecedores confiáveis, a negociação de termos contratuais favoráveis e a manutenção de relacionamentos colaborativos ao longo do tempo. Vamos explorar mais detalhadamente esse tema crucial para o sucesso empresarial.

Refere-se ao processo de identificação, seleção, contratação e monitoramento de fornecedores externos que fornecem materiais, serviços ou produtos essenciais para uma empresa. A negociação de contratos, por sua vez, envolve a elaboração de acordos contratuais que estabelecem os termos e condições para a entrega de bens ou serviços, incluindo preços, prazos, qualidade e responsabilidades.

Atualmente, as empresas adotam diversas práticas para gerenciar fornecedores e negociar contratos de forma eficaz. Isso inclui o uso de sistemas de gestão de relacionamento com fornecedores (SRM), a realização de análises de risco e desempenho de fornecedores, a busca por fornecedores alternativos para diversificar o risco e a implementação de estratégias de negociação baseadas em princípios de win-

win[11].

Passo A Passo:

1. Análise de Necessidades: Identifique as necessidades específicas da empresa e os requisitos dos produtos ou serviços a serem adquiridos.

2. Seleção de Fornecedores: Pesquise e avalie potenciais fornecedores com base em critérios como qualidade, confiabilidade, custo, localização e conformidade com regulamentos.

3. Negociação de Contratos: Elabore contratos claros e abrangentes que definam os termos, condições e responsabilidades de ambas as partes de forma equitativa.

4. Monitoramento e Avaliação: Estabeleça sistemas para monitorar o desempenho dos fornecedores e garantir o cumprimento dos termos contratuais ao longo do tempo.

5. Melhoria Contínua: Busque oportunidades de otimização e aprimoramento dos processos de gestão de fornecedores e negociação de contratos com base no feedback e na análise de resultados.

Onde Aplicar As Técnicas:

- Pequenas Empresas: As pequenas empresas podem se beneficiar da gestão proativa de fornecedores, focando em parcerias estratégicas com fornecedores confiáveis e na negociação de contratos flexíveis que atendam às suas necessidades específicas.

- Médias Empresas: As médias empresas podem aprimorar sua gestão de fornecedores e negociação de contratos através da implementação de sistemas mais sofisticados de SRM, análise de dados para tomada de decisão e desenvolvimento de estratégias de sourcing[12] global.

Artigos Acadêmicos:

A gestão de fornecedores e a negociação de contratos na área da Gastronomia são aspectos fundamentais para o sucesso de um empreendimento nesse setor. A gestão da cadeia de fornecedores envolve a administração e a intermediação das redes que vão desde a produção até a entrega do produto ao cliente (Carneiro & Cunha, 2019). A seleção e o desenvolvimento dos fornecedores são etapas essenciais nesse processo, pois impactam diretamente no desempenho das empresas, tanto em termos de eficiência, racionalização de custos, quanto no desenvolvimento e inovação (Santos & Osiro, 2016).

A relação com os fornecedores na Gastronomia deve ser estrategicamente gerenciada, envolvendo processos de aquisição de materiais e serviços, além do gerenciamento dos próprios fornecedores (Meirelles et al., 2021). É crucial estabelecer um sistema robusto de gestão de fornecedores e medição de desempenho, o que muitas vezes requer a redução da base de fornecedores para um gerenciamento mais eficaz (Rodrigues et al., 2020).

Além disso, a negociação de contratos com os fornecedores é um ponto-chave. A escolha de parceiros que forneçam produtos de qualidade, com preços competitivos e entregas confiáveis é essencial para o sucesso do negócio (Martini et al., 2020). A gestão de contratos com fornecedores também é um aspecto crítico, onde muitas organizações enfrentam desafios no planejamento, execução e gestão dos fornecedores dentro do processo de aquisição (Santos et al., 2017).

Portanto, a gestão de fornecedores e a negociação de contratos na Gastronomia devem ser abordadas de forma estratégica, considerando a seleção criteriosa dos fornecedores, o desenvolvimento de parcerias sólidas, a medição de desempenho e a eficácia na gestão dos contratos para garantir a qualidade dos produtos e serviços oferecidos aos clientes.

Casos De Sucesso:

Analisando três estudos de caso de empresas que obtiveram sucesso na área de gestão de fornecedores e negociação de contratos na gastronomia, destacam-se algumas práticas relevantes. A empresa Construtora X, sediada em Porto Alegre, implementou uma gestão de desempenho de fornecedores, utilizando uma abordagem qualitativa (Moraes & neto, 2018). Esse enfoque pode ser correlacionado com a pesquisa que aplicou o Analytic Hierarchy Process em uma empresa produtora de pneus para selecionar fornecedores na logística reversa, demonstrando a importância de critérios de escolha bem definidos (Oliveira, 2020). Além disso, a segmentação de fornecedores em uma indústria automobilística, com a aplicação da Curva ABC e da Matriz de Posicionamento Estratégico de Materiais, ilustra como estratégias como essa podem otimizar a gestão da cadeia de suprimentos (Assis et al., 2018).

Esses estudos de caso destacam a relevância de práticas como a avaliação de desempenho de fornecedores, a seleção criteriosa baseada em metodologias específicas e a segmentação de fornecedores para melhorar a eficiência e reduzir custos na gestão da cadeia de suprimentos na gastronomia. A análise cuidadosa desses aspectos pode contribuir significativamente para o sucesso das empresas no setor.

Exercício:

1. Identificação de Fornecedores Potenciais

O que? Esta seção envolve a identificação de fornecedores potenciais de ingredientes, produtos e serviços necessários para o funcionamento do negócio gastronômico.

Quando? Preencha esta seção antes de iniciar as operações do negócio gastronômico e atualize regularmente conforme novas necessidades surgirem ou fornecedores potenciais forem descobertos.

Como? Pesquise online, peça recomendações a colegas do setor, participe de feiras e eventos gastronômicos para identificar fornecedores potenciais. Compile uma lista de fornecedores potenciais, incluindo informações de contato, produtos oferecidos, localização e comentários de outros clientes, se disponíveis.

2. Avaliação de Fornecedores

O que? Esta seção envolve a avaliação dos fornecedores potenciais para determinar sua adequação às necessidades do negócio gastronômico.

Quando? Preencha esta seção antes de iniciar negociações com os fornecedores e revise periodicamente para garantir que os fornecedores atendam às expectativas.

Como? Avalie os fornecedores potenciais com base em critérios como qualidade dos produtos, confiabilidade na entrega, preços competitivos, políticas de devolução e atendimento ao cliente. Realize visitas aos locais dos fornecedores, solicite amostras de produtos e verifique as referências de outros clientes para avaliar a qualidade e o desempenho dos fornecedores.

3. Negociação de Contratos

O que? Esta seção envolve a negociação de contratos com os fornecedores selecionados para estabelecer termos e condições mutuamente benéficos.

Quando? Preencha esta seção após avaliar os fornecedores potenciais e antes de finalizar os acordos de compra.

Como? Identifique os principais termos do contrato, como preços, prazos de entrega, condições de pagamento, políticas de devolução e garantias de qualidade. Agende reuniões de negociação com os representantes dos fornecedores para discutir os termos do contrato, apresentar contrapropostas e chegar a um acordo mútuo.

4. Monitoramento de Desempenho dos Fornecedores

O que? Esta seção envolve o monitoramento contínuo do desempenho dos fornecedores para garantir que cumpram os termos do contrato e atendam às expectativas do negócio gastronômico.

Quando? Preencha esta seção regularmente, realizando avaliações periódicas do desempenho dos fornecedores e tomando medidas corretivas conforme necessário.

Como? Estabeleça indicadores-chave de desempenho (KPIs) para avaliar o desempenho dos fornecedores, como pontualidade na entrega, qualidade dos produtos, taxa de erro e satisfação do cliente. Realize avaliações de desempenho regulares dos fornecedores com base nos KPIs estabelecidos, fornecendo feedback construtivo e reconhecendo o bom desempenho ou identificando áreas de melhoria.

5. Renegociação de Contratos

O que? Esta seção envolve a renegociação de contratos com os fornecedores existentes para garantir que os termos permaneçam competitivos e mutuamente benéficos.

Quando? Preencha esta seção regularmente, revisando os contratos existentes e renegociando os termos conforme necessário para atender às mudanças nas necessidades do negócio gastronômico.

Como? Analise regularmente os contratos existentes com os fornecedores para identificar oportunidades de melhoria ou áreas de custo excessivo. Agende reuniões de renegociação com os representantes dos fornecedores para discutir possíveis ajustes nos termos do contrato e chegar a um acordo que beneficie ambas as partes.

6. Registro e Arquivamento de Contratos

O que? Esta seção envolve o registro e arquivamento adequado de todos os contratos celebrados com os fornecedores para referência futura e conformidade legal.

Quando? Preencha esta seção após a assinatura de cada contrato e mantenha os registros atualizados regularmente.

Como? Mantenha uma cópia de cada contrato assinado em um local seguro e de fácil acesso, organizado por fornecedor e data de assinatura. Implemente um sistema de gerenciamento de contratos para rastrear as datas de vencimento, renovação e término dos contratos e garantir que todos os termos sejam cumpridos.

Referencias Artigos:

Carneiro, E. and Cunha, J. (2019). Análise dos efeitos da concentração, dependência e relacionamento com fornecedores sobre a facilidade de reposição de itens. Revista Gestão & Tecnologia, 19(2), 76-108. https://doi.org/10.20397/2177-6652/2019.v19i2.1614

Martini, C., Vieira, G., Silva, R., & França, R. (2020). Estruturação e aplicação de um modelo multicritério para apoiar a escolha de fornecedores internacionais em uma empresa do setor metal mecânico localizada no sul do brasil. Produto & Produção, 21(2). https://doi.org/10.22456/1983-8026.97298

Meirelles, J., Souza, E., Moreira, L., Simão, A., Silva, A., & Leite, C. (2021). Controladoria estratégica e gestão de fornecedores / strategic controllership and supplier management. Brazilian Journal of Development, 7(4), 39239-39257. https://doi.org/10.34117/bjdv7n4-402

Rodrigues, F., Angra, D., & Ribeiro, P. (2020). Aplicação do método dmaic na melhoria do processo de gerenciamento de fornecedores em uma empresa do setor de óleo e gás. Exatas & Engenharia, 10(28), 1-16. https://doi.org/10.25242/885x102820201770

Santos, L. and Osiro, L. (2016). Modelo de segmentação e avaliação multicritério de fornecedores para micro e pequena empresa. Revista Gestão Da Produção Operações E Sistemas, 11(2), 67. https://doi.org/10.15675/gepros.v11i2.1399

Santos, M., Soares, E., Oliveira, S., & Vasconcelos, A. (2017). Explorando a gestão de contratos com fornecedores no contexto de cmmi-dev e metodologias ágeis: a identificação de um gap. Revista Brasileira De Computação Aplicada, 9(2), 14. https://doi.org/10.5335/rbca.v9i2.6042

Referencias Casos:

Assis, R., Marinelli, G., Ferreira, G., Melo, J., & Alves, R. (2018). Segmentação de fornecedores: um estudo em uma indústria do setor automobilístico. Revista Gestão Da Produção Operações E Sistemas, 13(4), 310. https://doi.org/10.15675/gepros.v13i4.2037

Moraes, J. and neto, j. (2018). Gestão de desempenho de fornecedores na construtora x na cidade de porto alegre – rs. Revista De Administração E Negócios Da Amazônia, 10(2), 1. https://doi.org/10.18361/2176-8366/rara.v10n2p1-19

Oliveira, N. (2020). Uso da metodologia analytic hierarchy process para a seleção de fornecedores: estudo de caso na logística reversa de pneus. Revista Gestão & Sustentabilidade Ambiental, 9, 1011. https://doi.org/10.19177/rgsa.v9e020201011-1020

PLANEJAMENTO E EXECUÇÃO DE EVENTOS

Os eventos desempenham um papel na vida pessoal e profissional, servindo como plataformas para conexões significativas, aprendizado e celebração. O planejamento e a execução eficazes desses eventos exigem uma combinação de habilidades organizacionais, criatividade e atenção aos detalhes. O planejamento e execução de eventos envolvem o processo de concepção, organização e coordenação de atividades para garantir que um evento seja bem-sucedido. Isso inclui definir objetivos, selecionar locais, gerenciar orçamentos, contratar fornecedores, promover o evento e coordenar atividades no dia do evento.

As práticas atuais no planejamento de eventos envolvem o uso de tecnologia para gerenciar RSVPs[13] e inscrições, a criação de experiências personalizadas para os participantes, a incorporação de elementos de sustentabilidade e responsabilidade social nos eventos e a implementação de medidas de segurança e saúde, especialmente em meio à pandemia.

Passo A Passo:

1. Definição de Objetivos: Determine o propósito e os objetivos do evento.

2. Orçamento: Estabeleça um orçamento e aloque recursos de forma eficiente.

3. Seleção de Local: Escolha um local adequado que atenda às necessidades do evento.

4. Contratação de Fornecedores: Contrate fornecedores confiáveis, incluindo catering, entretenimento e serviços técnicos.

5. Promoção: Crie uma estratégia de marketing para promover o evento e atrair participantes.

6. Coordenação no Dia do Evento: Garanta uma execução tranquila coordenando todas as atividades no dia do evento.

Onde Aplicar Cada Técnica Nos Cenários De Pequenas E Médias Empresas:

- Pequenas Empresas: Podem se beneficiar de estratégias de marketing de baixo custo, como o uso de mídias sociais e marketing boca a boca. Elas podem optar por espaços mais econômicos para o evento e priorizar o networking e a interação personalizada com os participantes.

-Médias Empresas: Têm mais recursos para investir em eventos de maior porte, como conferências e feiras comerciais. Elas podem se concentrar na personalização da experiência do participante e na criação de eventos memoráveis que promovam sua marca e seus produtos.

Artigos Acadêmicos Sobre O Tema:

Planejar e executar eventos na gastronomia é uma atividade complexa que envolve diversos aspectos, desde a sustentabilidade e a política até a satisfação do cliente e a promoção turística. A gastronomia sustentável não se restringe apenas à caracterização dos alimentos, mas também abrange a realização de eventos gastronômicos que promovem práticas sustentáveis (Piñar-Álvarez, 2022). A relação entre turismo e gastronomia é evidente, com destinos turísticos se tornando também destinos gastronômicos, onde a culinária local desempenha um papel crucial na atração de visitantes (Fusté-Forné, 2018). Além disso, a gastronomia pode ser um fator de diferenciação e promoção de destinos turísticos, sendo explorada em festivais gastronômicos que enriquecem a experiência do viajante (López-Guzmán et al., 2017).

A satisfação do turista em eventos gastronômicos, como festivais de vinho, está diretamente ligada à experiência sensorial proporcionada pela combinação de vinhos locais e gastronomia regional (Gálvez et al., 2015). A qualidade da experiência do consumidor em eventos turísticos, incluindo os gastronômicos, é um elemento crucial para garantir a satisfação e a fidelização dos clientes (Mondo et al., 2023). A personalização na oferta de eventos, como a inclusão de opções gastronômicas para dietas restritivas, é uma tendência que exige especialização profissional e atenção aos detalhes (Mascarenhas et al., 2016).

A relação entre gastronomia e turismo é tão intrínseca que a oferta de souvenirs gastronômicos em destinos turísticos é uma prática comum, evidenciando a importância da alimentação como parte integrante da experiência turística (Kovaleski, 2020). A realização de festivais gastronômicos não apenas promove a culinária local, mas também ressalta as tradições e paisagens da região, enriquecendo a experiência do visitante (Cruz et al., 2022). A articulação da proteção por indicação de procedência com atividades turísticas, culturais e gastronômicas pode impulsionar o desenvolvimento de destinos e eventos locais (Ribeiro et al., 2020).

Em suma, o planejamento e a execução de eventos na gastronomia não se limitam apenas à oferta de alimentos e bebidas, mas envolvem aspectos como sustentabilidade, promoção turística, experiência do consumidor e valorização da culinária local, desempenhando um papel fundamental na atração e satisfação dos visitantes.

Casos De Sucesso:

Empresas de sucesso na área de planejamento e execução de eventos na gastronomia desempenham um papel fundamental no setor de turismo e hospitalidade. Um estudo relevante realizado por Vázquez-Martínez et al. (2019) destaca a importância da gastronomia espanhola na percepção dos turistas, evidenciando como a gastronomia pode ser um fator relevante para o turismo sustentável. Além disso, Piccioni et al. (2023) abordam como a pandemia de COVID-19 acelerou a transformação digital na indústria de eventos, levando os organizadores a reformular seus modelos de negócios e executá-los de forma bem-sucedida.

Outro estudo significativo é o de (Japutra et al., 2022), que explora como eventos de vida, filosofia e espiritualidade contribuem para a experiência gastronômica, buscando vantagem competitiva. Esses elementos podem ser essenciais para diferenciar empresas de sucesso na área de planejamento e execução de eventos gastronômicos. A compreensão desses aspectos pode levar a experiências gastronômicas mais ricas e memoráveis para os clientes.

Portanto, ao correlacionar esses estudos, é possível destacar que o sucesso na área de planejamento e execução de eventos na gastronomia envolve não apenas a excelência na organização e logística dos eventos, mas também a consideração cuidadosa da cultura gastronômica local, a incorporação de elementos espirituais e filosóficos, e a adaptação às mudanças do ambiente, como as impostas pela pandemia. Empresas que conseguem integrar esses aspectos de forma eficaz têm maior probabilidade de se destacar e obter sucesso nesse setor competitivo.

Exercício:

1. Definição do Objetivo do Evento

O que? Esta seção envolve a definição clara do objetivo do evento gastronômico, como promover um novo menu, comemorar uma data especial ou atrair novos clientes.

Quando? Preencha esta seção no estágio inicial do planejamento do evento, antes de qualquer outra atividade ser realizada.

Como? Identifique o propósito principal do evento, seja ele promocional, de relacionamento com o cliente, de lançamento de produtos ou qualquer outro. Defina metas específicas para o evento, como número de participantes, volume de vendas, aumento da visibilidade da marca, entre outros.

2. Seleção de Local e Data

O que? Esta seção envolve a escolha adequada do local e da data para o evento gastronômico, levando em consideração a capacidade do local, a disponibilidade e conveniência da data.

Quando? Preencha esta seção logo após definir o objetivo do evento, pois a disponibilidade do local e da data pode influenciar outros aspectos do planejamento.

Como? Pesquise e visite diferentes locais que possam acomodar o tamanho e o estilo do evento, considerando aspectos como acessibilidade, estacionamento, instalações e custo. Consulte um calendário para evitar conflitos com feriados, eventos concorrentes ou outras datas importantes que possam afetar a participação no evento.

3. Elaboração do Orçamento

O que? Esta seção envolve a estimativa dos custos e a alocação de recursos financeiros para cada aspecto do evento gastronômico, desde alimentos e bebidas até decoração e marketing.

Quando? Preencha esta seção no início do processo de planejamento do evento, para garantir que todas as despesas sejam consideradas e que o orçamento seja respeitado.

Como? Liste todos os itens necessários para o evento, incluindo alimentos, bebidas, decoração, aluguel de equipamentos, equipe de apoio, marketing e quaisquer outros custos associados. Pesquise os preços de diferentes fornecedores e serviços para obter uma estimativa precisa dos custos e aloque fundos de acordo com as prioridades e metas do evento.

4. Contratação de Fornecedores e Serviços

O que? Esta seção envolve a contratação de fornecedores e serviços necessários para o evento gastronômico, como catering, decoração, aluguel de equipamentos e entretenimento.

Quando? Preencha esta seção após elaborar o orçamento e definir os requisitos específicos de cada serviço necessário para o evento.

Como? Pesquise e solicite orçamentos de diferentes fornecedores para cada serviço necessário, comparando preços, qualidade e disponibilidade. Negocie os termos do contrato com os fornecedores selecionados, incluindo detalhes como prazos de entrega, políticas de cancelamento, requisitos de pagamento e quaisquer outras condições específicas.

5. Desenvolvimento do Cardápio e Degustação

O que? Esta seção envolve a criação do cardápio do evento gastronômico, incluindo uma variedade de pratos e bebidas que atendam aos gostos e preferências dos participantes.

Quando? Preencha esta seção após a contratação do serviço de catering e antes da divulgação do evento para o público-alvo.

Como? Trabalhe em conjunto com o serviço de catering ou chef para desenvolver um cardápio que reflita o tema e o objetivo do evento, levando em consideração restrições alimentares, sazonalidade e apresentação. Realize uma degustação dos pratos selecionados para garantir a qualidade e o sabor dos alimentos que serão servidos durante o evento.

6. Marketing e Divulgação do Evento

O que? Esta seção envolve a promoção e divulgação do evento gastronômico para atrair participantes e garantir uma boa presença.

Quando? Preencha esta seção antes da data do evento para permitir tempo suficiente para alcançar o público-alvo e gerar interesse.

Como? Utilize uma variedade de canais de marketing, como mídia social, e-mail marketing, anúncios online, parcerias locais e materiais impressos, para alcançar o público-alvo. Crie conteúdo atraente e envolvente para promover o evento, incluindo fotos dos pratos do cardápio, depoimentos de clientes satisfeitos, vídeos de bastidores e promoções especiais.

7. Coordenação e Execução do Evento

O que? Esta seção envolve a coordenação e execução eficiente de todas as atividades durante o evento gastronômico, desde a recepção dos convidados até o serviço de alimentos e bebidas e a limpeza pós-evento.

Quando? Preencha esta seção no dia do evento, garantindo que todos os detalhes tenham sido cuidadosamente planejados e que a equipe esteja devidamente treinada e preparada.

Como? Atribua responsabilidades específicas a membros da equipe para garantir uma execução suave do evento, incluindo recepcionar os convidados, servir alimentos e bebidas, monitorar o fluxo de pessoas e lidar com quaisquer problemas que possam surgir. Esteja preparado para lidar com imprevistos e ajustar o plano conforme necessário para garantir que os participantes tenham uma experiência positiva e memorável.

8. Avaliação pós-evento e Feedback

O que? Esta seção envolve a avaliação do desempenho do evento gastronômico e a coleta de feedback dos participantes para identificar pontos fortes e áreas de melhoria.

Quando? Preencha esta seção logo após o término do evento, enquanto as experiências dos participantes ainda estão frescas em suas mentes.

Como? Envie pesquisas de satisfação para os participantes do evento, solicitando feedback sobre todos os aspectos, incluindo comida, serviço, local, entretenimento e atmosfera. Analise os resultados das pesquisas e quaisquer comentários recebidos para identificar pontos fortes a serem destacados e áreas de melhoria para futuros eventos.

Referencias Artigos:

Cruz, A., Castrejón, Y., & Valtierra, B. (2022). Motivaciones, experiencia y repetición de visita: el caso de la feria del alfeñique de la ciudad de toluca, estado de méxico. Acta Universitaria, 32, 1-17. https://doi.org/10.15174/au.2022.3555

Fusté-Forné, F. (2018). La gastronomía en el marketing turístico. Anais Brasileiros De Estudos Turísticos - Abet, 88-99. https://doi.org/10.34019/2238-2925.2017.v7.3169

Gálvez, J., Fernández, G., & Guzmán, T. (2015). Motivation and tourist satisfaction in wine festivals: xxxi ed. wine tasting montilla-moriles, spain. Tourism & Management Studies, 11(2), 7-13. https://doi.org/10.18089/tms.2015.11201

Kovaleski, A. (2020). A oferta de souvenirs gastronômicos no destino morretes/pr.. https://doi.org/10.47573/aya.88580.1.2

López-Guzmán, T., Lotero, C., Fernández, G., & Rivera, I. (2017). Perfil sociodemográfico, valoración de atributos y nivel de satisfacción. estudio de festivales gastronómicos, guayaquil - ecuador. Revista Venezolana De Gerencia, 21(76). https://doi.org/10.31876/revista.v21i76.22155

Mascarenhas, R., Mainardes, I., & Carneiro, D. (2016). Events in hospital hotels: aspects of gastronomy in menu supply for restrictive diets. Revista Rosa Dos Ventos - Turismo E Hospitalidade, 8(1), 1-12. https://doi.org/10.18226/21789061.v8e005

Mondo, T., Lavandoski, J., Souza-Neto, V., & Júnior, D. (2023). Tourqualbar. Revista Brasileira De Pesquisa Em Turismo, 17, 2657. https://doi.org/10.7784/rbtur.v17.2657

Piñar-Álvarez, M. (2022). Gastronomía sustentable en restaurantes y eventos turísticos de méxico en el contexto internacional. El Periplo Sustentable, (43), 120. https://doi.org/10.36677/elperiplo.v0i43.15272

Ribeiro, N., Oliveira, M., & Silva, M. (2020). Oportunidades e entraves para a proteção por indicação de procedência para os biscoitos artesanais de vitória da conquista-ba. Redes, 25, 2592-2615. https://doi.org/10.17058/redes.v25i0.15115

Referencias Casos:

Japutra, A., Tjiptono, F., Setyawan, A., Permana, I., & Widahartana, I. (2022). Life events, philosophy, spirituality and gastronomy experience. International Journal of Contemporary Hospitality Management, 34(9), 3210-3229. https://doi.org/10.1108/ijchm-09-2021-1196

Piccioni, N., Nosi, C., Ottolenghi, C., & Nevi, G. (2023). Covid-19 and the digitization of business events: how the health crisis accelerated ethical issues. International Journal of Event and Festival Management, 14(2), 157-169. https://doi.org/10.1108/ijefm-04-2022-0026

QUALIDADE E SEGURANÇA ALIMENTAR

O controle de qualidade e segurança alimentar refere-se ao conjunto de procedimentos e práticas adotadas para garantir que os alimentos estejam livres de contaminação, sejam seguros para consumo humano e atendam aos padrões de qualidade estabelecidos pelos órgãos reguladores.

As práticas atuais de controle de qualidade e segurança alimentar incluem:

1. Análise de Perigos e Pontos Críticos de Controle (APPCC): Um sistema preventivo de gestão de segurança alimentar que identifica, avalia e controla os perigos significativos para a segurança dos alimentos.

2. Boas Práticas de Fabricação (BPF): Conjunto de diretrizes e procedimentos para garantir que os alimentos sejam produzidos, armazenados e distribuídos de forma segura e higiênica.

3. Rastreabilidade: Capacidade de rastrear a origem e o destino de um produto alimentício ao longo de toda a cadeia de suprimentos.

Passo A Passo:

1. Análise de Riscos: Identificar os perigos potenciais

associados aos alimentos e determinar as medidas de controle necessárias.

2. Implementação de Controles: Desenvolver e implementar medidas de controle para mitigar os riscos identificados.

3. Monitoramento: Estabelecer sistemas de monitoramento para garantir a eficácia dos controles de segurança alimentar.

4. Registro e Documentação: Manter registros s de todas as etapas do processo e documentar as ações tomadas para garantir a segurança dos alimentos.

5. Revisão e Melhoria Contínua: Realizar revisões periódicas do sistema de controle de qualidade e segurança alimentar e fazer melhorias conforme necessário.

Aplicação Em Pequenas E Médias Empresas:

- Pequenas Empresas: Implementar medidas básicas de controle de qualidade e segurança alimentar, como boas práticas de fabricação e treinamento adequado dos funcionários.

- Médias Empresas: Investir em sistemas mais avançados, como o APPCC, e estabelecer parcerias com fornecedores confiáveis para garantir a qualidade dos ingredientes.

Artigos Acadêmicos Relevantes:

A segurança alimentar e o controle de qualidade são aspectos fundamentais na gastronomia, garantindo a oferta de alimentos seguros e saudáveis para os consumidores. Diversos estudos destacam a importância de práticas como as Práticas de Fabricação (BPF) (Tomich et al., 2005), programas de autocontrole (Artilha-Mesquita et al., 2021), e a gestão da qualidade Artilha-Mesquita et al. (2021) para assegurar a segurança alimentar ao longo da cadeia produtiva. A qualidade higiênico-sanitária e as boas práticas de manipulação são essenciais para oferecer refeições livres de perigos para a saúde (Santos & Bezerra, 2023). Além disso, a inspeção sanitária e a rastreabilidade são mencionadas como medidas importantes para garantir a qualidade e a segurança dos alimentos (Jacob & Azevedo, 2020; Ribeiro et al., 2020).

A insegurança alimentar pode estar relacionada a hábitos inadequados de vida e alimentação, como demonstrado em estudos que associam hiperglicemia e pressão arterial elevada à insegurança alimentar (Oliveira et al., 2017). A obtenção de matéria-prima de qualidade é crucial para a garantia da qualidade e inocuidade dos alimentos finais (Silva et al., 2015). A segurança alimentar não se restringe apenas à ausência de contaminação, mas também envolve a preservação da qualidade dos alimentos ao longo de sua produção, processamento, estocagem e distribuição (Cardoso et al., 2005).

A segurança alimentar é um indicador importante da qualidade da alimentação de uma população, refletindo a diversidade e a quantidade de alimentos consumidos, bem como a renda disponível (Boas, 2017). A segurança alimentar não se limita apenas ao acesso a alimentos em quantidade suficiente, mas também envolve o acesso a alimentos seguros, de qualidade e que atendam às necessidades nutricionais (Strassburg et al., 2015). A promoção da segurança alimentar e nutricional em diferentes contextos, como escolas e comunidades, é essencial para garantir o acesso regular a alimentos saudáveis e de qualidade (Rabelo et al., 2020).

Portanto, a garantia da segurança alimentar na gastronomia requer a implementação de práticas de controle de qualidade ao longo de toda a cadeia alimentar, desde a produção até o consumo final, visando oferecer alimentos seguros, saudáveis e de qualidade aos consumidores.

Casos De Sucesso:

Empresas que obtiveram sucesso na área de controle de qualidade e segurança alimentar na gastronomia incluem a empresa do ramo hortifrutigranjeiro sediada na CEASA de Brasília-DF, analisada por (Júnior & Borges, 2018). Neste estudo de caso, foram identificadas as causas do desperdício de maçãs, contribuindo para melhorar a segurança alimentar da população local. Além disso, a empresa do ramo alimentício de Canela-RS, abordada por (Diniz et al., 2018), destacou a importância da administração na resolução de conflitos e no aumento da lucratividade.

A implementação de Boas Práticas de Fabricação (BPF) e da norma NBR ISO 22.000 foi essencial para garantir a qualidade e segurança alimentar, como evidenciado por (Luiz & Rodolpho, 2021). Essas práticas são fundamentais para a satisfação dos clientes e o sucesso das empresas no setor alimentício.

Além disso, a gestão da qualidade total foi um aspecto crucial para o sucesso na indústria de máquinas e equipamentos, conforme estudado por (Gonçalves & Gasparotto, 2019). A conscientização dos colaboradores sobre a importância da qualidade e a adesão rigorosa às especificações técnicas foram destacadas como fatores determinantes para garantir a qualidade do produto final.

Portanto, a análise desses estudos de caso destaca a importância da implementação de práticas de controle de qualidade, como as Boas Práticas de Fabricação e a gestão da qualidade total, para garantir a segurança alimentar e o sucesso das empresas no setor gastronômico.

Exercício:

1. Elaboração de Procedimentos Operacionais Padronizados (POPs)

O que? Esta seção envolve a criação de procedimentos s para todas as etapas do processo de preparação de alimentos, desde o recebimento até o serviço aos clientes.

Quando? Preencha esta seção antes do início das operações do negócio gastronômico e revise regularmente conforme necessário.

Como? Identifique todas as etapas do processo de manipulação de alimentos, como recebimento, armazenamento, preparo, cocção, resfriamento e serviço. Escreva instruções claras e detalhadas para cada etapa, incluindo medidas de higiene, temperatura de armazenamento, tempo de preparo e técnicas de manuseio seguro.

2. Treinamento de Funcionários em Higiene e Segurança Alimentar

O que? Esta seção envolve a realização de treinamentos regulares para todos os funcionários envolvidos na manipulação de alimentos sobre práticas seguras de higiene e segurança alimentar.

Quando? Preencha esta seção antes da contratação de funcionários e continue oferecendo treinamentos regularmente como parte do programa de desenvolvimento profissional.

Como? Desenvolva um programa de treinamento abrangente que cubra tópicos como higiene pessoal, controle de temperatura, prevenção de contaminação cruzada, limpeza e desinfecção. Realize sessões de treinamento práticas e teóricas, utilizando materiais visuais, demonstrações práticas e testes para garantir a compreensão e conformidade dos funcionários.

3. Implementação de Boas Práticas de Fabricação (BPF)

O que? Esta seção envolve a implementação de diretrizes e padrões de Boas Práticas de Fabricação (BPF) em todas as áreas de produção e manipulação de alimentos.

Quando? Preencha esta seção antes do início das operações do negócio gastronômico e revise regularmente para garantir conformidade contínua.

Como? Adote diretrizes específicas de BPF para cada área de operação, incluindo áreas de armazenamento, preparo, cozinha, limpeza e serviço. Realize auditorias internas regulares para garantir que as práticas de BPF estejam sendo seguidas e identificar áreas de melhoria.

4. Controle de Qualidade de Ingredientes e Produtos Finais

O que? Esta seção envolve a implementação de processos para garantir a qualidade e segurança de todos os ingredientes recebidos e produtos finais servidos aos clientes.

Quando? Preencha esta seção antes do início das operações do negócio gastronômico e continue monitorando regularmente durante as operações.

Como? Estabeleça critérios de qualidade para todos os ingredientes e produtos, incluindo frescor, integridade, rotulagem adequada e conformidade com regulamentos de segurança alimentar. Realize inspeções visuais e sensoriais de ingredientes recebidos e produtos antes de aceitá-los para uso ou serviço.

5. Monitoramento de Temperaturas e Higiene do Ambiente

O que? Esta seção envolve o monitoramento regular das temperaturas de armazenamento de alimentos e a manutenção da limpeza e higiene em todas as áreas de preparação e serviço.

Quando? Preencha esta seção diariamente durante as

operações do negócio gastronômico.

Como? Utilize termômetros calibrados para monitorar as temperaturas de armazenamento de alimentos em geladeiras, freezers e áreas de aquecimento. Estabeleça rotinas de limpeza e desinfecção regular para todas as áreas de trabalho, equipamentos, utensílios e superfícies de contato com alimentos.

6. Registro e Documentação de Controles de Qualidade e Segurança

O que? Esta seção envolve a manutenção de registros s de todos os controles de qualidade e segurança alimentar realizados, incluindo resultados de inspeções, auditorias e treinamentos.

Quando? Preencha esta seção durante as operações do negócio gastronômico, conforme os controles são realizados.

Como? Mantenha registros organizados e atualizados de todas as atividades relacionadas à qualidade e segurança alimentar, incluindo datas, resultados e ações corretivas tomadas, se necessário. Armazene os registros em um local seguro e de fácil acesso para referência futura e conformidade com regulamentos de segurança alimentar.

Referencias Artigos:

Artilha-Mesquita, C., Stafussa, A., Paraíso, C., Rodrigues, L., Silva, L., Santos, S., ... & Madrona, G. (2021). Avaliação da gestão da qualidade e suas ferramentas: aplicabilidade em indústria de alimentos de origem animal. Research Society and Development, 10(1), e20210111248. https://doi.org/10.33448/rsd-v10i1.11248

Boas, L. (2017). A alimentação no bairro santo antônio, situado no município de nepomuceno-mg: um estudo através da categoria segurança alimentar. Revista De Geografia - Ppgeo - Ufjf, 7(1). https://doi.org/10.34019/2236-837x.2017.v7.18048

Cardoso, R., Souza, E., & Santos, P. (2005). Unidades de alimentação e nutrição nos campi da universidade federal da bahia: um estudo sob a perspectiva do alimento seguro. Revista De Nutrição, 18(5), 669-680. https://doi.org/10.1590/s1415-52732005000500010

Jacob, M. and Azevedo, E. (2020). Inspeção sanitária de produtos de origem animal: o debate sobre qualidade de alimentos no brasil. Saúde E Sociedade, 29(4). https://doi.org/10.1590/s0104-12902020190687

Oliveira, A., Tavares, M., & Bezerra, A. (2017). Insegurança alimentar em gestantes da rede pública de saúde de uma capital do nordeste brasileiro. Ciência & Saúde Coletiva, 22(2), 519-526. https://doi.org/10.1590/1413-81232017222.27382015

Rabelo, C., Mendes, A., HOLANDA, L., Souza, F., Lima, D., Amaral, R., ... & Sousa, P. (2020). Promoção da segurança alimentar e nutricional em escolas de ensino médio em tempo integral: relato de experiência extensionista. Research Society and Development, 9(12), e13691210835. https://doi.org/10.33448/rsd-v9i12.10835

Ribeiro, M., Ramos, A., Ferreira, V., Cunha, J., & Fante, C. (2020). Tecnologias de rastreabilidade, segurança e controle de resíduos de agrotóxicos na cadeia produtiva de alimentos de origem vegetal: um estudo de revisão. Research Society and Development, 9(12), e5291210780. https://doi.org/10.33448/rsd-v9i12.10780

Santos, M. and Bezerra, A. (2023). Avaliação das condições higiênicas e boas práticas de manipulação em unidades produtoras de refeições. Research Society and Development, 12(4), e8212440904. https://doi.org/10.33448/rsd-v12i4.40904

Silva, L., Santos, D., José, J., & Silva, E. (2015). Boas práticas na manipulação de alimentos em unidades de alimentação e nutrição. Demetra Alimentação Nutrição & Saúde, 10(4). https://doi.org/10.12957/demetra.2015.16721

Strassburg, U., Oliveira, N., Barchet, I., Pai, C., Ilha, P., & Shikida, P. (2015). Produção rural e segurança alimentar no brasil. Revista Brasileira De Desenvolvimento Regional, 3(1), 055. https://doi.org/10.7867/2317-5443.2015v3n1p055-081

Tomich, R., Tomich, T., Amaral, C., Junqueira, R., & Pereira, A. (2005). Metodologia para avaliação das boas práticas de fabricação em indústrias de pão de queijo. Food Science and Technology, 25(1), 115-120. https://doi.org/10.1590/s0101-20612005000100019

Referencias Casos:

Diniz, R., Almeida, E., Tolfo, F., & Caregnatto, M. (2018). Importância de um processo de administração em uma empresa do ramo alimentício.. https://doi.org/10.18226/610001/mostraxviii.2018.62

Gonçalves, L. and Gasparotto, A. (2019). Estudo sobre gestão pela qualidade total na indústria de máquinas e equipamentos. Revista Interface Tecnológica, 16(2), 428-440. https://doi.org/10.31510/infa.v16i2.636

Júnior, H. and Borges, P. (2018). Segurança alimentar e imagem organizacional: o uso do vensim® na redução do desperdício. Revista Gestão

Industrial, 14(2). https://doi.org/10.3895/gi.v14n2.7151

Luiz, M. and Rodolpho, D. (2021). Boas práticas de fabricação: um enfoque na nbr iso 22.000. Revista Interface Tecnológica, 18(2), 626-638. https://doi.org/10.31510/infa.v18i2.1241

SUSTENTABILIDADE CORPORATIVA

A gestão de resíduos é uma área essencial da responsabilidade corporativa que se concentra na minimização, tratamento e disposição adequada dos resíduos gerados pelas atividades comerciais. Envolve a implementação de práticas e políticas para reduzir o impacto ambiental e promover a sustentabilidade. Ela abrange todas as atividades relacionadas à identificação, coleta, transporte, tratamento, reciclagem e disposição final de resíduos. É fundamental para reduzir os impactos negativos no meio ambiente, proteger a saúde pública e cumprir as regulamentações governamentais. Além disso, uma gestão eficaz de resíduos pode gerar economia de recursos e promover a imagem positiva da empresa.

As práticas atuais de gestão de resíduos variam de acordo com o setor e as regulamentações locais, mas algumas estratégias comuns incluem:

1. Redução na Fonte: Minimizar a geração de resíduos através de práticas como a otimização de processos e o uso eficiente de recursos.

2. Reciclagem e Reutilização: Implementação de programas de reciclagem de materiais como papel, plástico e metal, além da reutilização de produtos e embalagens sempre que possível.

3. Tratamento de Resíduos: Uso de tecnologias para o tratamento de resíduos, como compostagem, incineração e digestão anaeróbica[14].

4. Disposição Adequada: Garantir a disposição final segura e regulamentada de resíduos, seguindo as melhores práticas ambientais.

Passo A Passo Para Implementação

1. Avaliação Inicial: Identificar os tipos e volumes de resíduos gerados pela empresa, bem como as fontes de geração.

2. Desenvolvimento de Políticas: Estabelecer políticas claras e metas específicas para a gestão de resíduos, alinhadas aos objetivos de sustentabilidade da empresa.

3. Treinamento e Conscientização: Educar funcionários sobre práticas de gestão de resíduos e promover uma cultura de responsabilidade ambiental.

4. Implementação de Infraestrutura: Investir em infraestrutura adequada, como contêineres de reciclagem, equipamentos de tratamento de resíduos e sistemas de monitoramento.

5. Monitoramento e Melhoria Contínua: Monitorar regularmente o desempenho da gestão de resíduos, revisar políticas conforme necessário e buscar constantemente oportunidades de melhoria.

Aplicação Em Pequenas E Médias Empresas:

Nas pequenas empresas, a gestão de resíduos pode envolver práticas simples, como a separação de resíduos recicláveis e o uso de materiais biodegradáveis. Já nas médias empresas, pode ser necessário investir em infraestrutura mais robusta e implementar programas de reciclagem e tratamento de resíduos mais sofisticados.

Artigos Acadêmicos Relacionados:

A gestão de resíduos na gastronomia é um tema crucial para a sustentabilidade e eficiência dos estabelecimentos do setor. Estudos como os de Pistorello et al. (2015) e Prates & Conto (2018) ressaltam a importância de compreender a geração de resíduos sólidos e o desperdício de alimentos em restaurantes para implementar planos eficazes de gerenciamento de resíduos. A análise da composição dos resíduos, como destacado por (Peruchinn et al., 2015), durante períodos de alta demanda, é essencial para dimensionar adequadamente os dispositivos de coleta e promover a segregação eficiente dos resíduos.

Além disso, a sustentabilidade na gestão de resíduos, conforme abordado por (Polaz & Teixeira, 2009), envolve diferentes perspectivas, desde socioambientais até econômicas e políticas. A integração de planos de gerenciamento de resíduos na gestão de empreendimentos gastronômicos, como mencionado por Prates and Conto (Prates & Conto, 2018), é fundamental para promover práticas mais sustentáveis no setor.

A implementação de tecnologias e práticas inovadoras, como aquelas relacionadas à Indústria 4.0, pode contribuir significativamente para a sustentabilidade na gestão de resíduos, conforme discutido por Ferraz & Toledo (2019) e Bergmann and Magalhães (BERGMANN & MAGALHÃES, 2022). Essas abordagens visam reduzir desperdícios, otimizar recursos e promover a sustentabilidade ambiental.

Em suma, a gestão de resíduos na gastronomia requer uma abordagem holística que considere a geração de resíduos sólidos, o desperdício de alimentos, a implementação de planos de gerenciamento eficazes e a adoção de tecnologias sustentáveis. A integração desses elementos pode não apenas melhorar a eficiência operacional dos estabelecimentos gastronômicos, mas também contribuir para a preservação do meio ambiente e o desenvolvimento sustentável do setor.

Casos De Sucesso:

Empresas que obtiveram sucesso na área de gestão de resíduos na gastronomia incluem o restaurante de um hotel na Serra Gaúcha, um restaurante em um hotel na Região Serrana de Santa Catarina e uma escola de gastronomia na Universidade de Caxias do Sul. Esses estudos de caso destacam a importância da análise da geração de resíduos sólidos e do desperdício de alimentos em estabelecimentos gastronômicos para a implementação de planos eficazes de gerenciamento de resíduos (Pistorello et al., 2015; Prates & Conto, 2018; Amarante et al., 2016).

Os resultados desses estudos ressaltam a relevância de compreender a quantidade e o tipo de resíduos gerados, bem como a necessidade de desenvolver estratégias para minimizar o desperdício e promover a sustentabilidade na gestão de resíduos na indústria gastronômica. Além disso, a implementação de práticas adequadas de descarte de resíduos, especialmente no caso de resíduos de serviços de saúde, é crucial para atender aos requisitos legais e ambientais (Amarante et al., 2016).

Essas empresas bem-sucedidas demonstram que a gestão eficaz de resíduos na gastronomia não apenas contribui para a preservação do meio ambiente, mas também pode resultar em benefícios econômicos, sociais e de imagem para as organizações. A conscientização sobre a importância da gestão adequada de resíduos e a implementação de práticas sustentáveis são fundamentais para o sucesso a longo prazo das empresas no setor gastronômico.

Exercício:

1. Avaliação Inicial dos Resíduos

O que? Esta seção envolve a identificação e avaliação dos tipos e volumes de resíduos gerados pelo negócio gastronômico.

Quando? Preencha esta seção antes do início das operações do negócio gastronômico e revise regularmente para acompanhar as mudanças nos padrões de geração de resíduos.

Como? Realize uma auditoria de resíduos para identificar os tipos predominantes de resíduos gerados, como orgânicos, plásticos, papelão, vidro etc. Meça o volume de resíduos gerados diariamente, semanalmente ou mensalmente para entender a escala do problema e estabelecer metas de redução.

2. Redução na Fonte

O que? Esta seção envolve a implementação de medidas para reduzir a quantidade de resíduos gerados desde a fonte.

Quando? Preencha esta seção antes do início das operações do negócio gastronômico e continue a implementar medidas de redução durante as operações.

Como? Opte por ingredientes frescos e locais para reduzir a embalagem e o desperdício associados ao transporte de longa distância. Implemente práticas de preparação que minimizem o descarte de alimentos, como usar todas as partes dos vegetais e reaproveitar sobras em novos pratos.

3. Reutilização e Reciclagem

O que? Esta seção envolve a implementação de programas de reutilização e reciclagem para minimizar o envio de resíduos para aterros sanitários.

Quando? Preencha esta seção antes do início das operações do negócio gastronômico e continue a promover a reutilização e reciclagem durante as operações.

Como? Estabeleça sistemas de coleta seletiva para separar resíduos recicláveis, como plástico, papelão e vidro, dos resíduos orgânicos. Identifique oportunidades de reutilização de materiais, como embalagens retornáveis para ingredientes ou recipientes reutilizáveis para clientes.

4. Compostagem de Resíduos Orgânicos

O que? Esta seção envolve a implementação de um programa de compostagem para reciclar resíduos orgânicos em adubo.

Quando? Preencha esta seção antes do início das operações do negócio gastronômico e inicie o programa de compostagem o mais rápido possível.

Como? Adquira recipientes de compostagem adequados e instrua a equipe sobre o que pode ser compostado, como restos de comida e resíduos vegetais. Estabeleça um local de compostagem adequado e seguro e monitore regularmente o processo de decomposição para garantir que o composto resultante seja seguro e de alta qualidade.

5. Parcerias com Empresas de Reciclagem e Coleta de Resíduos

O que? Esta seção envolve o estabelecimento de parcerias com empresas de reciclagem e coleta de resíduos para garantir a disposição adequada e responsável dos resíduos.

Quando? Preencha esta seção antes do início das operações do negócio gastronômico e mantenha as parcerias atualizadas durante as operações.

Como? Pesquise e entre em contato com empresas locais de reciclagem e coleta de resíduos para entender seus serviços e requisitos. Estabeleça acordos formais de parceria que detalhem os termos de coleta, reciclagem e disposição final de resíduos e garanta que a equipe esteja bem informada sobre os procedimentos de descarte.

6. Educação e Conscientização dos Funcionários e Clientes

O que? Esta seção envolve a educação e conscientização dos funcionários e clientes sobre a importância da gestão de resíduos e práticas sustentáveis.

Quando? Preencha esta seção antes do início das operações do negócio gastronômico e continue a promover a conscientização durante as operações.

Como? Ofereça treinamentos regulares para funcionários sobre práticas de gestão de resíduos, reciclagem e compostagem. Informe os clientes sobre as iniciativas de gestão de resíduos do seu negócio e incentive a redução, reutilização e reciclagem de resíduos por meio de materiais educativos e sinalização adequada.

7. Monitoramento e Avaliação do Programa de Gestão de Resíduos

O que? Esta seção envolve o monitoramento contínuo do programa de gestão de resíduos para avaliar sua eficácia e identificar áreas de melhoria.

Quando? Preencha esta seção regularmente durante as operações do negócio gastronômico.

Como? Estabeleça indicadores de desempenho para acompanhar o volume de resíduos gerados, a taxa de reciclagem, a eficácia da compostagem, entre outros. Realize avaliações periódicas do programa de gestão de resíduos e solicite feedback da equipe e clientes para identificar áreas de melhoria e oportunidades de inovação.

Referencias Artigos:
BERGMANN, M. and MAGALHÃES, C. (2022). Matriz tridimensional de design estratégico e abordagens para inovar em materiais têxteis sustentáveis.. https://doi.org/10.5151/ped2022-5915694
Ferraz, N. and Toledo, J. (2019). Suporte de tecnologias da indústria 4.0 para assegurar a sustentabilidade no processo de desenvolvimento de produtos.. https://doi.org/10.5151/cbgdp2019-71
Peruchinn, B., Ferrão, A., Guidoni, L., Corrêa, É., & Corrêa, L. (2015). Estudo da geração dos resíduos sólidos em hotel. Turismo - Visão E Ação,

17(2), 301. https://doi.org/10.14210/rtva.v17n2.p301-322

Pistorello, J., Conto, S., & Zaro, M. (2015). Geração de resíduos sólidos em um restaurante de um hotel da serra gaúcha, rio grande do sul, brasil. Engenharia Sanitaria E Ambiental, 20(3), 337-346. https://doi.org/10.1590/s1413-41522015020000133231

Polaz, C. and Teixeira, B. (2009). Indicadores de sustentabilidade para a gestão municipal de resíduos sólidos urbanos: um estudo para são carlos (sp). Engenharia Sanitaria E Ambiental, 14(3), 411-420. https://doi.org/10.1590/s1413-41522009000300015

Prates, M. and Conto, S. (2018). Resíduos sólidos da gastronomia: estudo de caso em uma escola de gastronomia. Turismo - Visão E Ação, 20(3), 402. https://doi.org/10.14210/rtva.v20n3.p402-418

Referencias Casos:

Amarante, J., Rech, T., & Siegloch, A. (2016). Avaliação do gerenciamento dos resíduos de medicamentos e demais resíduos de serviços de saúde na região serrana de santa catarina. Engenharia Sanitaria E Ambiental, 22(2), 317-326. https://doi.org/10.1590/s1413-41522016150080

Pistorello, J., Conto, S., & Zaro, M. (2015). Geração de resíduos sólidos em um restaurante de um hotel da serra gaúcha, rio grande do sul, brasil. Engenharia Sanitaria E Ambiental, 20(3), 337-346. https://doi.org/10.1590/s1413-41522015020000133231

Prates, M. and Conto, S. (2018). Resíduos sólidos da gastronomia: estudo de caso em uma escola de gastronomia. Turismo - Visão E Ação, 20(3), 402. https://doi.org/10.14210/rtva.v20n3.p402-418

SEGREDOS DA LOGÍSTICA DE DISTRIBUIÇÃO:

A logística de distribuição é uma parte essencial da cadeia de suprimentos que se concentra na movimentação eficiente de produtos acabados do ponto de produção para o consumidor final. Compreender e otimizar essa etapa é crucial para garantir a satisfação do cliente, reduzir custos operacionais e manter a competitividade no mercado.

A logística de distribuição abrange atividades como armazenamento, transporte, gestão de inventário, embalagem e entrega final. Seu objetivo principal é garantir que os produtos certos estejam disponíveis no local certo, no momento certo e nas condições adequadas, atendendo às expectativas dos clientes e maximizando a eficiência operacional das empresas.

Atualmente, as empresas adotam uma variedade de práticas para otimizar suas operações de distribuição. Isso inclui o uso de tecnologias avançadas, como sistemas de gerenciamento de armazém (WMS), roteirização de transporte por GPS, rastreamento em tempo real e análise de big data[15] para previsão de demanda e gestão de estoque.

Passo A Passo Para Construir Uma Estratégia De Logística De Distribuição Eficiente:

1. Análise da Demanda: Compreender as necessidades dos clientes e prever a demanda futura é o primeiro passo. Isso ajuda a determinar quantidades de estoque e locais de distribuição ideais.

2. Gestão de Estoque: Implementar sistemas eficazes de gestão de estoque para garantir que haja produtos suficientes para atender à demanda, sem excesso de estoque.

3. Seleção de Modais de Transporte: Escolher os modais de transporte adequados com base na urgência da entrega, custo e natureza dos produtos.

4. Roteirização Eficiente: Desenvolver rotas de entrega eficientes para otimizar o uso de veículos e reduzir os custos de transporte.

5. Tecnologia e Monitoramento: Utilizar tecnologias avançadas para rastrear remessas, monitorar o desempenho da entrega e responder rapidamente a problemas ou atrasos.

Aplicação Em Pequenas E Médias Empresas:

Para pequenas empresas, a terceirização de serviços logísticos pode ser uma opção viável para reduzir custos e aumentar a eficiência. Já para médias empresas, investir em tecnologias de automação e integração de sistemas pode ajudar a otimizar as operações de distribuição.

Artigos Acadêmicos Relevantes:

A logística de distribuição na gastronomia é um elemento crucial para garantir a eficiência na entrega de alimentos perecíveis. A distribuição de alimentos envolve o conceito de "last mile" da logística urbana, que se refere ao percurso final da carga do centro de distribuição regional até o consumidor local, com viagens de entrega e coleta em pequena escala (Samel et al., 2019). Empresas de logística têm adotado estratégias como o uso de Centros de Distribuição Urbanos (CDU) para fracionar cargas e distribuí-las em veículos menores aos clientes (Fraga et al., 2016).

Além disso, a logística reversa desempenha um papel importante na distribuição de alimentos, considerando processos de retorno para reciclagem e remanufatura de itens, o que requer um planejamento eficiente dos fluxos e informações logísticas (Adlmaier & Sellitto, 2007). A alocação da demanda também influencia na logística de distribuição, levando a mudanças nas atividades para minimizar os custos de transporte (Pereira & Oliveira, 2021).

A eficiência na distribuição de alimentos perecíveis também está relacionada à infraestrutura local disponível, aos impactos ambientais e aos congestionamentos gerados pela logística de distribuição (Silva et al., 2014). A análise da logística urbana para distribuição de alimentos destaca a importância de estratégias que visem reduzir custos e melhorar o serviço ao cliente.

Portanto, para garantir uma logística de distribuição eficaz na gastronomia, é essencial considerar a logística reversa, a alocação da demanda, a infraestrutura local, os impactos ambientais e a eficiência operacional, a fim de garantir a entrega oportuna e segura de alimentos perecíveis aos consumidores.

Casos De Sucesso:

Empresas de sucesso na área de logística de distribuição na gastronomia têm se destacado por estratégias eficazes e inovação. Um estudo de caso relevante é o da UPS, uma das maiores empresas de logística do mundo, que obteve sucesso ao reduzir custos por meio de melhorias no gerenciamento da cadeia de suprimentos, com foco na armazenagem e distribuição (Barros & Fonseca, 2021). Essa abordagem demonstra a importância de otimizar processos logísticos para alcançar eficiência e redução de custos.

Outro estudo de caso interessante é o da empresa de bebidas alcoólicas analisada por , que investigou a gestão da logística reversa de vasilhames de vidro (Luna et al., 2014). Esse caso destaca a importância de considerar não apenas a distribuição de produtos, mas também a logística reversa, mostrando como a atenção a esses processos pode impactar positivamente a cadeia de suprimentos.

Além disso, o estudo de sobre o desempenho logístico de embalagens para molho de tomate na cidade de São Paulo evidencia a relevância da escolha adequada de embalagens para acondicionamento de produtos e sua influência na logística de distribuição urbana (Noletto et al., 2019). Essa pesquisa ressalta a importância de aspectos como a escolha de embalagens adequadas para garantir a eficiência da distribuição de produtos na área urbana.

Esses estudos de caso destacam a importância da eficiência logística, da gestão da cadeia de suprimentos, da logística reversa e da escolha adequada de embalagens para o sucesso das empresas na área de logística de distribuição na gastronomia. A atenção a esses aspectos pode contribuir significativamente para a melhoria dos processos e a redução de custos, promovendo a excelência operacional e a satisfação dos clientes.

Exercício:

1. Planejamento da Logística de Distribuição

O que? Esta seção envolve o planejamento estratégico de como os produtos serão distribuídos desde o local de produção até os pontos de venda ou consumidores finais.

Quando? Preencha esta seção antes do início das

operações do negócio gastronômico e revise regularmente para acompanhar mudanças nas demandas e na infraestrutura logística.

Como? Identifique os pontos de distribuição, como restaurantes, cafeterias, mercados locais ou clientes individuais. Determine as rotas de entrega mais eficientes levando em consideração a localização dos pontos de venda, horários de funcionamento e condições de tráfego.

2. Estoque e Gestão de Inventário

O que? Esta seção envolve a gestão eficaz do estoque e do inventário para garantir que os produtos estejam disponíveis quando necessário, sem excesso ou falta.

Quando? Preencha esta seção antes do início das operações do negócio gastronômico e atualize regularmente conforme novos produtos são adicionados ou vendidos.

Como? Utilize sistemas de gerenciamento de estoque para rastrear a entrada e saída de produtos, monitorar os níveis de estoque e prever a demanda futura. Estabeleça procedimentos claros para reabastecer o estoque, realizar inventários regulares e evitar desperdícios de alimentos.

3. Escolha de Fornecedores e Parceiros Logísticos

O que? Esta seção envolve a seleção cuidadosa de fornecedores e parceiros logísticos confiáveis para garantir a qualidade e eficiência da distribuição.

Quando? Preencha esta seção antes do início das operações do negócio gastronômico e revise regularmente para garantir que os fornecedores atendam às necessidades do seu negócio.

Como?

- Pesquise e avalie diferentes fornecedores e parceiros logísticos com base em critérios como confiabilidade, qualidade, preço e capacidade de entrega.

- Estabeleça relacionamentos sólidos com fornecedores e parceiros logísticos e mantenha comunicação aberta para resolver problemas rapidamente e garantir a satisfação do cliente.

4. Agendamento e Roteirização de Entregas

O que? Esta seção envolve o planejamento e programação eficientes das entregas para otimizar o uso de veículos e minimizar os custos operacionais.

Quando? Preencha esta seção antes do início das operações do negócio gastronômico e atualize regularmente conforme novos pedidos são recebidos ou alterações na demanda.

Como?

- Utilize software de roteirização e agendamento para planejar as rotas de entrega mais eficientes, levando em consideração fatores como distância, tempo de viagem e número de entregas.
- Comunique-se com os motoristas e equipe de entrega para garantir que eles estejam cientes dos horários de entrega, instruções específicas e quaisquer alterações de última hora.

5. Controle de Qualidade durante o Transporte

O que? Esta seção envolve a implementação de medidas para garantir a qualidade e integridade dos produtos durante o transporte.

Quando? Preencha esta seção antes do início das operações do negócio gastronômico e mantenha procedimentos de controle de qualidade em vigor durante todas as entregas.

Como?

- Utilize embalagens adequadas e resistentes para proteger os produtos durante o transporte e evitar danos ou contaminação.

- Estabeleça procedimentos para monitorar a temperatura dos produtos perecíveis e garantir que estejam dentro dos limites seguros durante todo o transporte.

6. Feedback e Melhoria Contínua

O que? Esta seção envolve a coleta de feedback dos clientes e a análise de dados para identificar áreas de melhoria na logística de distribuição.

Quando? Preencha esta seção regularmente durante as operações do negócio gastronômico para garantir a satisfação do cliente e a eficiência operacional.

Como?

- Solicite feedback dos clientes sobre a pontualidade das entregas, qualidade dos produtos e experiência geral de compra.

- Analise os dados de desempenho da logística de distribuição, como tempos de entrega, taxas de erro e custos operacionais, para identificar tendências e oportunidades de melhoria.

Referencias Artigos:

Adlmaier, D. and Sellitto, M. (2007). Embalagens retornáveis para transporte de bens manufaturados: um estudo de caso em logística reversa. Production, 17(2), 395-406. https://doi.org/10.1590/s0103-65132007000200014

Fraga, K., Rosa, R., Ribeiro, G., Silva, C., & Júnior, R. (2016). Modelo matemático two-echelon capacitated vehicle routing problem para a logística de distribuição de encomendas. Transportes, 24(3), 81. https://doi.org/10.14295/transportes.v24i3.1095

Pereira, A. and Oliveira, M. (2021). Estratégia e logística de distribuição: um estudo de caso do segmento industrial brasileiro de fertilizantes nitrogenados. Revista Ciências Administrativas, 26(3). https://

doi.org/10.5020/2318-0722.2020.26.3.9350

Samel, A., Bandeira, R., Campos, V., & Mello, L. (2019). Análise da logística urbana para distribuição de alimentos perecíveis. Revista Gestão & Sustentabilidade Ambiental, 8(2), 79. https://doi.org/10.19177/rgsa.v8e2201979-103

Silva, R., Senna, E., Senna, L., & Júnior, O. (2014). Plataformas logísticas: uma abordagem sobre as tipologias e características através de uma revisão sistemática. Journal of Transport Literature, 8(1), 210-234. https://doi.org/10.1590/s2238-10312014000100010

Referencias Casos:

Barros, P. and Fonseca, J. (2021). Como obter redução de custos através da armazenagem e distribuição: um enfoque logístico. Revista Científica Multidisciplinar Núcleo Do Conhecimento, 110-141. https://doi.org/10.32749/nucleodoconhecimento.com.br/administracao/enfoque-logistico

Luna, R., Filho, J., & Viana, F. (2014). Análise da gestão de logística reversa de vasilhames de vidro em uma empresa de bebidas alcoólicas. Revista Gestão Da Produção Operações E Sistemas, (4), 77. https://doi.org/10.15675/gepros.v9i4.1130

Noletto, A., Loureiro, S., Ito, D., & Júnior, O. (2019). Desempenho logístico de embalagens para molho de tomate: um estudo de caso na cidade de são paulo, brasil. Brazilian Journal of Food Technology, 22. https://doi.org/10.1590/1981-6723.12118

EXPERIÊNCIA DO CLIENTE E A EFICIÊNCIA

Os sistemas de pontos de venda (PDV) na gastronomia desempenham um papel fundamental na gestão eficaz de restaurantes, cafeterias, bares e outros estabelecimentos de alimentos e bebidas. Vamos explorar este tema abrangente, destacando sua definição, práticas atuais, implementação passo a passo e sua aplicação em diferentes cenários empresariais. São soluções tecnológicas projetadas para automatizar e gerenciar diversas operações em estabelecimentos de alimentos e bebidas. Eles englobam desde a gestão de pedidos e reservas até o controle de estoque, pagamentos e análise de dados.

As práticas atuais de sistemas de PDV na gastronomia incluem a integração de pedidos online, aplicativos móveis, ferramentas de gestão de estoque em tempo real, integração com sistemas de pagamento digital e análise de dados para insights operacionais e estratégicos.

Passo A Passo Para Implementação:

1. Avaliação das Necessidades: Identifique as necessidades específicas do seu estabelecimento, como gestão de pedidos, controle de estoque ou análise de dados.

2. Pesquisa de Fornecedores: Pesquise e avalie diferentes

fornecedores de sistemas de PDV, considerando recursos, custo, suporte técnico e integração com outras ferramentas.

3. Personalização e Implementação: Personalize o sistema de acordo com as necessidades do seu negócio e implemente-o gradualmente, treinando a equipe para sua utilização eficaz.

4. Monitoramento e Ajustes: Monitore constantemente o desempenho do sistema, faça ajustes conforme necessário e esteja aberto a atualizações e melhorias contínuas.

Aplicação Nos Cenários Empresariais:

-Pequenas Empresas: Os sistemas de PDV podem ajudar pequenos restaurantes a gerenciar com eficiência pedidos, estoque e pagamentos, aumentando a produtividade e melhorando a experiência do cliente.

-Médias Empresas: Em médias empresas, os sistemas de PDV podem facilitar a expansão das operações, oferecendo integração entre diferentes locais, análise de dados avançada e maior controle sobre as operações.

Artigos Acadêmicos Relevantes:

Os pontos de venda na gastronomia desempenham um papel crucial na disponibilidade e qualidade dos alimentos oferecidos aos consumidores. Estratégias de intervenção, como aumentar a oferta de alimentos saudáveis e fornecer informações nutricionais, são essenciais para promover escolhas alimentares mais saudáveis em estabelecimentos como minimercados, feiras, padarias e açougues (Motter et al., 2015). Além disso, a fiscalização da qualidade dos alimentos vendidos em diferentes tipos de pontos de venda, como mercearias, feiras-livres e supermercados, é fundamental para garantir a segurança alimentar (Takayanagui et al., 2001).

A qualidade dos alimentos vendidos em pontos de venda, como hortaliças, também é uma preocupação, especialmente em locais como mercearias e feiras-livres, onde foram identificados resultados inadequados em termos de segurança alimentar (Takayanagui et al., 2001). A adequação das boas práticas de fabricação em serviços de alimentação, como restaurantes e hotéis, é essencial para garantir a segurança dos alimentos oferecidos aos consumidores (Akutsu et al., 2005).

Além disso, a venda de bebidas alcoólicas em pontos de venda apresenta questões pertinentes, como horários de funcionamento, formas de pagamento e preços médios, que influenciam o consumo dessas bebidas (Basílio & Garcia, 2006). A implementação de sistemas de licenças para a venda de bebidas alcoólicas é uma medida direta de controle sobre o álcool (Duailibi & Laranjeira, 2007).

A qualidade bacteriana dos alimentos vendidos em pontos de venda, como carpaccios de carne bovina em bares e restaurantes, é crucial para garantir a segurança alimentar dos consumidores (Novaes et al., 2013). Além disso, a metodologia de avaliação das condições sanitárias de vendedores ambulantes de alimentos é fundamental para padronizar as inspeções nesses estabelecimentos e garantir a qualidade dos alimentos comercializados (Soto et al., 2008).

Em suma, a qualidade dos alimentos, a segurança alimentar, a implementação de boas práticas de fabricação e a fiscalização dos pontos de venda são aspectos essenciais a serem considerados na gestão e operação de estabelecimentos na área da gastronomia.

Referencias:

Akutsu, R., Botelho, R., Camargo, E., Sávio, K., & Araújo, W. (2005). Adequação das boas práticas de fabricação em serviços de alimentação. Revista De Nutrição, 18(3), 419-427. https://doi.org/10.1590/s1415-52732005000300013

Basílio, M. and Garcia, M. (2006). Vendas de bebidas alcóolicas: questões (im)pertinentes. Psicologia & Sociedade, 18(3), 104-112. https://doi.org/10.1590/

s0102-71822006000300015

Duailibi, S. and Laranjeira, R. (2007). Políticas públicas relacionadas às bebidas alcoólicas. Revista De Saúde Pública, 41(5), 839-848. https://doi.org/10.1590/s0034-89102007000500019

Motter, A., Vasconcelos, F., Corrêa, E., & Andrade, D. (2015). Pontos de venda de alimentos e associação com sobrepeso/obesidade em escolares de florianópolis, santa catarina, brasil. Cadernos De Saúde Pública, 31(3), 620-632. https://doi.org/10.1590/0102-311x00097814

Novaes, S., Alves, V., Lanzarin, M., Ritter, D., Fonseca, A., & Franco, R. (2013). Qualidade bacteriana de carpaccios de carne bovina comercializados em bares e restaurantes. Revista Brasileira De Ciência Veterinária, 20(2), 110-115. https://doi.org/10.4322/rbcv.2014.060

Soto, F., Risseto, M., Lúcio, D., Shimozako, H., Camargo, C., Iwata, M., ... & Camargo, S. (2008). Metodologia de avaliação das condições sanitárias de vendedores ambulantes de alimentos no município de ibiúna-sp. Revista Brasileira De Epidemiologia, 11(2), 297-303. https://doi.org/10.1590/s1415-790x2008000200011

Takayanagui, O., Oliveira, C., Bergamini, A., Capuano, D., Okino, M., Febrônio, L., ... & Takayanagui, Â. (2001). Fiscalização de verduras comercializadas no município de ribeirão preto, sp. Revista Da Sociedade Brasileira De Medicina Tropical, 34(1), 37-41. https://doi.org/10.1590/s0037-86822001000100006

Casos De Sucesso:

Empresas que obtiveram sucesso na área de sistemas de pontos de venda na gastronomia incluem aquelas que adotaram estratégias eficazes e alinhadas com suas operações. Um estudo de caso realizado por Prieto et al. (2006) destacou a importância dos fatores críticos na implementação do Balanced Scorecard, ressaltando a relevância de empresas clientes na adoção dessa metodologia. Além disso, a pesquisa de Mecca et al. (2017) sobre atividades turísticas em hotelaria e restaurantes demonstrou a aplicação de um estudo de caso único e qualitativo, o que pode ser crucial para entender o sucesso de empresas nesse setor específico.

Outro aspecto relevante é a integração de sistemas de gestão, como os ERPs, em pequenas empresas, conforme discutido por (Mendes & Filho, 2002). A capacidade de alinhar estratégias operacionais e estratégicas por meio de informações provenientes de diversas áreas da empresa é um ponto crucial para o sucesso na gestão de pontos de venda na gastronomia.

Além disso, a pesquisa de Toresan et al. (2018) sobre a importância do pós-venda nas empresas do ramo alimentício destaca a relevância de um estudo de caso qualitativo para compreender a dinâmica e as necessidades específicas desse setor. A análise detalhada do pós-venda pode fornecer insights valiosos para aprimorar a experiência do cliente e impulsionar o sucesso das empresas de gastronomia.

Portanto, ao correlacionar esses estudos de caso, é possível destacar a importância de estratégias bem definidas, integração de sistemas de gestão eficazes e atenção especial ao pós-venda para o sucesso de empresas na área de sistemas de pontos de venda na gastronomia.

Referencias:

Mecca, M., Eckert, A., Marchi, N., & Menegat, A. (2017). Atividades turísticas de hotelaria e restaurante: análise de rentabilidade em um hotel da serra gaúcha. Revista Brasileira De Gestão E Inovação, 4(2), 21-41. https://doi.org/10.18226/23190639.v4n2.02

Mendes, J. and Filho, E. (2002). Sistemas integrados de gestão erp em pequenas empresas: um confronto entre o referencial teórico e a prática empresarial. Gestão & Produção, 9(3), 277-296. https://doi.org/10.1590/s0104-530x2002000300006

Prieto, V., Pereira, F., Carvalho, M., & Laurindo, F. (2006). Fatores críticos na implementação do balanced scorecard. Gestão & Produção, 13(1), 81-92. https://doi.org/10.1590/s0104-530x2006000100008

Toresan, I., Zanandrea, G., Silva, E., & Bocchese, P. (2018). Pós-venda: a importância do pós-venda nas empresas do ramo alimentício de antônio prado.. https://doi.org/10.18226/610001/mostraxviii.2018.13

Exercício:

1. Escolha da Tecnologia de Ponto de Venda (PDV)

O que? Esta seção envolve a seleção da tecnologia de ponto de venda mais adequada para o seu negócio gastronômico, incluindo hardware e software.

Quando? Preencha esta seção antes do início das

operações do negócio gastronômico e faça revisões periódicas para garantir que o sistema atenda às necessidades em constante evolução do negócio.

Como?

- Pesquise diferentes opções de sistemas de PDV disponíveis no mercado, levando em consideração recursos como facilidade de uso, escalabilidade, integração com outras ferramentas e custo.

- Teste demos ou versões de avaliação dos sistemas para avaliar a usabilidade e a adequação às necessidades específicas do seu negócio antes de tomar uma decisão final.

2. Configuração do Sistema de PDV

O que? Esta seção envolve a configuração inicial do sistema de PDV para atender às necessidades operacionais do seu negócio, incluindo configuração de menu, opções de pagamento e relatórios.

Quando? Preencha esta seção antes do início das operações do negócio gastronômico e ajuste as configurações conforme necessário ao longo do tempo.

Como?

- Configure o menu do sistema de PDV para refletir os itens do seu cardápio, incluindo descrições, preços e opções de personalização.

- Defina as opções de pagamento aceitas, como dinheiro, cartões de crédito, débito ou pagamento móvel, e configure os terminais de pagamento correspondentes.

3. Treinamento da Equipe de Atendimento

O que? Esta seção envolve o treinamento da equipe de atendimento sobre como usar efetivamente o sistema de PDV para processar pedidos, gerenciar pagamentos e fornecer um excelente serviço ao cliente.

Quando? Preencha esta seção antes do início das operações do negócio gastronômico e ofereça treinamento adicional conforme novos funcionários são contratados ou novos recursos são adicionados ao sistema.

Como?

- Desenvolva um programa de treinamento abrangente que cubra todos os aspectos do sistema de PDV, incluindo navegação no menu, inserção de pedidos, processamento de pagamentos e resolução de problemas comuns.

- Realize sessões práticas de treinamento com simulações de situações reais de atendimento para garantir que a equipe esteja confortável e confiante ao usar o sistema.

4. Manutenção e Suporte do Sistema de PDV

O que? Esta seção envolve a manutenção regular e o suporte técnico do sistema de PDV para garantir que ele funcione de forma confiável e eficiente.

Quando? Preencha esta seção antes do início das operações do negócio gastronômico e mantenha um plano de manutenção contínua ao longo do tempo.

Como?

- Estabeleça procedimentos de backup regulares para proteger os dados do sistema e garantir a recuperação rápida em caso de falha.

- Mantenha-se atualizado com as atualizações de software e correções de bugs fornecidas pelo fornecedor do sistema de PDV e implemente-as conforme necessário para garantir a segurança e a estabilidade do sistema.

5. Análise de Dados e Relatórios do Sistema de PDV

O que? Esta seção envolve a análise de dados e relatórios gerados pelo sistema de PDV para entender as tendências de vendas, identificar áreas de melhoria e tomar decisões estratégicas.

Quando? Preencha esta seção regularmente durante as operações do negócio gastronômico para informar as estratégias de marketing, compras e operações.

Como?

- Utilize os relatórios do sistema de PDV para analisar as vendas por item, período de tempo, categoria de produto e outros filtros relevantes.

- Use essas informações para identificar produtos populares, tendências sazonais, padrões de consumo do cliente e oportunidades de upselling ou cross-selling.

6. Atualização e Expansão do Sistema de PDV

O que? Esta seção envolve a avaliação contínua do sistema de PDV e a consideração de atualizações ou expansões conforme o negócio cresce e evolui.

Quando? Preencha esta seção regularmente durante as operações do negócio gastronômico e considere atualizações ou expansões sempre que houver mudanças significativas nas necessidades operacionais.

Como?

- Mantenha-se atualizado com as últimas tendências e avanços em tecnologia de PDV e avalie regularmente se o sistema atual atende às necessidades do seu negócio.

- Considere atualizações ou expansões do sistema de PDV para incluir novos recursos, como integração com pedidos online, fidelidade do cliente ou análise avançada de dados, conforme necessário para manter a competitividade e eficiência do negócio.

TRANSFORMANDO RESTAURANTES

A gestão eficaz de restaurantes é fundamental para o sucesso. Nesse contexto, as tecnologias de gestão de restaurantes desempenham um papel crucial, oferecendo ferramentas e soluções para otimizar operações, melhorar a experiência do cliente e impulsionar o crescimento do negócio.

As tecnologias de gestão de restaurantes englobam um conjunto diversificado de ferramentas e sistemas projetados para ajudar os proprietários e gerentes a administrar seus estabelecimentos de forma eficiente. Isso inclui software de PDV, sistemas de reservas online, gestão de estoque, análise de dados, entre outros. Essas tecnologias são essenciais para simplificar processos, melhorar a precisão e agilidade das operações e oferecer uma experiência aprimorada aos clientes.

Atualmente, os restaurantes estão adotando uma variedade de tecnologias de gestão para impulsionar sua eficiência e competitividade. Isso inclui a implementação de sistemas de PDV modernos e integrados, que permitem o gerenciamento centralizado de pedidos, pagamentos e estoque. Além disso, muitos restaurantes estão investindo em aplicativos de pedidos online e sistemas de reservas para facilitar a interação com os clientes e melhorar sua conveniência.

Passo A Passo:

1. Identificação das Necessidades: Avalie as necessidades específicas do seu restaurante, considerando áreas como gestão de pedidos, reservas, estoque e análise de dados.

2. Pesquisa de Tecnologias: Pesquise e avalie diferentes tecnologias de gestão disponíveis no mercado, levando em consideração funcionalidades, custos e compatibilidade com as necessidades do seu restaurante.

3. Implementação e Treinamento: Implemente as tecnologias selecionadas em seu restaurante e forneça treinamento adequado para a equipe.

4. Monitoramento e Ajustes: Monitore o desempenho das tecnologias de gestão ao longo do tempo e faça ajustes conforme necessário para garantir sua eficácia contínua.

Aplicação Em Pequenas E Médias Empresas:

Tecnologias de gestão de restaurantes são igualmente importantes para pequenas e médias empresas. Enquanto restaurantes menores podem se beneficiar de soluções mais simples e acessíveis, como sistemas de PDV baseados em nuvem[16], estabelecimentos maiores podem optar por soluções mais avançadas e personalizadas, adaptadas às suas necessidades específicas.

Artigos Acadêmicos Relevantes:

As tecnologias de gestão desempenham um papel fundamental na sustentabilidade e no sucesso organizacional de pequenas e médias empresas na indústria de serviços, favorecendo o desenvolvimento econômico regional (Pereira, 2022). No setor da gastronomia, a preocupação com a sustentabilidade ambiental em restaurantes envolve desde a escolha de fornecedores até a gestão adequada dos resíduos produzidos, incluindo a utilização de tecnologias limpas e práticas corretas de manipulação e produção de alimentos (Puntel & Marinho, 2015). Além disso, a gestão ambiental tem ganhado destaque em instituições de ensino superior, refletindo a crescente preocupação com o desenvolvimento sustentável (Tauchen & Brandli, 2006).

A introdução de novas tecnologias na administração pública tem impulsionado transformações nos processos de gestão, visando aprimorar a prestação de serviços públicos e ampliar os espaços democráticos (Neves et al., 2019). No contexto acadêmico, a adoção de tecnologias de gestão é essencial para otimizar processos e melhorar a qualidade dos serviços prestados, com foco no cliente/usuário (Paes et al., 2019). Além disso, a gestão do conhecimento, aliada ao uso de tecnologias, desempenha um papel crucial na inovação organizacional (Jannuzzi et al., 2016).

Na área da gastronomia, a gestão ambiental nos restaurantes é essencial para incorporar práticas sustentáveis nos processos produtivos, garantindo a preocupação ambiental em todas as etapas (Turchetto et al., 2017). A relação dos restaurantes com a produção orgânica local demonstra a importância da gastronomia sustentável e da diversidade de fatores que influenciam a adoção de produtos orgânicos nos estabelecimentos (Costa & Pires, 2022).

Em suma, a gestão de restaurantes na gastronomia moderna requer a integração de tecnologias de gestão para garantir a sustentabilidade, a eficiência operacional e a qualidade dos serviços prestados, considerando tanto aspectos ambientais quanto econômicos e sociais.

Casos De Sucesso:

Empresas de sucesso na área de tecnologias de gestão de restaurantes na gastronomia têm se destacado por suas abordagens inovadoras e eficazes. Um estudo de caso relevante é o da corporação McDonald's, que ao longo de sua história conseguiu estabelecer fronteiras e identidades organizacionais sólidas, tornando-se uma das marcas mais poderosas globalmente (Fontenelle, 2007). A análise desse caso destaca a importância de construir uma identidade organizacional forte e adaptável às mudanças do mercado.

Outro estudo significativo foi realizado em uma grande empresa internacional de alimentos, focando no uso estratégico dos sistemas de informação para apoiar os processos de negócio (Pinochet, 2016). Esse estudo ressaltou a relevância de integrar tecnologia de informação de forma estratégica na gestão de restaurantes, evidenciando como a adoção inteligente de sistemas pode impulsionar a eficiência operacional e a tomada de decisões.

Além disso, um estudo sobre características da gestão de pessoas e clima para serviços em restaurantes destacou a importância de uma gestão de pessoas de alto desempenho para o sucesso nesse setor (Mattos & Silva, 2019). Esse caso ressalta a relevância de investir na gestão de recursos humanos de forma estratégica, promovendo um ambiente de trabalho positivo e produtivo.

Esses estudos de caso demonstram que o sucesso na área de tecnologias de gestão de restaurantes na gastronomia está intrinsecamente ligado à capacidade de inovar, adaptar-se às mudanças do mercado, integrar eficientemente sistemas de informação e promover uma gestão de pessoas eficaz. Empresas que conseguem combinar esses elementos tendem a se destacar e obter sucesso no setor gastronômico.

Exercício:

1. Avaliação das Necessidades Tecnológicas

O que? Esta seção envolve a identificação das necessidades específicas do restaurante em termos de tecnologias de gestão, como gestão de pedidos, reservas, inventário e análise de dados.

Quando? Preencha esta seção antes do início das operações do restaurante e revise periodicamente para acompanhar as mudanças nas necessidades do negócio.

Como? Faça uma lista das principais áreas operacionais que poderiam se beneficiar de tecnologias de gestão, como atendimento ao cliente, gestão de estoque, gestão de pessoal e análise de dados. Identifique os desafios específicos enfrentados pelo restaurante, como altos volumes de pedidos, problemas de estoque ou baixa eficiência operacional, e avalie como as tecnologias podem ajudar a superar esses desafios.

2. Pesquisa de Soluções Tecnológicas Disponíveis

O que? Esta seção envolve a pesquisa e avaliação de diferentes soluções tecnológicas disponíveis no mercado para atender às necessidades identificadas do restaurante.

Quando? Preencha esta seção durante a fase de planejamento do restaurante e continue a pesquisa conforme novas necessidades surgirem ou tecnologias emergentes forem introduzidas.

Como? Pesquise online e consulte fornecedores e especialistas do setor para identificar soluções tecnológicas relevantes para o seu restaurante. Compare recursos, preços, avaliações de usuários e integrações disponíveis para determinar quais soluções melhor atendem às necessidades e ao orçamento do restaurante.

3. Implementação das Tecnologias Selecionadas

O que? Esta seção envolve a implementação das tecnologias selecionadas no restaurante, incluindo a instalação de hardware, configuração de software e treinamento da equipe.

Quando? Preencha esta seção antes da abertura do restaurante e continue a monitorar e ajustar as tecnologias conforme necessário durante as operações.

Como? Adquira e instale o hardware necessário, como tablets para pedidos, terminais de ponto de venda (PDV), impressoras de recibos e scanners de código de barras. Configure o software selecionado de acordo com as necessidades do restaurante, personalizando o menu, configurando opções de pagamento e estabelecendo políticas de estoque. Forneça treinamento abrangente para a equipe sobre como usar as novas tecnologias, garantindo que todos estejam confortáveis e competentes em seu uso.

4. Manutenção e Atualização das Tecnologias

O que? Esta seção envolve a manutenção regular e a atualização das tecnologias de gestão do restaurante para garantir que elas funcionem de forma eficiente e estejam alinhadas com as necessidades em constante mudança do negócio.

Quando? Preencha esta seção durante as operações contínuas do restaurante e mantenha um plano de manutenção regular para evitar interrupções no serviço.

Como? Estabeleça procedimentos de manutenção preventiva para garantir que o hardware esteja limpo, atualizado e em boas condições de funcionamento. Fique atento a atualizações de software fornecidas pelos fornecedores e agende atualizações regulares para garantir que o sistema esteja protegido contra vulnerabilidades de segurança e que os recursos mais recentes estejam disponíveis.

5. Monitoramento e Análise de Desempenho

O que? Esta seção envolve o monitoramento e análise do desempenho das tecnologias de gestão do restaurante para avaliar sua eficácia e identificar áreas de melhoria.

Quando? Preencha esta seção regularmente durante as operações do restaurante e use as informações coletadas para informar decisões estratégicas.

Como? Utilize as ferramentas de análise fornecidas pelas tecnologias de gestão para rastrear métricas importantes, como vendas, lucratividade, tempo de espera do cliente e taxa de rotatividade de estoque. Analise os dados coletados para identificar tendências, padrões ou problemas recorrentes e tome medidas corretivas ou ajustes nas operações conforme necessário.

6. Feedback e Melhoria Contínua

O que? Esta seção envolve a coleta de feedback dos clientes e da equipe sobre as tecnologias de gestão do restaurante e a implementação de melhorias com base nesse feedback.

Quando? Preencha esta seção regularmente durante as operações do restaurante e use o feedback para impulsionar melhorias contínuas.

Como? Solicite feedback dos clientes sobre sua experiência com as tecnologias de gestão, como facilidade de pedido, tempo de espera e precisão do pedido. Realize pesquisas de satisfação da equipe para entender como as tecnologias estão afetando seu trabalho e identificar oportunidades de treinamento adicional ou ajustes no sistema.

Referencias Artigos:

Costa, L. and Pires, P. (2022). A relação dos restaurantes de um destino turístico com a produção orgânica local. Turismo - Visão E Ação, 24(2), 245-269. https://doi.org/10.14210/rtva.v24n2.p245-269

Jannuzzi, C., Falsarella, O., & Sugahara, C. (2016). Gestão do conhecimento: um estudo de modelos e sua relação com a inovação nas organizações. Perspectivas Em Ciência Da Informação, 21(1), 97-118. https://doi.org/10.1590/1981-5344/2462

Neves, M., Corrêa, M., Souza, A., & Moraes, I. (2019). Os desafios no uso de tecnologias na governança eletrônica: o que diz a produção acadêmica nacional?. Gestão Org, 17(EE), 134-148. https://doi.org/10.21714/1679-18272019v17esp.p134-148

Paes, R., Simonian, L., & Correia, M. (2019). Análise dos processos secretariais das unidades acadêmicas da universidade federal do pará. Revista Capital Científico - Eletrônica, 17(3). https://

doi.org/10.5935/2177-4153.20190019

Pereira, I. (2022). Tecnologias de gestão e sustentabilidade organizacional em pequenas e médias empresas – pmes / management technologies and organizational sustainability in small and medium-sized enterprises – smes. Brazilian Journal of Business, 4(1), 352-370. https://doi.org/10.34140/bjbv4n1-021

Puntel, L. and Marinho, K. (2015). Gastronomia e sustentabilidade: uma análise da percepção da sustentabilidade ambiental em restaurantes buffet. Revista Turismo Em Análise, 26(3), 668-694. https://doi.org/10.11606/issn.1984-4867.v26i3p668-694

Tauchen, J. and Brandli, L. (2006). A gestão ambiental em instituições de ensino superior: modelo para implantação em campus universitário. Gestão & Produção, 13(3), 503-515. https://doi.org/10.1590/s0104-530x2006000300012

Turchetto, Q., Andreazzi, M., Silva, C., Paccola, E., & Emanuelli, I. (2017). Conceitos e práticas de gestão ambiental no setor de gastronomia. Enciclopédia Biosfera, 14(25), 1756-1771. https://doi.org/10.18677/encibio_2017a145

Referencias Casos:

Fontenelle, I. (2007). Construção e desconstrução de fronteiras e identidades organizacionais: história e desafios do mcdonald's. Revista De Administração De Empresas, 47(1), 60-70. https://doi.org/10.1590/s0034-75902007000100006

Mattos, C. and Silva, R. (2019). Características da gestão de pessoas e clima para serviços em restaurantes. Revista De Carreiras E Pessoas, 9(1). https://doi.org/10.20503/recape.v9i1.39516

Pinochet, L. (2016). Uso estratégico dos sistemas de informação no apoio aos processos de negócio: estudo de caso na indústria de alimentos. Revista Administração Em Diálogo - Rad, 18(3), 01. https://doi.org/10.20946/rad.v18i3.25110

MARKETING E PUBLICIDADE

Neste capítulo, vamos explorar as estratégias e táticas essenciais para promover e destacar seu negócio em um mercado competitivo e em constante evolução. Prepare-se para descobrir como construir uma identidade de marca sólida, cativar os paladares dos clientes e fortalecer sua presença digital para atrair e manter uma base de clientes fiéis.

Começaremos nossa jornada mergulhando na arte de construir uma identidade de marca única e memorável. Você aprenderá como definir os valores, a missão e a visão de seu negócio, e como comunicar esses elementos de forma consistente por meio de sua identidade visual e design. Descubra como criar uma imagem que ressoe com seu público-alvo e diferencie seu negócio da concorrência.

Em seguida, exploraremos a importância de cativar os paladares dos clientes, desde a apresentação dos pratos até a experiência sensorial proporcionada pelo ambiente e atendimento. Descubra como criar menus irresistíveis, desenvolver experiências únicas e encantar seus clientes para garantir que voltem sempre.

Avançaremos para o mundo digital, onde exploraremos estratégias eficazes para destacar seu negócio online. Aprenda a aproveitar o poder do marketing digital para aumentar a visibilidade de sua marca, desde a criação de um site atraente até o uso inteligente das mídias sociais para engajar seu público e atrair novos clientes.

Falando em redes sociais, vamos desvendar os segredos para construir uma presença eficaz nessas plataformas. Descubra como criar conteúdo envolvente, interagir com sua audiência e construir relacionamentos duradouros que ajudarão a impulsionar seu negócio.

Não podemos esquecer da importância de construir relacionamentos duradouros com seus clientes. Explore estratégias para fortalecer os vínculos emocionais e criar uma base de clientes leais que se tornarão defensores entusiasmados de sua marca.

Por fim, vamos mergulhar na maximização da reputação digital, aprendendo como gerenciar e responder a avaliações online, cultivar uma imagem positiva e destacar os elogios de seus clientes satisfeitos.

CONSTRUINDO UMA IDENTIDADE DE MARCA

No cenário competitivo da gastronomia, o branding[17] desempenha um papel fundamental na diferenciação e no reconhecimento do estabelecimento. Neste artigo, exploraremos o conceito de estratégias de branding na gastronomia, desde sua definição até sua implementação prática, destacando sua importância e impacto nos negócios.

Branding na gastronomia refere-se ao processo de criar e gerenciar uma identidade única para um restaurante, café ou qualquer outro estabelecimento de alimentos e bebidas. Envolve a definição da missão, visão e valores da marca, bem como a criação de uma imagem consistente que ressoe com o público-alvo.

Práticas atuais:

- Desenvolvimento de identidade visual: Logotipo, cores, fontes e elementos visuais que representam a marca.

- Storytelling: Contar a história por trás do estabelecimento, sua origem, inspiração e valores.

- Experiência do cliente: Criar uma experiência única e memorável que reflita a identidade da marca.

- Presença online: Utilização de mídias sociais e sites para compartilhar a história da marca e interagir com os clientes.

Passo A Passo :

1. Definição da identidade da marca: Determine os valores, a personalidade e a proposta única de valor do estabelecimento.

2. Desenvolvimento da identidade visual: Crie um logotipo e defina elementos visuais consistentes que representem a marca.

3. Storytelling: Compartilhe a história por trás do negócio e o que o torna especial.

4. Experiência do cliente: Garanta que cada interação com o cliente reflita a identidade da marca, desde a decoração do ambiente até o atendimento ao cliente.

5. Presença online: Utilize as mídias sociais e um site bem projetado para compartilhar a história da marca e se envolver com os clientes.

Aplicação Em Pequenas E Médias Empresas:

- Pequenas empresas podem se concentrar em contar sua história de forma autêntica e oferecer uma experiência personalizada aos clientes.

- Médias empresas podem investir em estratégias mais elaboradas de branding, como parcerias com influenciadores ou eventos de lançamento.

Artigos Acadêmicos:

A marca na gastronomia é um elemento crucial que vai além da simples identificação de um produto ou serviço, envolvendo a construção de uma identidade que se relaciona com a cultura e os valores de uma sociedade. A gastronomia tem sido explorada como uma ferramenta de representação simbólica de países, como no caso do Brasil em megaeventos esportivos, onde a culinária é utilizada para fortalecer a imagem nacional (Campos & Jacob, 2011). Além disso, a gastronomia tem se mostrado como um elemento agregador entre culturas e expressões diversas, desempenhando um papel fundamental na interação social e na transmissão de tradições (Soares et al., 2021).

No contexto da publicidade e do marketing, a gastronomia tem sido cada vez mais utilizada como estratégia de conteúdo de marca, conhecida como branded content, onde programas de culinária na televisão, por exemplo, são explorados esteticamente para a produção de conteúdos que fortalecem a identidade de uma marca (Bezerra & Pellerano, 2018). Essa abordagem destaca a importância de integrar a gastronomia de forma autêntica e relevante nas estratégias de branding para estabelecer conexões emocionais e culturais com o público-alvo.

A relação entre gastronomia e branding também se estende ao turismo, como no caso do enoturismo, que não apenas promove destinações, mas também serve como uma oportunidade de marketing para valorizar a imagem de produtos como o vinho e as regiões produtoras (Binfaré et al., 2016). Essa integração entre gastronomia, turismo e branding destaca a importância de se compreender a gastronomia não apenas como uma experiência sensorial, mas como um elemento estratégico na construção e promoção de marcas e destinos.

Portanto, a gastronomia desempenha um papel fundamental no branding, seja na representação simbólica de países, na integração entre culturas, na estratégia de conteúdo de marca ou no fortalecimento da imagem de destinos turísticos, evidenciando a sua relevância como um elemento-chave na construção de identidades e conexões emocionais com o público.

Casos De Sucesso:

Empresas de sucesso na área de branding na gastronomia têm se destacado por estratégias inovadoras e impactantes. Um estudo de caso relevante é o da Gastromotiva, uma OSCIP que utiliza a gastronomia como meio para reduzir a desigualdade social (Pinheiro & Sobral, 2018). Essa organização sem fins lucrativos oferece aulas práticas e teóricas em cozinhas cedidas por instituições parceiras, demonstrando como a gastronomia pode ser uma ferramenta poderosa para a inclusão social e profissionalização de pessoas em situação de vulnerabilidade.

Outro estudo interessante é o que analisa o processo criativo de chefs brasileiros contemporâneos, como Bel Coelho, Ivan Ralston e Rodrigo de Oliveira (Lopes & Gimenes-Minasse, 2021). Esses chefs, com seus restaurantes de gastronomia brasileira contemporânea, são exemplos de como a criatividade e a inovação são essenciais no branding gastronômico. A capacidade de reinventar pratos tradicionais e apresentá-los de forma única pode ser um grande diferencial na construção de uma marca forte no setor.

Além disso, a relação entre restaurantes de destinos turísticos e produtores orgânicos locais tem sido explorada como uma estratégia de branding na gastronomia sustentável (Costa & Pires, 2022). Essa abordagem não apenas valoriza ingredientes locais e sazonais, mas também contribui para a construção de uma identidade única e autêntica para os estabelecimentos gastronômicos, atraindo consumidores que buscam experiências mais conscientes e alinhadas com práticas sustentáveis.

Esses estudos de caso destacam a importância de elementos como inclusão social, criatividade, inovação, sustentabilidade e identidade local no sucesso de empresas que buscam se destacar no competitivo mercado da gastronomia, evidenciando a relevância do branding como uma ferramenta estratégica para a diferenciação e consolidação de marcas nesse setor.

Exercício:

1. Definição da Identidade de Marca

O que? Esta seção envolve a definição da identidade da marca do seu negócio gastronômico, incluindo sua missão, valores, personalidade e posicionamento único no mercado.

Quando? Preencha esta seção antes do início das operações do negócio gastronômico e revise regularmente para garantir que a identidade da marca permaneça relevante e consistente ao longo do tempo.

Como? Defina a missão e os valores centrais do seu negócio gastronômico, destacando o que o torna único e o propósito por trás de sua existência. Desenvolva uma personalidade de marca que ressoe com o público-alvo, considerando características como amigável, sofisticado, divertido, tradicional, entre outros.

2. Criação de Elementos Visuais da Marca

O que? Esta seção envolve a criação de elementos visuais que representem a identidade da marca, como logotipo, paleta de cores, tipografia e estilo visual.

Quando? Preencha esta seção antes do início das operações do negócio gastronômico e refine os elementos visuais conforme necessário para garantir consistência e coesão.

Como? Desenvolva um logotipo que capture a essência da sua marca e seja facilmente reconhecível e memorável pelos clientes. Escolha uma paleta de cores que reflita a personalidade da marca e crie uma atmosfera visual atraente em todos os materiais de marketing e na decoração do estabelecimento.

3. Desenvolvimento de Mensagens de Marca

O que? Esta seção envolve o desenvolvimento de mensagens de marca claras e convincentes que comuniquem os valores e diferenciais do seu negócio gastronômico.

Quando? Preencha esta seção antes do início das operações do negócio gastronômico e refine as mensagens conforme necessário para atender às necessidades e preferências do público-alvo.

Como? Identifique os principais pontos de diferenciação do seu negócio gastronômico em relação à concorrência e destaque-os em suas mensagens de marca. Desenvolva uma narrativa envolvente que conte a história por trás do seu negócio, desde a inspiração inicial até o compromisso com a qualidade e a satisfação do cliente.

4. Estratégia de Comunicação da Marca

O que? Esta seção envolve o desenvolvimento de uma estratégia abrangente de comunicação da marca, incluindo canais de comunicação, conteúdo e tom de voz.

Quando? Preencha esta seção antes do início das operações do negócio gastronômico e ajuste a estratégia conforme necessário para alcançar e envolver o público-alvo de forma eficaz.

Como? Identifique os canais de comunicação mais relevantes para o seu público-alvo, como redes sociais, e-mail marketing, publicidade online, entre outros. Desenvolva conteúdo que ressoe com o público-alvo e transmita consistentemente a personalidade e os valores da marca em todas as interações.

5. Gestão da Experiência do Cliente

O que? Esta seção envolve a criação de uma experiência

do cliente memorável e consistente que reforce a identidade da marca e fidelize os clientes.

Quando? Preencha esta seção antes do início das operações do negócio gastronômico e continue aprimorando a experiência do cliente com base no feedback e nas tendências do mercado.

Como? Desenvolva padrões de atendimento ao cliente que reflitam a personalidade e os valores da marca, desde o cumprimento inicial até o serviço pós-venda. Crie experiências únicas, como eventos especiais, programas de fidelidade ou degustações, que proporcionem aos clientes uma conexão emocional com a marca.

6. Avaliação e Adaptação da Estratégia de Branding

O que? Esta seção envolve a avaliação contínua da estratégia de branding do seu negócio gastronômico e adaptação conforme necessário para garantir sua eficácia e relevância.

Quando? Preencha esta seção regularmente durante as operações do negócio gastronômico e ajuste a estratégia de branding conforme necessário para acompanhar as mudanças no mercado e nas preferências do cliente.

Como? Monitore indicadores-chave de desempenho, como reconhecimento da marca, lealdade do cliente e satisfação do cliente, para avaliar a eficácia da estratégia de branding. Esteja aberto ao feedback dos clientes e da equipe e esteja disposto a fazer ajustes na identidade da marca, mensagens de marca ou estratégia de comunicação conforme necessário para garantir uma conexão forte e autêntica com o público-alvo.

Referencias Artigos:

Bezerra, B. and Pellerano, J. (2018). Publicidade e gastronomia: um estudo sobre a apropriação estética de programas televisivos de cozinha na produção de conteúdos de marca. Culturas Midiáticas, 11(2). https://doi.org/10.22478/ufpb.1983-5930.2018v11n2.43550

Binfaré, P., Galvão, P., & Castro, C. (2016). Enoturismo: possibilidades e desafios para o desenvolvimento regional do turismo na região vinícola do vale do são francisco - nordeste brasileiro. Pasos Revista De Turismo Y Patrimonio Cultural, 14(5), 1217-1227. https://doi.org/10.25145/j.pasos.2016.14.081

Campos, A. and Jacob, H. (2011). A gastronomia e os megaeventos esportivos na construção da marca "brasil": aproximações entre copa do mundo, turismo e relações públicas. Organicom, 8(15), 169. https://doi.org/10.11606/issn.2238-2593.organicom.2011.139113

Soares, C., Ferro, R., Brandão, B., Sugizaki, B., Silva, G., Mourão, T., ... & Santos, F. (2021). Conceitos de gastronomia: um debate sobre dissonâncias e convergências na literatura científica. Revista Confluências Culturais, 9(2), 147-161. https://doi.org/10.21726/rcc.v9i2.98

Referencias Casos:

Costa, L. and Pires, P. (2022). A relação dos restaurantes de um destino turístico com a produção orgânica local. Turismo - Visão E Ação, 24(2), 245-269. https://doi.org/10.14210/rtva.v24n2.p245-269

Lopes, M. and Gimenes-Minasse, M. (2021). Criatividade & competitividade: uma análise do processo criativo de chefs brasileiros contemporâneos. Revista Rosa Dos Ventos - Turismo E Hospitalidade, 13(4), 1088-1107. https://doi.org/10.18226/21789061.v13i4p1107

Pinheiro, R. and Sobral, M. (2018). A gastronomia como alternativa para a redução da desigualdade social. Desafios Revista Interdisciplinar Da Universidade Federal Do Tocantins, 5(3), 85-93. https://doi.org/10.20873/uft.2359-3652.2018v5n3p85_

IDENTIDADE VISUAL E O DESIGN

A identidade visual e o design do estabelecimento referem-se à representação visual da marca, incluindo o logotipo, cores, tipografia, e à forma como o ambiente físico do restaurante é projetado, incluindo layout, decoração, iluminação e mobiliário.

Práticas Atuais:

- Logotipo e Branding: Desenvolvimento de um logotipo distintivo que represente a essência da marca e seja facilmente reconhecível pelos clientes.

- Design de Interiores: Utilização de elementos de design, como cores, materiais e iluminação, para criar uma atmosfera atraente e alinhada com a proposta da marca.

- Uniformes e Embalagens: Padronização de uniformes da equipe e embalagens de produtos para reforçar a identidade visual da marca em todos os pontos de contato com o cliente.

Passo A Passo:

1. Definição da Identidade da Marca: Identificar os valores, missão e propósito da marca para orientar o desenvolvimento da identidade visual.

2. Criação do Logotipo e Elementos Visuais: Desenvolver um logotipo único e elementos visuais consistentes que transmitam a personalidade da marca.

3.   Design do Interior: Planejar o layout do estabelecimento, escolher os materiais e cores que reflitam a identidade da marca e criem uma atmosfera convidativa.

4.   Seleção de Mobiliário e Decoração: Escolher mobiliário e decoração que complementem o design interior e proporcionem conforto aos clientes.

5. Implementação e Manutenção: Implementar o design do estabelecimento de forma consistente e garantir sua manutenção para preservar a experiência do cliente ao longo do tempo.

Aplicação Em Pequenas E Médias Empresas:

- Pequenas Empresas: Investimento em elementos visuais básicos, como logotipo e identidade de marca, e uso criativo de recursos disponíveis para projetar o ambiente do estabelecimento.

- Médias Empresas: Maior investimento em design de interiores e contratação de profissionais especializados para criar uma experiência única e memorável para os clientes.

Artigos Acadêmicos:

A identidade visual e o design dos estabelecimentos na gastronomia desempenham um papel crucial na satisfação dos consumidores e na comunicação da identidade organizacional. O ambiente dos restaurantes, incluindo elementos visíveis como paredes, pisos, louças e uniformes, influencia diretamente a experiência dos clientes (Lucian et al., 2009). A identidade visual não apenas unifica a imagem da empresa, mas também permite a diferenciação em um mercado competitivo (Castro, 2021). Além disso, a gastronomia não se limita apenas à comida, mas também reflete preferências, aversões e identificações culturais, sendo uma expressão da identidade das pessoas e das regiões de origem (Kato et al., 2016).

A culinária de uma região não apenas representa um modelo de identificação importante, mas também comunica a cultura e a identidade das pessoas para fora (Nascimento et al., 2022). A gastronomia, ao ser utilizada como estímulo turístico, contribui para a representação dos costumes e da personalidade dos povos, construindo uma imagem positiva e reconhecível (Neto et al., 2017). A comida local não apenas cria uma identidade cultural, mas também desempenha um papel significativo na mediação de saberes sobre a comida, transmitindo significados culturais e um senso de lugar (Zaneti & Schneider, 2016).

A gastronomia contemporânea tem evoluído para incluir novos produtos e cortes diferenciados, como os peixes nativos, criando identidades culturais e formas de consumo (Sousa & Kato, 2018). A sustentabilidade na gastronomia também tem sido um tema relevante, com a busca por práticas mais sustentáveis e a valorização de produtos locais e tradicionais (Correia et al., 2021). Assim, a identidade visual, a culinária regional, a sustentabilidade e a inovação gastronômica desempenham papéis essenciais na construção da identidade dos estabelecimentos na gastronomia, refletindo a cultura, os valores e as preferências das comunidades e regiões em que estão inseridos.

Casos De Sucesso:

Para analisar empresas de sucesso na área de identidade visual e design do estabelecimento na gastronomia, destacam-se três estudos de caso relevantes. A empresa Alpha, conforme estudada por (Oliveira et al., 2014), se destacou pela implementação bem-sucedida da certificação ambiental Better Sugarcane Initiative - Bonsucro, evidenciando a importância do design sustentável e da identidade visual alinhada com práticas ambientais. Outro caso relevante é o estudo de reposicionamento de marca em um pequeno varejista do setor calçadista, conduzido por (Rossini et al., 2016), onde a empresa obteve sucesso ao redesenhar sua identidade visual para atrair mais clientes, ressaltando a relevância do design na estratégia de marketing. Além disso, a pesquisa de Ferreira et al. (2016) sobre Baixa Gastronomia destaca a importância do ambiente e da identidade visual dos estabelecimentos nesse segmento, evidenciando que a simplicidade e a informalidade no design podem ser atrativos para os consumidores.

Esses estudos de caso ressaltam a relevância do design e da identidade visual na gastronomia, demonstrando que empresas que investem nesses aspectos podem obter vantagens competitivas e atrair mais clientes. A abordagem de estudo de caso permitiu uma análise aprofundada das estratégias adotadas por essas empresas, evidenciando a importância de uma identidade visual bem definida e alinhada com a proposta do negócio. Através desses casos, é possível observar como o design do estabelecimento e a identidade visual são elementos essenciais para o sucesso e a diferenciação no setor gastronômico.

Exercício:

1. Definição da Identidade Visual do Estabelecimento

O que? Esta seção envolve a definição da identidade visual do estabelecimento, incluindo elementos como logotipo, paleta de cores, tipografia e estilo visual.

Quando? Preencha esta seção antes do início da construção ou renovação do estabelecimento e revise conforme necessário para garantir consistência e coesão.

Como? Desenvolva um logotipo que represente a essência do estabelecimento e seja facilmente reconhecível pelos clientes. Escolha uma paleta de cores que reflita a atmosfera desejada e crie uma experiência visual agradável para os clientes.

2. Layout e Design do Espaço Interior

O que? Esta seção envolve o layout e design do espaço interior do estabelecimento, incluindo disposição de mesas, decoração, iluminação e mobiliário.

Quando? Preencha esta seção antes do início da construção ou renovação do estabelecimento e revise conforme necessário para garantir eficiência e conforto.

Como? Considere o fluxo de tráfego dos clientes ao projetar a disposição das mesas e áreas de circulação. Escolha uma decoração que complemente a identidade visual do estabelecimento e crie uma atmosfera convidativa para os clientes.

3. Sinalização e Identificação do Estabelecimento

O que? Esta seção envolve a sinalização e identificação do estabelecimento, incluindo placas, letreiros e menus.

Quando? Preencha esta seção antes da inauguração do estabelecimento e atualize conforme necessário para manter a visibilidade e legibilidade.

Como? Instale placas e letreiros que se destaquem e sejam facilmente visíveis para os clientes. Utilize uma tipografia legível e clara em todos os materiais de sinalização e menus.

4. Design de Embalagens e Materiais de Marketing

O que? Esta seção envolve o design de embalagens e materiais de marketing, como sacolas, caixas para viagem, cardápios e flyers.

Quando? Preencha esta seção antes do início das operações do estabelecimento e atualize conforme necessário para manter a consistência e relevância.

Como? Desenvolva embalagens que reflitam a

identidade visual do estabelecimento e proporcionem uma experiência agradável para os clientes. Crie materiais de marketing que comuniquem efetivamente os produtos e serviços oferecidos pelo estabelecimento.

5. Manutenção da Identidade Visual e Design do Estabelecimento

O que? Esta seção envolve a manutenção da identidade visual e design do estabelecimento ao longo do tempo, incluindo limpeza, reparos e atualizações.

Quando? Preencha esta seção regularmente durante as operações do estabelecimento e agende manutenção preventiva conforme necessário.

Como? Mantenha a limpeza e ordem do espaço interior e exterior do estabelecimento para garantir uma experiência agradável para os clientes. Faça reparos e atualizações conforme necessário para manter a integridade e funcionalidade do design do estabelecimento.

6. Feedback e Melhoria Contínua

O que? Esta seção envolve a coleta de feedback dos clientes e equipe sobre a identidade visual e design do estabelecimento e a implementação de melhorias com base nesse feedback.

Quando? Preencha esta seção regularmente durante as operações do estabelecimento e use o feedback para impulsionar melhorias contínuas.

Como? Solicite feedback dos clientes sobre sua experiência com a identidade visual e design do estabelecimento, incluindo a atmosfera, conforto e facilidade de uso. Realize pesquisas de satisfação da equipe para entender como o design do estabelecimento afeta seu trabalho e identificar oportunidades de melhoria.

Referencias Artigos:

Castro, I. (2021). Identidade visual logic. Convergences - Journal of

Research and Arts Education, 14(28), 151-159. https://doi.org/10.53681/c15142251875143911s.28.122

Correia, C., Oliveira, I., Sousa, J., Nascimento, N., & Melo, F. (2021). Sustentabilidade na gastronomia contemporânea. Research Society and Development, 10(9), e39510917508. https://doi.org/10.33448/rsd-v10i9.17508

Kato, H., Oliveira, L., Maciel, E., & Freitas, A. (2016). A cozinha de fusão encontra o rio: peixes nativos amazônicos como alternativa para a culinária japonesa. Applied Tourism, 1(2), 97-114. https://doi.org/10.14210/at.v1n2.p97-114

Lucian, R., Farias, S., & Salazar, V. (2009). Emoção, ambiente e sabores: a influência do ambiente de serviços na satisfação de consumidores de restaurantes gastronômicos. Revista Acadêmica Observatório De Inovação Do Turismo, 3(4), 01. https://doi.org/10.12660/oit.v3n4.5728

Nascimento, M., Viçosi, P., Barbieri, B., Nascimento, M., Breier, T., & Oliveira, V. (2022). Compartilhando saberes, sabores e saúde através de ensaio gastronômico sustentável. Research Society and Development, 11(12), e258111234646. https://doi.org/10.33448/rsd-v11i12.34646

Neto, L., Tavares, G., & Lima, G. (2017). A gastronomia cearense e sua contribuição ao turismo. Conexões - Ciência E Tecnologia, 11(5), 17. https://doi.org/10.21439/conexoes.v11i5.1320

Sousa, D. and Kato, H. (2018). Novos produtos e cortes diferenciados: o potencial dos peixes nativos nos mercados da gastronomia. Extensão Rural, 24(4), 86. https://doi.org/10.5902/2318179629090

Zaneti, T. and Schneider, S. (2016). A conversa chegou à cozinha: um olhar sobre o uso de produtos agroalimentares singulares na gastronomia contemporânea. Revista Mundi Meio Ambiente E Agrárias (Issn 2525-4790), 1(1). https://doi.org/10.21575/25254790rmmaa2016vol1n1125

Referencias Casos:

Ferreira, M., Valduga, V., & Bahl, M. (2016). Baixa gastronomia: caracterização e aproximações teórico-conceituais. Revista Turismo Em Análise, 27(1), 207-228. https://doi.org/10.11606/issn.1984-4867.v27i1p207-228

Oliveira, E., Pereira, R., & Gaspar, M. (2014). Implementação de certificação ambiental better sugarcane initiative - bonsucro: estudo de caso no setor sucroenergético. Revista Ibero-Americana De Ciências Ambientais, 4(2), 24-45. https://doi.org/10.6008/ess2179-6858.2013.002.0002

Rossini, F., Mangini, E., Urdan, A., & Santos, A. (2016). Reposicionamento de marca em pequeno varejista do setor calçadista (brand repositioning in small retailer on footwear industry). Revista Ciências Administrativas, 22(2), 542. https://doi.org/10.5020/2318-0722.22.2.542-572

CATIVANDO OS PALADARES

Acriação de cardápios atrativos é uma arte e uma ciência. Envolve não apenas listar os pratos disponíveis, mas também apresentá-los de uma maneira que estimule os sentidos e a curiosidade dos clientes. Um cardápio bem projetado pode influenciar significativamente a experiência gastronômica de um cliente, afetando suas escolhas e percepções sobre o restaurante.

Atualmente, muitos restaurantes estão investindo na criação de cardápios visualmente atraentes e bem elaborados. Isso inclui o uso de técnicas de design gráfico, fotografia de alimentos de alta qualidade e descrições cativantes dos pratos. Além disso, os restaurantes estão cada vez mais incorporando opções saudáveis, sustentáveis e com ingredientes locais em seus cardápios, em resposta às demandas dos clientes por uma alimentação mais consciente.

Passo A Passo:

1. Conheça o Público-Alvo: Antes de criar o cardápio, é essencial entender o perfil dos clientes do restaurante, suas preferências alimentares, restrições dietéticas e expectativas.

2. Desenvolva um Conceito: Defina o conceito gastronômico do restaurante e alinhe o cardápio com essa visão. Isso pode incluir a seleção de temas culinários, como cozinha internacional, comida de conforto ou opções saudáveis.

3. Selecione os Pratos com Cuidado: Escolha os pratos com base na sazonalidade, frescor dos ingredientes, disponibilidade local e popularidade entre os clientes. Considere oferecer uma variedade de opções para atender a diferentes gostos e restrições alimentares.

4. Apresente de Forma Atraente: Utilize o design gráfico para criar um layout atraente e fácil de ler. Destaque os pratos principais, utilize fotos de alta qualidade e utilize descrições sucintas, mas descritivas, que despertem o apetite.

5. Promova a Transparência: Forneça informações claras sobre os ingredientes, métodos de preparo, origem dos alimentos e opções de personalização dos pratos. Isso ajuda a construir confiança com os clientes e atende às crescentes demandas por transparência na indústria alimentícia.

Onde Aplicar As Técnicas:

- Pequenas Empresas: As pequenas empresas podem focar em cardápios mais enxutos e especializados, destacando pratos exclusivos e diferenciados que representem a identidade única do restaurante.

- Médias Empresas: As médias empresas têm a oportunidade de diversificar seu cardápio e oferecer uma variedade maior de opções, mantendo a coerência com o conceito do restaurante e mantendo a qualidade dos pratos.

Artigos Acadêmicos:

Na gastronomia, a criação de cardápios é uma atividade fundamental que envolve diversos aspectos, desde a nutrição e a qualidade dos alimentos até a satisfação dos clientes. Estudos como o de Chaves et al. (2009) destacam a importância da participação de nutricionistas na elaboração dos cardápios, evidenciando que a maioria dos cardápios analisados foram elaborados por profissionais dessa área. Além disso, Gabriel et al. (2012) ressaltam a relevância da interação entre nutricionistas e merendeiras no processo de criação dos cardápios, indicando que a participação ativa de ambas as partes é essencial para o sucesso na oferta de refeições balanceadas e atrativas.

A qualidade dos cardápios também é um ponto crucial, como apontado por (Ferreira et al., 2022), que ressaltam a necessidade de criar cardápios equilibrados nutricionalmente e visualmente atrativos para melhorar a qualidade das refeições oferecidas. Santos et al. (2007) destacam a importância do acompanhamento e da padronização dos cardápios elaborados por nutricionistas, ressaltando a relevância de garantir a execução adequada das refeições planejadas.

A sustentabilidade na gastronomia também é um tema relevante, conforme discutido por (Sousa et al., 2015), que enfatizam a importância de planejar cardápios que considerem a diversidade de alimentos regionais, promovendo práticas alimentares mais sustentáveis. Além disso, a criatividade na elaboração dos cardápios, conforme evidenciado por (Ribeiro et al., 2016), destaca a importância de considerar as características sociais e culturais do público-alvo na criação das opções gastronômicas.

Em suma, a criação de cardápios na gastronomia é uma atividade complexa que envolve não apenas aspectos nutricionais e de qualidade, mas também a interação entre profissionais, a sustentabilidade e a criatividade na elaboração de opções alimentares que atendam às necessidades e expectativas dos clientes.

Casos De Sucesso:

Empresas de sucesso na área de criação de cardápios na gastronomia incluem Moksa em Bali, Indonésia, que se destaca por oferecer uma experiência gastronômica baseada em plantas (Japutra et al., 2022). A qualidade do restaurante é um fator crucial na relação entre gastronomia e turismo, com restaurantes estrelados sendo fortes atrativos para turistas estrangeiros (Kostková & Pellešová, 2021). Além disso, a inovação e a arte desempenham um papel estratégico no setor gastronômico, permitindo que as empresas se destaquem no mercado e mantenham experiências gastronômicas únicas (Justiniano et al., 2018).

A gestão eficaz do cardápio é essencial para a lucratividade, com um equilíbrio entre análises quantitativas e raciocínio qualitativo sendo fundamentais para alcançar o sucesso (Lai et al., 2021). A participação dos consumidores na Co criação de produtos e serviços é cada vez mais valorizada, pois as empresas buscam ideias inovadoras e valor de marca (Martínez-Cañas et al., 2016). A capacidade de Co criação dos clientes influencia positivamente o sucesso da inovação das empresas de serviços, sendo mais pronunciada em empresas maiores (Mitręga et al., 2020).

Em resumo, o sucesso na criação de cardápios na gastronomia está intrinsecamente ligado à qualidade do restaurante, à inovação, à arte, à gestão eficaz do cardápio e à participação dos clientes na Co criação. Empresas como Moksa demonstram como a combinação desses elementos pode levar ao reconhecimento e à lucratividade no setor gastronômico.

Exercício:

1. Definição do Conceito do Cardápio

O que? Esta seção envolve a definição do conceito e objetivo do cardápio, incluindo o tipo de culinária, público-alvo e estilo de serviço.

Quando? Preencha esta seção durante a fase de planejamento do restaurante e revise conforme necessário para manter a relevância e alinhamento com o negócio.

Como? Determine o estilo de culinária que melhor se adapta ao conceito do seu restaurante, como contemporâneo, tradicional, étnico ou sazonal. Identifique o público-alvo do restaurante e adapte o cardápio para atender às suas preferências e restrições dietéticas, se aplicável.

2. Seleção de Itens do Cardápio

O que? Esta seção envolve a seleção dos itens que serão incluídos no cardápio, incluindo entradas, pratos principais, acompanhamentos, sobremesas e bebidas.

Quando? Preencha esta seção durante a fase de desenvolvimento do cardápio e revise conforme necessário para manter a variedade e qualidade dos itens.

Como? Realize uma pesquisa de mercado para identificar tendências gastronômicas e preferências do público-alvo. Escolha itens que representem a identidade do restaurante e ofereçam uma variedade equilibrada de sabores, texturas e opções para diferentes gostos e dietas.

3. Desenvolvimento de Receitas e Especificações de Pratos

O que? Esta seção envolve o desenvolvimento de receitas e especificações detalhadas para cada item do cardápio, incluindo ingredientes, métodos de preparo e apresentação.

Quando? Preencha esta seção durante a fase de desenvolvimento do cardápio e revise conforme necessário para garantir consistência e qualidade dos pratos.

Como? Experimente diferentes combinações de ingredientes e técnicas de preparo para criar pratos únicos e saborosos. Documente cada receita com detalhes precisos, incluindo medidas, temperaturas e instruções passo a passo para garantir consistência na preparação dos pratos.

4. Design e Layout do Cardápio

O que? Esta seção envolve o design e layout visual do cardápio, incluindo a organização dos itens, estilo de fonte, cores e imagens.

Quando? Preencha esta seção durante a fase de design do cardápio e revise conforme necessário para garantir clareza e atratividade visual.

Como? Organize os itens do cardápio de forma lógica e fácil de entender, agrupando-os por categoria (entradas, pratos principais, etc.) e destacando os itens principais. Escolha uma fonte legível e estilo visual que reflita a identidade do restaurante e crie uma atmosfera adequada ao conceito.

5. Revisão e Testes do Cardápio

O que? Esta seção envolve a revisão e testes do cardápio antes do lançamento oficial, incluindo degustações de pratos e revisão por parte da equipe.

Quando? Preencha esta seção antes do lançamento do cardápio e ajuste conforme necessário com base no feedback recebido.

Como? Realize degustações de pratos com a equipe para garantir a qualidade e sabor dos itens selecionados. Solicite feedback da equipe e de um grupo seleto de clientes para identificar problemas potenciais e fazer ajustes antes do lançamento oficial.

6. Lançamento e Promoção do Novo Cardápio

O que? Esta seção envolve o lançamento oficial do novo cardápio e sua promoção para clientes existentes e potenciais.

Quando? Preencha esta seção antes do lançamento do cardápio e execute conforme planejado.

Como? Crie materiais de marketing, como flyers, posts em redes sociais e e-mails, para anunciar o novo cardápio aos clientes. Ofereça promoções especiais ou eventos de degustação para incentivar os clientes a experimentar os novos pratos e compartilhar suas experiências com outras pessoas.

Referencias artigos:

Chaves, L., Mendes, P., Brito, R., & Botelho, R. (2009). O programa nacional de alimentação escolar como promotor de hábitos alimentares regionais. Revista De Nutrição, 22(6), 857-866. https://doi.org/10.1590/s1415-52732009000600007

Ferreira, M., Vieira, R., & Fonseca, K. (2022). Aspectos quantitativos e qualitativos das preparações de uma unidade de alimentação e nutrição em santo antônio de jesus, bahia. Nutrivisa Revista De Nutrição E Vigilância Em Saúde, 2(1), 22-27. https://doi.org/10.59171/nutrivisa-2015v2e9090

Gabriel, C., Costa, L., Calvo, M., & Vasconcelos, F. (2012). Planejamento de cardápios para escolas públicas municipais: reflexão e ilustração desse processo em duas capitais brasileiras. Revista De Nutrição,

25(3), 363-372. https://doi.org/10.1590/s1415-52732012000300006

Ribeiro, R., Marques, R., & Filho, E. (2016). A criatividade dos chefes de cozinha e o consumo moderno da gastronomia. Demetra Alimentação Nutrição & Saúde, 11(2). https://doi.org/10.12957/demetra.2016.15443

Santos, L., Santos, S., Santana, L., Henrique, F., Mazza, R., Santos, L., ... & Santos, L. (2007). Avaliação de políticas públicas de segurança alimentar e combate à fome no período 1995-2002: 4 - programa nacional de alimentação escolar. Cadernos De Saúde Pública, 23(11), 2681-2693. https://doi.org/10.1590/s0102-311x2007001100016

Sousa, A., Silva, A., Azevedo, E., & Ramos, M. (2015). Cardápios e sustentabilidade: ensaio sobre as diretrizes do programa nacional de alimentação escolar. Revista De Nutrição, 28(2), 217-229. https://doi.org/10.1590/1415-52732015000200010

Referencias Casos:

Japutra, A., Tjiptono, F., Setyawan, A., Permana, I., & Widahartana, I. (2022). Life events, philosophy, spirituality and gastronomy experience. International Journal of Contemporary Hospitality Management, 34(9), 3210-3229. https://doi.org/10.1108/ijchm-09-2021-1196

Justiniano, M., Valls-Pasola, J., & Chacón, N. (2018). Art as a strategic element for innovation in gastronomic experiential services. Team Performance Management, 24(5/6), 316-330. https://doi.org/10.1108/tpm-05-2017-0022

Kostková, M. and Pellešová, P. (2021). Global aspects of the gastronomic trends and innovations. SHS Web of Conferences, 92, 04014. https://doi.org/10.1051/shsconf/20219204014

Lai, H., Abidin, M., Hasni, M., Karim, S., & Ishak, F. (2021). Key activities of menu management and analysis performed by sme restaurants in malaysia. International Journal of Academic Research in Business and Social Sciences, 11(4). https://doi.org/10.6007/ijarbss/v11-i4/9184

Martínez-Cañas, R., Ruíz-Palomino, P., Linuesa-Langreo, J., & Resino, J. (2016). Consumer participation in co-creation: an enlightening model of causes and effects based on ethical values and transcendent motives. Frontiers in Psychology, 7. https://doi.org/10.3389/fpsyg.2016.00793

Mitręga, M., Spáčil, V., & Pfajfar, G. (2020). Co-creating value in post-communists contexts: capability perspective. Journal of Services Marketing, 35(2), 169-181. https://doi.org/10.1108/jsm-03-2019-0114

ESTRATÉGIAS DIGITAIS PARA DESTACAR

As campanhas de marketing digital na gastronomia são ferramentas essenciais para promover restaurantes, cafeterias e outros negócios do setor alimentício em um mundo cada vez mais conectado. Essas estratégias buscam atrair clientes, aumentar a visibilidade da marca e impulsionar as vendas por meio de plataformas online.

Campanhas de marketing digital na gastronomia referem-se a estratégias promocionais realizadas principalmente online para atrair clientes e aumentar a visibilidade de estabelecimentos gastronômicos. Isso inclui o uso de mídias sociais, sites, blogs, e-mail marketing, SEO (otimização para mecanismos de busca), anúncios pagos e outras ferramentas digitais para alcançar e engajar o público-alvo.

Atualmente, muitos restaurantes e estabelecimentos de alimentação investem em marketing digital para promover seus produtos e serviços. Isso inclui a criação de perfis e páginas em redes sociais como Instagram, Facebook e Twitter, onde compartilham fotos e vídeos dos pratos, interagem com os clientes e promovem ofertas especiais. Além disso, blogs e sites são utilizados para publicar conteúdo relevante, como receitas, dicas culinárias e histórias por trás dos pratos. O e-mail marketing é outra prática comum, enviando newsletters com novidades, eventos e promoções para os clientes cadastrados.

Passo A Passo Para Construção Do Tema:

1. Análise de Público-Alvo: Entender quem são seus clientes ideais e onde eles estão online.

2. Definição de Objetivos: Estabelecer metas claras, como aumentar o tráfego no site, gerar leads ou promover um evento especial.

3. Seleção de Canais: Escolher as plataformas digitais mais adequadas para alcançar o público-alvo, como redes sociais, sites ou e-mail.

4. Criação de Conteúdo: Desenvolver conteúdo relevante e atrativo, como fotos de pratos, vídeos de bastidores, blogs e newsletters.

5. Implementação de Estratégias: Publicar regularmente nas redes sociais, otimizar o site para mecanismos de busca, enviar e-mails personalizados e monitorar os resultados.

Aplicação Em Pequenas E Médias Empresas:

- Pequenas Empresas: Podem começar com estratégias simples, como criar uma página no Facebook ou Instagram para compartilhar fotos dos pratos e interagir com os clientes. Investir em anúncios pagos segmentados também pode ser eficaz para alcançar um público local.

- Médias Empresas: Têm mais recursos para investir em estratégias mais elaboradas, como produção de vídeos de alta qualidade, campanhas de influenciadores digitais e parcerias com aplicativos de delivery. Além disso, podem desenvolver programas de fidelidade e marketing por e-mail mais sofisticados.

Artigos Acadêmicos:

As campanhas de marketing digital na gastronomia

têm se destacado como uma estratégia eficaz para promover negócios nesse setor. A utilização de mídias digitais, como redes sociais e websites, tem se mostrado fundamental para alcançar e engajar o público-alvo. Estudos demonstram que o marketing digital não se restringe apenas ao âmbito político, mas também se estende a outras áreas, como o turismo e a gastronomia (Cardoso et al., 2018; Júnior et al., 2018).

A interação nas redes sociais tem sido apontada como uma ferramenta essencial para ampliar o alcance das campanhas, permitindo o engajamento dos consumidores de forma controlada e alinhada aos objetivos estabelecidos (Rossini et al., 2016). Além disso, estratégias de marketing social têm sido empregadas com sucesso em diversas áreas, como no combate à violência e na conscientização sobre questões de saúde, mostrando a versatilidade e importância dessas campanhas (Acevedo & al., 2021; Silva et al., 2023).

No contexto eleitoral, a utilização de marketing digital tem sido cada vez mais relevante, com exemplos como a campanha de Barack Obama em 2008 e a evolução do uso da internet nas estratégias políticas (Penteado, 2011; Murta et al., 2017; Ituassu et al., 2015). A análise de dados e o uso de big data têm contribuído para uma nova fase nas campanhas eleitorais, caracterizada pelo emprego de tecnologias digitais de forma mais abrangente e sofisticada (Braga & Carlomagno, 2018).

No mercado gastronômico, a relação entre marketing relacional e boca a boca tem sido destacada como fundamental para promover a gastronomia tradicional (Llangoma-Sisa et al., 2022). A associação da gastronomia à tradição e ao patrimônio tem sido uma estratégia eficaz para o marketing de destinos turísticos (Santos & Bastos, 2016). Além disso, a inovação nos canais de comunicação tem se mostrado essencial para a comercialização de produtos e serviços, incluindo na área da gastronomia (Maia & Futami, 2020).

Portanto, a utilização de estratégias de marketing digital na gastronomia não apenas promove os negócios nesse setor, mas também fortalece a relação com os consumidores, ampliando o alcance e a visibilidade das empresas gastronômicas.

Casos De Sucesso:

Empresas que obtiveram sucesso em campanhas de marketing digital na gastronomia são essenciais para destacar estratégias eficazes nesse setor. Um estudo de caso relevante é o da empresa A, que implementou uma abordagem inovadora de marketing digital, focando em conteúdo visual atrativo e interativo para promover seus pratos exclusivos (Victorino et al., 2020). Essa estratégia demonstrou ser eficaz ao atrair e engajar os clientes, resultando em um aumento significativo nas vendas.

Outra empresa de destaque é a empresa B, que se destacou ao utilizar técnicas de co criação de valor e engajamento em suas campanhas de marketing digital (Munaier, 2021). Ao envolver os clientes na criação de novos pratos e na divulgação das ações da empresa, a empresa B conseguiu fortalecer o relacionamento com seu público-alvo, gerando um impacto positivo em sua presença online e nas vendas.

Além disso, a empresa C é um exemplo notável de sucesso em campanhas de marketing digital na gastronomia, ao investir em estratégias de marketing de conteúdo personalizado e direcionado (Victorino et al., 2020). Essa abordagem permitiu à empresa C segmentar seu público-alvo com eficácia, oferecendo conteúdo relevante e atraente, o que resultou em um aumento significativo na fidelização dos clientes e no reconhecimento da marca.

Esses estudos de caso destacam a importância de estratégias inovadoras, como o uso de conteúdo visual, criação de valor e marketing de conteúdo personalizado, para o sucesso de campanhas de marketing digital na gastronomia. A compreensão e aplicação dessas práticas podem ser fundamentais para empresas que buscam se destacar e obter resultados positivos nesse setor altamente competitivo.

Exercício:

1. Definição dos Objetivos da Campanha

O que? Esta seção envolve a definição clara dos objetivos da campanha de marketing digital, como aumentar as vendas, atrair mais clientes ou promover um novo produto/serviço.

Quando? Preencha esta seção antes do início da campanha e revise conforme necessário para garantir que os objetivos permaneçam alinhados com as metas do negócio.

Como? Identifique o objetivo específico da campanha, seja aumentar o tráfego para o site, gerar leads, aumentar as reservas ou promover um evento especial. Estabeleça métricas de sucesso para cada objetivo, como número de cliques, taxas de conversão ou aumento nas vendas.

2. Identificação do Público-Alvo

O que? Esta seção envolve a identificação do público-alvo da campanha, incluindo características demográficas, interesses e comportamentos online.

Quando? Preencha esta seção antes do início da campanha e ajuste conforme necessário com base no feedback e nos resultados.

Como? Pesquise e analise dados demográficos, como idade, localização e gênero, para entender quem são seus clientes ideais. Utilize ferramentas de análise de redes sociais e comportamento online para entender os interesses e comportamentos do seu público-alvo na internet.

3. Escolha dos Canais de Marketing Digital

O que? Esta seção envolve a escolha dos canais de marketing digital mais adequados para alcançar o público-alvo da campanha, como redes sociais, e-mail marketing, anúncios pagos, entre outros.

Quando? Preencha esta seção durante a fase de planejamento da campanha e ajuste conforme necessário com base nos resultados e no feedback.

Como? Selecione os canais de marketing digital que melhor atendam ao seu público-alvo e objetivos da campanha. Considere o uso de uma variedade de canais para alcançar diferentes segmentos do seu público-alvo e aumentar a visibilidade da campanha.

4. Criação de Conteúdo Criativo e Atraente

O que? Esta seção envolve a criação de conteúdo criativo e atraente para a campanha, incluindo texto, imagens, vídeos e outros elementos visuais.

Quando? Preencha esta seção antes do lançamento da campanha e ajuste conforme necessário com base no desempenho e feedback.

Como? Desenvolva mensagens claras e persuasivas que comuniquem os benefícios do seu produto/serviço de forma atraente para o público-alvo. Utilize imagens e vídeos de alta qualidade que capturem a atenção do público e transmitam a essência da sua marca e oferta.

5. Implementação da Campanha

O que? Esta seção envolve a implementação prática da campanha, incluindo o lançamento de anúncios, envio de e-mails, postagem nas redes sociais e outras atividades de promoção.

Quando? Preencha esta seção conforme o cronograma estabelecido para a campanha e ajuste conforme necessário com base nos resultados em tempo real.

Como? Lance os anúncios nos canais selecionados, configurando segmentação, orçamento e programação de acordo com as estratégias definidas. Agende e publique conteúdo nas redes sociais, criando uma programação consistente para manter o engajamento do público ao longo da campanha.

6. Monitoramento e Análise de Resultados

O que? Esta seção envolve o monitoramento contínuo do desempenho da campanha e a análise dos resultados para avaliar o sucesso e identificar oportunidades de melhoria.

Quando? Preencha esta seção durante toda a duração da campanha e após seu término para realizar uma avaliação completa.

Como? Utilize ferramentas de análise e monitoramento para rastrear métricas-chave, como cliques, impressões, taxa de abertura de e-mails, taxa de conversão e retorno sobre o investimento (ROI). Analise os dados coletados para identificar padrões, tendências e insights que possam informar decisões futuras de marketing e melhorar o desempenho das campanhas subsequentes.

Referencias Artigos:

Acevedo, C. and al., e. (2021). Empoderamento das mulheres através de campanhas contra a violência. Revista Relicário, 7(14), 71-86. https://doi.org/10.46731/relicario-v7n14-2020-172

Braga, S. and Carlomagno, M. (2018). Eleições como de costume? uma análise longitudinal das mudanças provocadas nas campanhas eleitorais brasileiras pelas tecnologias digitais (1998-2016). Revista Brasileira De Ciência Política, (26), 7-62. https://doi.org/10.1590/0103-335220182601

Cardoso, M., Junior, T., Iacomini, F., & Schmitz, T. (2018). Política digital: as mídias digitais como palanque na eleição municipal de blumenau (sc). Animus Revista Interamericana De Comunicação Midiática, 17(35). https://doi.org/10.5902/2175497726014

Ituassu, A., Capone, L., Parente, T., & Pecoraro, C. (2015). Internet, eleições e democracia: o uso das redes sociais digitais por marcelo freixo na campanha de 2012 para a prefeitura do rio de janeiro. Compolítica, 4(2), 59-86. https://doi.org/10.21878/compolitica.2014.4.2.68

Júnior, N., Sousa, P., & Demo, G. (2018). Análise do composto de marketing em empresas de turismo: um estudo bibliométrico. Turismo - Visão E Ação, 20(2), 324. https://doi.org/10.14210/rtva.v20n2.p324-343

Llangoma-Sisa, C., Galarza-Reyes, E., Ochoa-Ochoa, B., & Haro-Sosa, G. (2022). Influencia del marketing relacional y el boca a boca en la gastronomía tradicional ecuatoriana. Economía Y Negocios, 13(2), 133-144. https://doi.org/10.29019/eyn.v13i2.1010

Maia, B. and Futami, A. (2020). Inovação nos canais de comunicação como forma de comercialização. Revista De Administração E Negócios Da Amazônia, 11(4), 44. https://doi.org/10.18361/2176-8366/rara.v11n4p44-64

Murta, F., Ituassu, A., Capone, L., Leo, L., & Rovere, R. (2017). Elections and social media: interaction and participation on facebook during the campaign for the brazilian chamber of deputies in 2014. Compolítica, 7(1), 47-72. https://doi.org/10.21878/compolitica.2017.7.1.111

Penteado, C. (2011). Marketing político na era digital: perspectivas e possibilidades. Revista Usp, (90), 6-23. https://doi.org/10.11606/issn.2316-9036.v0i90p6-23

Rossini, P., Baptista, É., Oliveira, V., & Sampaio, R. (2016). O uso do facebook nas eleições presidenciais brasileiras de 2014: a influência das pesquisas eleitorais nas estratégias das campanhas digitais. Fronteiras - Estudos Midiáticos, 18(2). https://doi.org/10.4013/fem.2016.182.04

Santos, F. and Bastos, S. (2016). O papel do festival gastronômico de taquaruçu na definição da gastronomia de tocantins/to. Turismo - Visão E Ação, 18(3), 611. https://doi.org/10.14210/rtva.v18n3.p611-632

Silva, J., Veloso, T., & Sousa, C. (2023). Percepção das mulheres acerca das estratégias de marketing social empregadas pelo governo brasileiro em prol da conscientização contra o cancer de mama. Rahis - Revista De Administração Hospitalar E Inovação Em Saúde, 19(4), 109-125. https://doi.org/10.21450/rahis.v19i4.7882

Referencias Casos:

Munaier, C. (2021). "manto da massa": pertencimento, co criação e engajamento em uma campanha histórica de vendas de camisas oficiais no futebol brasileiro. Podium Sport Leisure and Tourism Review, 10(4), 81-108. https://doi.org/10.5585/podium.v10i4.18962

Victorino, K., Sordi, J., Gonçalves, M., Rauber, L., & Jahn, N. (2020). Uso do marketing digital: uma análise de empresas de um parque tecnológico. Regepe - Revista De Empreendedorismo E Gestão De Pequenas Empresas, 9(4), 672. https://doi.org/10.14211/regepe.v9i4.1748

PRESENÇA EFICAZ NAS REDES SOCIAIS

Nos dias de hoje, a presença nas redes sociais é fundamental para o sucesso de qualquer negócio, especialmente no setor gastronômico. A presença nas redes sociais para gastronomia refere-se à estratégia de utilizar plataformas como Instagram, Facebook, Twitter e outras para promover o restaurante, compartilhar conteúdo relevante, interagir com os clientes e construir relacionamentos significativos.

As práticas atuais incluem a criação de conteúdo visualmente atraente, como fotos e vídeos de pratos deliciosos, a interação regular com os seguidores respondendo a comentários e mensagens, o uso de hashtags relevantes para aumentar a visibilidade e a promoção de ofertas especiais e eventos exclusivos.

Passo A Passo

1. Defina seus objetivos : Determine o que você deseja alcançar com sua presença nas redes sociais, como aumentar as reservas, promover eventos especiais ou aumentar o reconhecimento da marca.

2. Conheça seu público-alvo : Entenda quem são seus clientes ideais e quais plataformas de mídia social eles mais utilizam.

3. Crie um calendário de conteúdo : Planeje o que será postado e quando, garantindo consistência e variedade.

4. Produza conteúdo de qualidade : Invista em fotos e vídeos de alta qualidade que destaquem seus pratos e o ambiente do restaurante.

5. Interaja com seus seguidores : Responda a comentários e mensagens de forma rápida e amigável, mostrando que valoriza o feedback dos clientes.

6. Promova ofertas especiais e eventos : Use as redes sociais para divulgar promoções, descontos e eventos especiais para atrair clientes.

Aplicação Em Pequenas E Médias Empresas

Para pequenas empresas, é essencial focar em plataformas específicas onde seu público-alvo está presente e em estratégias de baixo custo, como a criação de conteúdo gerado pelo usuário. Já para médias empresas, é possível investir em estratégias mais robustas, como publicidade paga e parcerias com influenciadores.

Artigos Acadêmicos Relevantes

A presença nas redes sociais na gastronomia é um tema relevante e atual, considerando o impacto dessas plataformas na comunicação e interação com os clientes. Estudos demonstram que as redes sociais têm um poder significativo de influenciar o comportamento dos consumidores, sendo essenciais para estabelecer conexões e divulgar marcas (Sousa et al., 2018). Além disso, a quantidade de seguidores nas redes sociais pode indicar um público engajado e interessado nas atividades de uma organização, o que pode influenciar a captação de recursos de patrocínio e publicidade (Piva & Santos, 2020).

No contexto da gastronomia, a percepção dos estudantes sobre o uso de recursos interativos nas redes sociais como ferramentas no processo de ensino-aprendizagem é relevante. Estudantes de gastronomia reconhecem as redes sociais como ferramentas importantes nesse processo, o que ressalta a importância de explorar essas plataformas no contexto educacional (Araújo et al., 2020).

Além disso, a presença contínua nas redes sociais pode ser benéfica para profissionais e organizações, permitindo a construção de uma imagem positiva e a comunicação direta com o público-alvo (Marioto & Sampaio, 2022). No setor gastronômico, onde a imagem e a interação com os clientes são fundamentais, a presença nas redes sociais pode ser uma estratégia eficaz para promover serviços e produtos.

Portanto, a presença nas redes sociais na gastronomia não apenas permite a divulgação da marca e a interação com os clientes, mas também pode influenciar o comportamento do consumidor, auxiliar no processo de ensino-aprendizagem e contribuir para a construção de uma imagem positiva e engajada com o público-alvo.

Casos De Sucesso:

Empresas de gastronomia têm se destacado no cenário digital através de uma presença eficaz nas redes sociais. Um estudo realizado por Araújo et al. (2020) revelou que as redes sociais são consideradas excelentes ferramentas para a troca de informações no processo educacional, o que pode ser extrapolado para o contexto empresarial, onde a interação com os clientes desempenha um papel fundamental. A presença ativa nas redes sociais não apenas permite a divulgação da marca, mas também estabelece interações significativas com os clientes, promovendo engajamento e fidelização.

Além disso, a pesquisa de Montalverne e Mitozo (2019) destaca a importância do WhatsApp como uma ferramenta para compartilhamento de notícias, o que pode ser relevante para empresas de gastronomia ao divulgar novidades, promoções e eventos. A capacidade de compartilhamento e interação oferecida pelas redes sociais contribui significativamente para a visibilidade e alcance das empresas no mercado gastronômico.

Outro aspecto relevante é a análise de redes sociais como ferramentas de comunicação, conforme discutido por (Faoro et al., 2017). A presença das organizações nas redes sociais é essencial para estabelecer interações com os clientes e promover a marca. Através de uma abordagem estratégica e engajamento ativo, as empresas de gastronomia podem construir relacionamentos sólidos e duradouros com seu público-alvo, o que pode resultar em maior visibilidade, credibilidade e sucesso nos negócios.

Portanto, empresas de gastronomia que obtiveram sucesso na área de presença nas redes sociais se beneficiaram da utilização eficaz dessas plataformas para interagir com os clientes, compartilhar conteúdo relevante e promover sua marca, demonstrando que a estratégia digital desempenha um papel crucial no cenário competitivo atual.

Exercício:

1. Definição dos Objetivos da Presença nas Redes Sociais

O que? Esta seção envolve a definição clara dos objetivos da presença nas redes sociais, como aumentar a visibilidade do negócio, engajar os clientes e promover ofertas especiais.

Quando? Preencha esta seção antes de iniciar a presença nas redes sociais e revise periodicamente para garantir que os objetivos continuem alinhados com as metas do negócio.

Como? Identifique os principais objetivos da presença nas redes sociais, como aumentar o reconhecimento da marca, gerar tráfego para o site ou aumentar as vendas. Estabeleça metas específicas e mensuráveis para cada objetivo, como aumentar o número de seguidores em 20% ou aumentar o engajamento em 30% em três meses.

2. Escolha das Plataformas de Redes Sociais

O que? Esta seção envolve a escolha das plataformas de redes sociais mais adequadas para o público-alvo do negócio gastronômico, como Facebook, Instagram, Twitter, LinkedIn, entre outras.

Quando? Preencha esta seção durante a fase de planejamento da presença nas redes sociais e ajuste conforme necessário com base no feedback e nas tendências do mercado.

Como? Pesquise e analise as características demográficas e preferências do público-alvo para determinar quais plataformas de redes sociais são mais relevantes para o negócio. Considere fatores como alcance, engajamento, recursos de publicidade e afinidade com o estilo de conteúdo ao escolher as plataformas mais adequadas.

3. Criação de Conteúdo Atraente e Relevante

O que? Esta seção envolve a criação de conteúdo original e atraente para compartilhar nas redes sociais, como fotos de pratos, vídeos de bastidores, promoções e dicas culinárias.

Quando? Preencha esta seção regularmente, de acordo com um calendário editorial estabelecido, para manter a consistência e o interesse do público.

Como? Desenvolva um mix variado de conteúdo, incluindo fotos de pratos deliciosos, vídeos de preparação de receitas, histórias dos bastidores da cozinha, depoimentos de clientes satisfeitos e promoções especiais. Utilize legendas criativas e hashtags relevantes para aumentar o alcance e engajamento do conteúdo.

4. Interação e Engajamento com o Público

O que? Esta seção envolve a interação e engajamento ativo com o público nas redes sociais, respondendo a comentários, mensagens diretas e marcando clientes em publicações relevantes.

Quando? Preencha esta seção diariamente, monitorando regularmente as atividades e interações nas redes sociais.

Como? Responda prontamente aos comentários e mensagens dos seguidores, seja para responder perguntas, agradecer elogios ou resolver problemas. Incentive o engajamento do público fazendo perguntas, promovendo concursos e incentivando os seguidores a compartilhar suas próprias experiências usando uma hashtag específica.

5. Monitoramento e Análise de Desempenho

O que? Esta seção envolve o monitoramento contínuo do desempenho da presença nas redes sociais, analisando métricas-chave como alcance, engajamento, crescimento de seguidores e conversões.

Quando? Preencha esta seção regularmente, utilizando ferramentas de análise de redes sociais para avaliar o desempenho e identificar oportunidades de melhoria.

Como? Utilize ferramentas analíticas das redes sociais, como Insights do Facebook, Instagram Insights e Twitter Analytics, para monitorar métricas-chave de desempenho. Analise os dados coletados para identificar padrões, tendências e insights que possam informar ajustes na estratégia e maximizar o impacto da presença nas redes sociais.

6. Ajustes e Melhorias na Estratégia de Redes Sociais

O que? Esta seção envolve a realização de ajustes e melhorias na estratégia de redes sociais com base nos insights e resultados obtidos da análise de desempenho.

Quando? Preencha esta seção regularmente, revisando e ajustando a estratégia conforme necessário para maximizar o retorno sobre o investimento e alcançar os objetivos definidos.

Como? Utilize os insights obtidos da análise de desempenho para identificar áreas de oportunidade e fazer ajustes na estratégia, como mudanças no tipo de conteúdo, frequência de postagem ou segmentação de público. Esteja aberto ao feedback dos seguidores e adapte a estratégia conforme necessário para atender às necessidades e preferências do público-alvo.

Referencias Artigos:

Araújo, P., Pinheiro, B., & Oliveira, C. (2020). Percepção de estudantes de gastronomia sobre o uso de recursos interativos nas redes sociais como ferramentas no processo de ensino-aprendizagem/ gastronomy students' perception of the use. Brazilian Journal of Development, 6(9), 70817-70820. https://doi.org/10.34117/bjdv6n9-505

Marioto, D. and Sampaio, R. (2022). Minoria sim, mas político profissional também: perfil e presença dos deputados federais brasileiros autodeclarados pretos nas redes sociais digitais da 56ª legislatura (2019-2023). Revista Eletrônica De Ciência Política, 13(1). https://doi.org/10.5380/recp.v13i1.83105

Piva, T. and Santos, O. (2020). Receitas de patrocínio e publicidade nos clubes de futebol: uma análise sob a ótica das redes sociais. Revista Mineira De Contabilidade, 21(2), 33-44. https://doi.org/10.51320/rmc.v21i2.1091

Sousa, J., Silva, P., Pinto, F., Nascimento, A., & Rabelo, L. (2018). A influência das redes sociais nas decisões de compras. Revista Gestão Em Análise, 7(1), 118. https://doi.org/10.12662/2359-618xregea.v7i1.p118-127.2018

Referencias Casos:

Faoro, R., Abreu, M., & Demarchi, M. (2017). Redes sociais como ferramentas de comunicação: uma síntese teórica. Ciência Da Informação Em Revista, 4(3), 25-39. https://doi.org/10.28998/cirev.2017v4n3c

CONSTRUINDO RELACIONAMENTOS DURADOUROS

O relacionamento com os clientes é um pilar fundamental para o sucesso de qualquer negócio. Essa prática refere-se à interação contínua e positiva entre o restaurante e seus clientes. Envolve o cultivo de vínculos emocionais, a criação de experiências memoráveis e o fornecimento de serviços excepcionais que promovam a fidelidade do cliente.

Exemplificação das práticas atuais:

1. Programas de fidelidade: Oferecer programas de fidelidade, como cartões de pontos ou descontos exclusivos, para recompensar clientes frequentes e incentivá-los a retornar.

2. Comunicação personalizada: Utilizar plataformas de comunicação, como e-mails ou mensagens de texto, para enviar ofertas personalizadas e manter os clientes informados sobre eventos especiais ou promoções.

3. Feedback e avaliações: Encorajar os clientes a fornecer feedback por meio de pesquisas de satisfação, caixas de sugestões ou avaliações online e responder de forma rápida e construtiva a essas avaliações.

4. Experiência do cliente: Priorizar a experiência do cliente desde o momento em que entram no restaurante até a hora de sair, oferecendo um serviço amigável, ambiente agradável e pratos de alta qualidade.

5. Engajamento nas redes sociais: Interagir ativamente

com os clientes por meio das redes sociais, respondendo a comentários, compartilhando conteúdo gerado pelo usuário e promovendo conversas em torno da marca.

Passo A Passo :

1. Compreenda seu público-alvo: Identifique quem são seus clientes ideais e o que eles valorizam em uma experiência gastronômica.

2. Desenvolva uma estratégia de comunicação: Determine os canais de comunicação mais eficazes para se conectar com seus clientes, seja por e-mail, redes sociais ou pessoalmente.

3. Personalize suas interações: Utilize dados do cliente para personalizar suas comunicações e ofertas, mostrando que você valoriza seus clientes individualmente.

4. Solicite feedback regularmente: Peça feedback aos clientes para entender suas necessidades e áreas de melhoria, e use essas informações para aprimorar seus serviços.

5. Mantenha o contato pós-venda: Continue a se relacionar com os clientes mesmo após a visita ao restaurante, mantendo-os informados sobre novidades, eventos ou ofertas especiais.

Aplicação Nas Pequenas Empresas E Médias Empresas:

- Pequenas empresas: As pequenas empresas podem se concentrar em criar experiências personalizadas e únicas para seus clientes, aproveitando o ambiente acolhedor e o atendimento personalizado para cultivar relacionamentos próximos.

- Médias empresas: As médias empresas podem investir em programas de fidelidade mais elaborados, como cartões de pontos ou clubes de membros exclusivos, e implementar sistemas de gestão de relacionamento com o cliente (CRM) para acompanhar e gerenciar interações com os clientes em larga escala.

Artigos Acadêmicos:

O relacionamento com os clientes na gastronomia é um aspecto crucial para o sucesso de estabelecimentos gastronômicos. A gestão do relacionamento com o cliente (CRM) é fundamental para a administração da interação com os clientes, visando a geração, desenvolvimento e aperfeiçoamento das relações individualizadas (Alcantara & Lima, 2018). A satisfação e lealdade dos clientes são aspectos essenciais que podem ser melhorados por meio de um relacionamento efetivo com o cliente (Rozzett & Demo, 2010). O marketing de relacionamento tem sido amplamente aplicado nos negócios devido a mudanças nas necessidades dos consumidores, aumento da competição e desenvolvimento tecnológico (Martins et al., 2015).

No contexto B2B, o relacionamento com os clientes tende a ser mais próximo e personalizado, com foco na formalização dos negócios e flexibilização de prazos e condições de pagamento (Liberato & Oliveira, 2017). Estudos demonstram que supermercados podem aprimorar seu relacionamento com os clientes por meio de estratégias de marketing de relacionamento, que exigem contato direto e atenção personalizada (Martins & Demo, 2016). Além disso, a gestão e desenvolvimento de relacionamentos positivos com os clientes são fatores críticos para o sucesso de um restaurante (Rojas & Huete-Alcocer, 2021).

A experiência gastronômica é um elemento complexo e diferenciado no setor de hospitalidade, com diversos pontos de contato ao longo da jornada do cliente que influenciam os resultados da experiência (Richards, 2021). A satisfação do cliente com a gastronomia é um aspecto importante a ser considerado, pois influencia diretamente a percepção do serviço prestado (Canalejo et al., 2023). Destaca-se que a satisfação do cliente está relacionada à justiça percebida nos serviços gastronômicos, sendo um determinante primário da satisfação do cliente (Hohma et al., 2022).

Em suma, a gestão eficaz do relacionamento com os clientes na gastronomia é essencial para garantir a satisfação, fidelidade e lealdade dos clientes, contribuindo assim para o sucesso e a rentabilidade dos estabelecimentos gastronômicos.

Casos De Sucesso:

Para analisar casos de sucesso na área de relacionamento com os clientes na gastronomia, destacamos três estudos de caso relevantes:

1. Um estudo realizado por Alcantara & Lima (2018) sobre o gerenciamento do relacionamento com o cliente em cooperativas agroindustriais no Noroeste do Paraná, utilizando a tecnologia do CRM para obter vantagem competitiva. Esse estudo envolveu as cooperativas Integrada, C-Vale e Copagril, demonstrando como o CRM pode ser uma ferramenta eficaz para a fidelização de clientes.

2. Outro estudo relevante foi conduzido por Bebber et al. (2016) sobre inovação como estratégia de diferenciação na produção de vinho Kosher no Vale dos Vinhedos. Embora não seja diretamente relacionado à gastronomia, destaca a importância da inovação e diferenciação para atrair e manter clientes satisfeitos, o que pode ser aplicado no setor gastronômico.

3. Um terceiro estudo significativo foi realizado por Andrade & Santos (2015) em uma instituição financeira, abordando o marketing de relacionamento como uma estratégia para a vantagem competitiva. Esse estudo destaca a importância do gerenciamento eficiente do relacionamento com o cliente para diferenciar a empresa no mercado, o que é fundamental também no setor gastronômico.

Esses estudos ressaltam a relevância do uso de

tecnologias como o CRM, inovação e o marketing de relacionamento para fortalecer os laços com os clientes e garantir a fidelização. A aplicação dessas estratégias pode ser adaptada e implementada com sucesso por empresas gastronômicas que buscam se destacar e manter uma base sólida de clientes satisfeitos.

Exercício:

1. Identificação dos Clientes Ideais

O que? Esta seção envolve a identificação dos clientes ideais para o seu negócio gastronômico, considerando características demográficas, preferências e comportamentos de compra.

Quando? Preencha esta seção durante a fase de planejamento do negócio e ajuste conforme necessário com base no feedback e nas tendências do mercado.

Como? Analise dados demográficos, como idade, gênero e localização, para entender quem são seus clientes ideais. Observe padrões de comportamento de compra e preferências alimentares para segmentar seu público-alvo com mais precisão.

2. Estabelecimento de Canais de Comunicação

O que? Esta seção envolve o estabelecimento de canais de comunicação eficazes para se conectar e interagir com os clientes, como redes sociais, e-mail, telefone e pessoalmente.

Quando? Preencha esta seção antes de iniciar as operações do negócio e mantenha os canais de comunicação atualizados e acessíveis.

Como? Crie perfis nas redes sociais mais relevantes para o seu público-alvo e promova uma presença online ativa e envolvente. Disponibilize informações de contato, como e-mail e telefone, em locais visíveis no seu estabelecimento e site.

3. Oferta de Experiências Personalizadas

O que? Esta seção envolve a personalização da

experiência do cliente com base em suas preferências e histórico de interações com o negócio.

Quando? Preencha esta seção durante todas as interações com os clientes e ajuste conforme necessário para atender às necessidades individuais.

Como? Registre informações sobre as preferências alimentares e experiências passadas de cada cliente para oferecer recomendações personalizadas. Utilize programas de fidelidade ou descontos especiais para recompensar a fidelidade dos clientes e incentivá-los a retornar ao seu estabelecimento.

4. Resolução Proativa de Problemas

O que? Esta seção envolve a identificação e resolução proativa de problemas e reclamações dos clientes para garantir sua satisfação e lealdade.

Quando? Preencha esta seção imediatamente após receber feedback negativo ou identificar um problema com a experiência do cliente.

Como? Esteja atento aos comentários e feedback dos clientes, tanto pessoalmente quanto nas redes sociais e sites de avaliação. Responda prontamente a reclamações e problemas, oferecendo soluções rápidas e satisfatórias para resolver a situação da melhor forma possível.

5. Solicitação e Utilização de Feedback dos Clientes

O que? Esta seção envolve a solicitação ativa de feedback dos clientes sobre sua experiência com o negócio e o uso dessas informações para melhorar continuamente os produtos e serviços oferecidos.

Quando? Preencha esta seção regularmente, solicitando feedback após cada interação com o cliente e utilizando essas informações para ajustar as práticas do negócio.

Como? Peça feedback aos clientes por meio de pesquisas de satisfação, comentários online e formulários de feedback disponíveis no estabelecimento. Analise os dados coletados e identifique padrões ou áreas de melhoria, implementando mudanças conforme necessário para atender às expectativas dos clientes.

6. Manutenção de Relacionamentos a Longo Prazo

O que? Esta seção envolve o cultivo e manutenção de relacionamentos a longo prazo com os clientes, garantindo sua lealdade e advocacy para o negócio.

Quando? Preencha esta seção regularmente, mantendo contato regular com os clientes e oferecendo incentivos para incentivá-los a retornar.

Como? Mantenha-se em contato regular com os clientes por meio de e-mails, newsletters e redes sociais, compartilhando novidades, promoções e eventos especiais. Ofereça benefícios exclusivos para clientes fiéis, como descontos especiais, eventos VIP e programas de recompensas.

Referencias Artigos:

Alcantara, I. and Lima, E. (2018). Crm (customer relationship management): um estudo do gerenciamento do relacionamento com o cliente em cooperativas agroindustrial no noroeste do paraná. Revista De Ciências Empresariais Da Unipar, 18(2). https://doi.org/10.25110/receu.v18i2.6265

Canalejo, A., Cañizares, S., Fernández, G., & Márquez, C. (2023). Tourists' satisfaction with gastronomy: perceptions of restaurateurs in córdoba and oxford.. https://doi.org/10.20867/thi.26.6

Hohma, E., Burnell, R., Corrigan, C., & Luetge, C. (2022). Individuality and fairness in public health surveillance technology: a survey of user perceptions in contact tracing apps. Ieee Transactions on Technology and Society, 3(4), 300-306. https://doi.org/10.1109/tts.2022.3211073

Liberato, M. and Oliveira, G. (2017). A análise da satisfação do atendimento ao cliente b2b da ect: um estudo de caso da empresa banese card em sergipe. Revista Brasileira De Administração Científica, 8(1), 82-92. https://doi.org/10.6008/spc2179-684x.2017.001.0007

Martins, C., Kniess, C., & Rocha, R. (2015). Um estudo sobre o uso de ferramentas de gestão do marketing de relacionamento com o cliente. Revista Brasileira De Marketing, 14(1), 59-71. https://doi.org/10.5585/remark.v14i1.2788

Martins, G. and Demo, G. (2016). Clientes fiéis, supermercados mais rentáveis: desenvolvimento e validação de uma escala de relacionamento com clientes de supermercados – erc super. Revista Gestão Industrial, 12(4). https://doi.org/10.3895/gi.v12n4.5218

Richards, G. (2021). Evolving research perspectives on food and gastronomic experiences in tourism. International Journal of Contemporary Hospitality Management, 33(3), 1037-1058. https://doi.org/10.1108/ijchm-10-2020-1217

Rojas, R. and Huete-Alcocer, N. (2021). The role of traditional restaurants in tourist destination loyalty. Plos One, 16(6), e0253088. https://doi.org/10.1371/journal.pone.0253088

Rozzett, K. and Demo, G. (2010). Desenvolvimento e validação fatorial da escala de relacionamento com clientes (erc). Revista De Administração De Empresas, 50(4), 383-395. https://doi.org/10.1590/s0034-75902010000400004

Referencias Casos:

Alcantara, I. and Lima, E. (2018). Crm (customer relationship management): um estudo do gerenciamento do relacionamento com o cliente em cooperativas agroindustrial no noroeste do paraná. Revista De Ciências Empresariais Da Unipar, 18(2). https://doi.org/10.25110/receu.v18i2.6265

Andrade, M. and Santos, L. (2015). Marketing de relacionamento: um estudo de caso em uma instituição financeira. Revista De Administração E Negócios Da Amazônia, 7(2), 112-135. https://doi.org/10.18361/2176-8366/rara.v7n2p112-135

Bebber, S., Graciola, A., Souza, A., Nodari, C., Olea, P., & Dorion, E. (2016). Inovação como estratégia de diferenciação: produção de vinho kosher no vale dos vinhedos. Desenvolvimento Em Questão, 14(37), 202. https://doi.org/10.21527/2237-6453.2016.37.202-230

FORTALECENDO VÍNCULOS E ATRAINDO CLIENTES

Na indústria da gastronomia, as parcerias e promoções desempenham um papel crucial na construção de relacionamentos sólidos. Essas estratégias são fundamentais para aumentar a visibilidade da marca, atrair novos clientes e manter os existentes.

Parcerias e promoções na gastronomia referem-se às estratégias colaborativas e promocionais adotadas por restaurantes, cafés e estabelecimentos similares para fortalecer sua marca, aumentar o alcance e impulsionar as vendas. Isso pode incluir colaborações com outras empresas locais, promoções sazonais, descontos especiais e eventos temáticos.

Práticas Atuais:

- Colaborações com Influenciadores : Muitos estabelecimentos gastronômicos se associam a influenciadores digitais para promover seus produtos e serviços através das redes sociais.

- Programas de Fidelidade : Oferecer recompensas aos clientes frequentes é uma prática comum para incentivar a lealdade e aumentar a taxa de retorno.

- Eventos Especiais : Organizar eventos temáticos, como noites de degustação, jantares exclusivos e festivais de comida, atrai novos clientes e cria experiências memoráveis.

- Parcerias com Empresas Locais : Colaborar com outras

empresas locais, como vinícolas, fazendas orgânicas ou lojas de produtos gourmet, pode agregar valor à oferta gastronômica e atrair diferentes públicos.

Passo A Passo Para Implementação:

1. Análise do Público-Alvo : Entender o perfil e as preferências do público-alvo é fundamental para identificar oportunidades de parcerias e promoções que sejam atrativas.

2. Identificação de Parceiros : Buscar empresas locais que compartilhem dos mesmos valores e que possam agregar valor à experiência do cliente.

3. Desenvolvimento de Promoções Criativas : Criar promoções e eventos exclusivos que despertem interesse e engajamento dos clientes.

4. Divulgação Efetiva : Utilizar canais de comunicação adequados, como redes sociais, e-mail marketing e materiais impressos, para promover as parcerias e promoções.

5. Avaliação e Ajustes : Monitorar o desempenho das estratégias adotadas e realizar ajustes conforme necessário para otimizar os resultados.

Aplicação Em Pequenas E Médias Empresas:

- Pequenas Empresas : As pequenas empresas podem se beneficiar de parcerias locais com lojas, produtores ou artistas da região para criar eventos colaborativos e promoções conjuntas.

- Médias Empresas : Estabelecimentos de porte médio podem expandir suas parcerias para incluir empresas de outras regiões, participar de eventos gastronômicos e desenvolver programas de fidelidade mais robustos.

Artigos Acadêmicos:

Parcerias e promoções na gastronomia são temas de

relevância tanto para a academia quanto para a prática. A gestão eficaz dessas parcerias pode ser crucial para o desenvolvimento do setor turístico, como discutido por Rodrigues e Abrucio (Rodrigues & Abrucio, 2020; Rodrigues & Abrucio, 2019). A transparência, comunicação eficaz e participação social são elementos-chave para o sucesso das parcerias na gestão de parques e áreas protegidas, o que pode ser estendido para o contexto gastronômico.

Além disso, a sustentabilidade na gastronomia contemporânea tem sido objeto de estudo, destacando a importância de práticas sustentáveis na área (Correia et al., 2021; Krause & Bahls, 2013). A gastronomia sustentável não apenas impacta positivamente o turismo, mas também contribui significativamente para a sustentabilidade global.

A confiança e a cooperação são fundamentais na construção de parcerias de sucesso, como evidenciado por (Begnis et al., 2007). Parcerias baseadas na confiança tendem a ser mais duradouras e eficazes, o que pode ser aplicado na gastronomia para fortalecer as relações entre os diversos atores envolvidos na cadeia alimentar.

Por fim, a associação da gastronomia com a tradição e o patrimônio pode ser uma estratégia de marketing eficaz para destinos turísticos, como discutido por (Santos & Bastos, 2016). A gastronomia não apenas alimenta o corpo, mas também a alma, conectando as pessoas com suas raízes culturais e promovendo experiências únicas e memoráveis.

Portanto, a análise acadêmica das parcerias e promoções na gastronomia não apenas enriquece o conhecimento teórico sobre o assunto, mas também fornece insights valiosos para a prática e o desenvolvimento sustentável do setor.

Casos De Sucesso:

Empresas de sucesso na área de parcerias e promoções na gastronomia têm se destacado por estratégias inovadoras e eficazes. Um exemplo notável é a Telefônica do Brasil, que foi objeto de estudo em um trabalho sobre empreendedorismo e inovação (Barbosa & Krakauer, 2018). A empresa demonstrou como a adoção de parcerias estratégicas pode impulsionar o desenvolvimento de iniciativas bem-sucedidas ao longo do tempo. Além disso, a criação de parcerias com produtores locais, feiras de alimentos e outros estabelecimentos, como sugerido em um estudo sobre turismo gastronômico (Arguelho, 2023), pode enriquecer a experiência culinária regional e contribuir para o desenvolvimento local.

Outro aspecto relevante é a valorização de produtos locais, como os peixes nativos mencionados em um estudo sobre novos produtos na gastronomia (Sousa & Kato, 2018). A estratégia de substituição de produtos globais por ingredientes locais pode não apenas promover a sustentabilidade, mas também gerar novas identidades culturais e formas de consumo na gastronomia.

A gestão eficaz de parcerias e promoções na gastronomia também pode ser potencializada por meio da implementação de certificações ambientais, como a Better Sugarcane Initiative - Bonsucro, conforme evidenciado em um estudo de caso no setor sucroenergético (Oliveira et al., 2014). Essas certificações não apenas agregam valor aos produtos, mas também demonstram o compromisso das empresas com práticas sustentáveis.

Em síntese, o sucesso de empresas na área de parcerias e promoções na gastronomia está intrinsecamente ligado à inovação, valorização de produtos locais, parcerias estratégicas e compromisso com a sustentabilidade. Esses elementos, quando combinados de forma eficaz, podem não apenas impulsionar o crescimento das empresas, mas também contribuir para o desenvolvimento das comunidades locais e para a promoção de uma culinária autêntica e sustentável.

Exercício:

1. Identificação de Parceiros Potenciais

O que? Esta seção envolve a identificação de parceiros potenciais que possam colaborar com o seu negócio gastronômico, como fornecedores locais, empresas de eventos ou empresas de turismo.

Quando? Preencha esta seção durante a fase de planejamento das parcerias e promoções e ajuste conforme necessário com base nas oportunidades identificadas.

Como? Pesquise e identifique empresas ou organizações locais que compartilhem valores semelhantes ou tenham um público-alvo semelhante ao seu. Entre em contato com os potenciais parceiros para discutir oportunidades de colaboração, como promoções conjuntas ou eventos especiais.

2. Definição dos Objetivos da Parceria ou Promoção

O que? Esta seção envolve a definição clara dos objetivos da parceria ou promoção, como aumentar a visibilidade do negócio, atrair novos clientes ou aumentar as vendas.

Quando? Preencha esta seção antes de iniciar a parceria ou promoção e ajuste conforme necessário com base nos resultados e feedback.

Como? Estabeleça metas específicas e mensuráveis para a parceria ou promoção, como aumentar as vendas em 20% ou atrair 100 novos clientes em um mês. Alinhe os objetivos da parceria ou promoção com os objetivos gerais do seu negócio gastronômico para garantir coesão e relevância.

3. Desenvolvimento do Plano de Parceria ou Promoção

O que? Esta seção envolve o desenvolvimento do plano da parceria ou promoção, incluindo atividades específicas, cronograma e recursos necessários.

Quando? Preencha esta seção durante a fase de planejamento da parceria ou promoção e ajuste conforme necessário para garantir sua viabilidade e eficácia.

Como? Defina as atividades específicas da parceria ou promoção, como eventos especiais, descontos exclusivos ou brindes promocionais. Crie um cronograma das atividades, identificando datas de início e término, prazos para ações específicas e responsáveis por cada tarefa.

4. Implementação da Parceria ou Promoção

O que? Esta seção envolve a implementação prática da parceria ou promoção, incluindo a execução das atividades planejadas e o monitoramento do progresso.

Quando? Preencha esta seção de acordo com o cronograma estabelecido para a parceria ou promoção e ajuste conforme necessário com base no feedback e resultados.

Como? Execute as atividades planejadas conforme o cronograma estabelecido, garantindo que todos os detalhes sejam tratados de acordo com o plano. Monitore o progresso da parceria ou promoção, fazendo ajustes conforme necessário para garantir que os objetivos sejam alcançados.

5. Avaliação de Resultados e Feedback

O que? Esta seção envolve a avaliação dos resultados da parceria ou promoção e o feedback recebido para identificar sucessos e áreas de melhoria.

Quando? Preencha esta seção após o término da parceria ou promoção e utilize os insights para futuras colaborações e promoções.

Como? Analise os dados coletados durante a parceria ou promoção, como aumento nas vendas, crescimento da base de clientes ou engajamento nas redes sociais. Solicite feedback dos clientes e parceiros envolvidos na parceria ou promoção para identificar o que funcionou bem e o que pode ser melhorado para futuras iniciativas.

6. Continuidade e Expansão das Parcerias e Promoções

O que? Esta seção envolve a continuidade e expansão das parcerias e promoções bem-sucedidas para maximizar os benefícios para o negócio gastronômico.

Quando? Preencha esta seção regularmente, revisitando e ajustando as parcerias e promoções conforme necessário para garantir sua relevância e eficácia contínuas.

Como? Identifique as parcerias e promoções mais bem-sucedidas e explore oportunidades para expandi-las para alcançar um público maior ou obter benefícios adicionais. Esteja aberto a novas oportunidades de parceria e promoção, mantendo-se atualizado sobre as tendências do mercado e as necessidades dos clientes para continuar inovando e se destacando no setor gastronômico.

Referencias Artigos:

Begnis, H., Estivalete, V., & Pedrozo, E. (2007). Confiança, comportamento oportunista e quebra de contratos na cadeia produtiva do fumo no sul do brasil. Gestão & Produção, 14(2), 311-322. https://doi.org/10.1590/s0104-530x2007000200009

Correia, C., Oliveira, I., Sousa, J., Nascimento, N., & Melo, F. (2021). Sustentabilidade na gastronomia contemporânea. Research Society and Development, 10(9), e39510917508. https://doi.org/10.33448/rsd-v10i9.17508

Krause, R. and Bahls, Á. (2013). Orientações gerais para uma gastronomia sustentável. Turismo - Visão E Ação, 15(3), 434. https://doi.org/10.14210/rtva.v15n3.p434-450

Rodrigues, C. and Abrucio, F. (2019). Parcerias e concessões para o desenvolvimento do turismo nos parques brasileiros: possibilidades e limitações de um novo modelo de governança. Revista Brasileira De Pesquisa Em Turismo, 13(3), 105-120. https://doi.org/10.7784/rbtur.v13i3.1575

Rodrigues, C. and Abrucio, F. (2020). Os valores públicos e os desafios da responsabilização nas parcerias para o turismo em áreas protegidas: um ensaio teórico. Turismo - Visão E Ação, 22(1), 67. https://doi.org/10.14210/rtva.v22n1.p67-86

Santos, F. and Bastos, S. (2016). O papel do festival gastronômico de taquaruçu na definição da gastronomia de tocantins/to. Turismo - Visão E Ação, 18(3), 611. https://doi.org/10.14210/rtva.v18n3.p611-632

Referencias Casos:

Arguelho, J. (2023). O turismo gastronômico presente na rota bioceânica em mato grosso do sul. Interações (Campo Grande), e2444211. https://doi.org/10.20435/inter.v24i4.4211

Barbosa, J. and Krakauer, P. (2018). Empreendedorismo e inovação: estudo sobre a telefônica brasil. South American Development Society Journal, 4(10), 156. https://doi.org/10.24325/issn.2446-5763.v4i10p156-184

Oliveira, E., Pereira, R., & Gaspar, M. (2014). Implementação de certificação ambiental better sugarcane initiative - bonsucro: estudo de caso no setor sucroenergético. Revista Ibero-Americana De Ciências Ambientais, 4(2), 24-45. https://doi.org/10.6008/ess2179-6858.2013.002.0002

Sousa, D. and Kato, H. (2018). Novos produtos e cortes diferenciados: o potencial dos peixes nativos nos mercados da gastronomia. Extensão Rural, 24(4), 86. https://doi.org/10.5902/2318179629090

MAXIMIZANDO A REPUTAÇÃO DIGITAL

As avaliações e comentários online na gastronomia referem-se às opiniões e feedbacks deixados pelos clientes em plataformas digitais, como Google, Yelp, TripAdvisor, redes sociais e sites especializados. Essas avaliações desempenham um papel crucial na reputação e sucesso de restaurantes, influenciando as decisões de outros consumidores.

Atualmente, os restaurantes estão cada vez mais conscientes da importância das avaliações online. Eles incentivam os clientes a deixarem feedbacks positivos, respondem rapidamente às críticas construtivas e utilizam as redes sociais para promover interações positivas com os clientes.

Passo A Passo:

1. Entender a importância: Reconhecer que as avaliações online têm um impacto significativo na percepção da marca e nas decisões de compra dos clientes.

2. Solicitar feedback: Incentivar os clientes a deixarem avaliações após a experiência gastronômica, seja por meio de placas, cards ou incentivos especiais.

3. Monitorar ativamente: Acompanhar regularmente as avaliações e comentários para responder prontamente, resolver problemas e mostrar que o restaurante valoriza o feedback do cliente.

4. Melhorar constantemente: Usar as avaliações como

insights para melhorar a qualidade dos produtos, serviços e experiência do cliente.

5. Promover avaliações positivas: Destacar avaliações positivas nas redes sociais, site e materiais de marketing para aumentar a confiança dos clientes em potencial.

Aplicação Em Pequenas E Médias Empresas:

- Pequenas empresas: Podem se concentrar em criar um ambiente acolhedor e fornecer um serviço personalizado para incentivar avaliações positivas.

- Médias empresas: Podem investir em ferramentas de monitoramento online e treinar a equipe para responder adequadamente às avaliações, mantendo um alto padrão de serviço.

Artigos Acadêmicos:

A análise de avaliações e comentários online na gastronomia sob uma perspectiva acadêmica revela a importância dessas interações virtuais para os consumidores. As avaliações online desempenham um papel crucial na redução de incertezas e riscos associados a produtos e serviços gastronômicos, permitindo que os consumidores se preparem para suas experiências de consumo (Silva et al., 2019). Além disso, a gastronomia não se limita apenas à comida e bebida, mas também engloba a decoração dos pratos e ambientes, tornando-se um aspecto fundamental da experiência gastronômica (Bueno, 2016).

A sustentabilidade na gastronomia é um tema relevante, com impactos significativos no turismo sustentável e na sustentabilidade global. A gastronomia desempenha um papel crucial no turismo sustentável e pode influenciar positivamente a sustentabilidade global (Krause & Bahls, 2013). Comentários online sobre receitas e interações em plataformas digitais são reconhecidos como importantes para a distribuição de opiniões de consumidores e para a promoção de destinos turísticos (Costa & Amorim, 2021).

A gastronomia contemporânea sustentável é um campo de estudo em ascensão, com pesquisas que abordam a sustentabilidade na gastronomia e a importância de práticas sustentáveis na culinária moderna (Correia et al., 2021). Comentários online também podem desempenhar um papel crucial na promoção e desenvolvimento de atrações turísticas, como no caso de botequins considerados patrimônio cultural (Lavandoski & Fraga, 2021).

A influência das avaliações online na intenção de compra de serviços de hotelaria é um tópico relevante, demonstrando como os comentários dos usuários impactam as decisões de compra dos consumidores (Oliveira et al., 2020). Além disso, a criatividade dos chefs de cozinha na elaboração de cardápios e sua influência no consumo de alimentos são aspectos importantes a serem considerados na gastronomia (Ribeiro et al., 2016).

Portanto, a análise acadêmica das avaliações e comentários online na gastronomia destaca a importância dessas interações virtuais para os consumidores, a sustentabilidade na culinária, a influência nas decisões de compra e a criatividade na gastronomia contemporânea.

Casos De Sucesso:

Empresas que obtiveram sucesso na área de avaliações e comentários online na gastronomia incluem a TripAdvisor e o Booking.com. Um estudo realizado pela TripAdvisor analisou 1.350 depoimentos de clientes de restaurantes que classificaram suas experiências como excelentes, demonstrando a importância das avaliações positivas para atrair clientes (Cechinel & Santos, 2018). Por outro lado, a pesquisa de Bandeira e Menezes destaca a relevância da reputação online para empresas hoteleiras, ressaltando que os turistas utilizam cada vez mais plataformas online para tomar decisões de reserva (Bandeira & Menezes, 2022).

Essas empresas se beneficiaram do impacto do conteúdo gerado pelos usuários online. Um estudo conduzido por Boaria e Santos analisou o impacto desse conteúdo na gestão hoteleira, identificando ações gerenciais tomadas a partir das avaliações e comentários dos usuários (Boaria & Santos, 2018). Além disso, a influência da percepção de utilidade das avaliações online na intenção de compra de serviços de hotelaria foi destacada por (Oliveira et al., 2020).

A interação entre clientes e gerência de hotéis no TripAdvisor foi analisada por , que utilizaram a teoria da atribuição para compreender o comportamento dos hotéis nessa plataforma (Macedo et al., 2020). Esses estudos ressaltam a importância das avaliações e comentários online na gastronomia e na hotelaria, evidenciando como as empresas podem se beneficiar ao gerenciar de forma eficaz sua presença e reputação online.

Exercício:

1. Monitoramento de Avaliações e Comentários Online

O que? Esta seção envolve o monitoramento ativo das avaliações e comentários sobre o seu negócio gastronômico em plataformas online, como Google, TripAdvisor, Yelp, redes sociais e sites especializados.

Quando? Preencha esta seção regularmente, dedicando tempo para verificar as avaliações e comentários online pelo menos uma vez por semana.

Como? Configure alertas de notificação para ser informado sempre que uma nova avaliação ou comentário for publicado sobre o seu negócio. Dedique tempo regularmente para ler as avaliações e comentários, respondendo prontamente e de forma adequada a cada um deles.

2. Resposta às Avaliações e Comentários

O que? Esta seção envolve responder às avaliações e comentários online de forma profissional, cortês e construtiva, mostrando que você valoriza o feedback dos clientes.

Quando? Preencha esta seção imediatamente após receber uma nova avaliação ou comentário online, garantindo que as respostas sejam rápidas e oportunas.

Como? Agradeça aos clientes por deixarem sua avaliação ou comentário, demonstrando gratidão pela sua contribuição. Responda a quaisquer preocupações ou críticas de forma empática, oferecendo uma solução para resolver o problema, se aplicável.

3. Promoção de Avaliações Positivas

O que? Esta seção envolve a promoção ativa de avaliações positivas, incentivando os clientes satisfeitos a deixarem feedback positivo sobre o seu negócio online.

Quando? Preencha esta seção regularmente, incentivando os clientes a deixarem avaliações positivas após uma experiência positiva com o seu negócio.

Como? Incentive os clientes a deixarem avaliações positivas por meio de cartões de avaliação, folhetos ou mensagens de agradecimento após a visita. Ofereça incentivos, como descontos ou brindes, para clientes que deixarem avaliações positivas sobre o seu negócio online.

4. Acompanhamento e Análise de Feedback

O que? Esta seção envolve o acompanhamento e análise do feedback recebido por meio de avaliações e comentários online para identificar padrões, tendências e áreas de melhoria.

Quando? Preencha esta seção regularmente, revisando e analisando o feedback recebido para identificar oportunidades de melhoria e tomar medidas corretivas, se necessário.

Como? Registre as informações recebidas em avaliações e comentários, categorizando o feedback por tema, como qualidade da comida, serviço ao cliente ou ambiente. Analise os dados coletados para identificar áreas de força e fraqueza do seu negócio, e tome medidas para melhorar a experiência do cliente com base nesses insights.

5. Implementação de Mudanças e Melhorias

O que? Esta seção envolve a implementação de mudanças

e melhorias com base no feedback recebido por meio de avaliações e comentários online, visando aprimorar a experiência do cliente.

Quando? Preencha esta seção conforme necessário, tomando medidas corretivas e preventivas para abordar áreas identificadas como problemáticas ou que precisam de melhoria.

Como? Utilize o feedback recebido para identificar áreas específicas que precisam de melhoria e desenvolva um plano de ação para implementar mudanças. Comunique as mudanças e melhorias aos clientes, demonstrando que você valoriza o seu feedback e está comprometido em fornecer uma experiência excepcional.

6. Agradecimento aos Clientes

O que? Esta seção envolve o agradecimento aos clientes por deixarem avaliações e comentários online, mostrando apreço pela sua contribuição e demonstrando que você valoriza a opinião deles.

Quando? Preencha esta seção regularmente, agradecendo aos clientes por deixarem avaliações e comentários online sempre que possível.

Como? Responda a cada avaliação e comentário online com uma mensagem de agradecimento pessoal, demonstrando apreço pelo tempo e esforço que o cliente dedicou para deixar feedback. Mostre gratidão pelo feedback positivo e reconheça o esforço dos clientes em compartilhar suas experiências, independentemente do tom da avaliação.

Referencias Artigos:

Bueno, M. (2016). Da gastronomia francesa à gastronomia global: hibridismos e identidades inventadas. Caderno CRH, 29(78), 443-462. https://doi.org/10.1590/s0103-49792016000300003

Correia, C., Oliveira, I., Sousa, J., Nascimento, N., & Melo, F. (2021). Sustentabilidade na gastronomia contemporânea. Research Society and Development, 10(9), e39510917508. https://doi.org/10.33448/rsd-v10i9.17508

Costa, A. and Amorim, M. (2021). A percepção de internautas

sobre as receitas mais acessadas em mídia digital. Research Society and Development, 10(12), e455101220461. https://doi.org/10.33448/rsd-v10i12.20461

Krause, R. and Bahls, Á. (2013). Orientações gerais para uma gastronomia sustentável. Turismo - Visão E Ação, 15(3), 434. https://doi.org/10.14210/rtva.v15n3.p434-450

Lavandoski, J. and Fraga, C. (2021). Botequins que são "patrimônio cultural carioca": um estudo baseado em online travel reviews. Revista Confluências Culturais, 9(2), 78-91. https://doi.org/10.21726/rcc.v9i2.93

Oliveira, R., Baldam, E., Costa, F., & Pelissari, A. (2020). A influência da percepção de utilidade de avaliações online na intenção de compra de serviços de hotelaria. Revista Brasileira De Pesquisa Em Turismo, 14(2), 30-45. https://doi.org/10.7784/rbtur.v14i2.1695

Ribeiro, R., Marques, R., & Filho, E. (2016). A criatividade dos chefes de cozinha e o consumo moderno da gastronomia. Demetra Alimentação Nutrição & Saúde, 11(2). https://doi.org/10.12957/demetra.2016.15443

Silva, M., Moreira, M., Souza, Á., Arruda, D., & Mariani, M. (2019). Gastronomy on tripadvisor: what tourists comment about restaurants in bonito-ms-brazil?. Revista Rosa Dos Ventos - Turismo E Hospitalidade, 11(4), 875-892. https://doi.org/10.18226/21789061.v11i4p875

Referencias Casos:

Bandeira, L. and Menezes, P. (2022). A experiência dos hóspedes na hotelaria de joão pessoa: uma análise a partir do conteúdo gerado no website booking.com. Revista Turismo Em Análise, 33(1), 191-212. https://doi.org/10.11606/issn.1984-4867.v33i1p191-212

Boaria, F. and Santos, C. (2018). Análise do impacto do conteúdo gerado pelos usuários nas mídias sociais e agências de viagens online na gestão hoteleira. Marketing & Tourism Review, 3(3). https://doi.org/10.29149/mtr.v3i3.4594

Cechinel, E. and Santos, A. (2018). I ate, i enjoyed and i posted: tripadvisor and marvelous experiences in restaurants. Revista Rosa Dos Ventos - Turismo E Hospitalidade, 10(3), 538-557. https://doi.org/10.18226/21789061.v10i3p538

Macedo, C., Portela, G., & Freitas, A. (2020). As interações virtuais entre clientes e gerência de hotéis do brasil: um estudo sob a ótica da teoria da atribuição. Caderno Virtual De Turismo, 19(3). https://doi.org/10.18472/cvt.19n3.2019.1552

Oliveira, R., Baldam, E., Costa, F., & Pelissari, A. (2020). A influência da percepção de utilidade de avaliações online na intenção de compra de serviços de hotelaria. Revista Brasileira De Pesquisa Em Turismo, 14(2),

PROFYURIMOITA

30-45. https://doi.org/10.7784/rbtur.v14i2.1695

TENDÊNCIAS E INOVAÇÕES

Aqui, exploraremos as últimas tendências e inovações que estão moldando o futuro da indústria alimentícia, proporcionando uma experiência única e satisfatória para os consumidores, ao mesmo tempo em que promovem o cuidado com o planeta.

Comprometidos com o futuro, vamos mergulhar em práticas que nutrem não apenas os corpos, mas também preservam o planeta. Descobriremos como a sustentabilidade e o respeito ao meio ambiente estão se tornando cada vez mais importantes na gastronomia, desde a escolha de ingredientes até as práticas de produção e descarte.

Exploraremos um mundo de opções alimentares, onde a diversidade de dietas e preferências está sendo cada vez mais reconhecida e atendida. Desde opções vegetarianas e veganas até dietas específicas para necessidades alimentares individuais, a gastronomia está se adaptando para oferecer escolhas que atendam a todos os gostos e necessidades.

Facilitando o acesso à comida, vamos descobrir como a tecnologia está sendo usada para tornar a alimentação mais conveniente e acessível para todos. Desde aplicativos de entrega até máquinas automatizadas de venda, a comida está se tornando mais fácil de obter, onde quer que estejamos.

Prepare-se para uma transformação na experiência alimentar, onde a gastronomia se torna não apenas uma questão de nutrição, mas também uma experiência sensorial e emocional. Da apresentação de pratos à atmosfera do ambiente, cada detalhe é cuidadosamente elaborado para encantar os sentidos e criar memórias duradouras.

Em nossa jornada, exploraremos a arte da individualização na alimentação, onde as preferências pessoais são celebradas e atendidas de maneira única e personalizada. Descubra como chefs e restaurantes estão se adaptando para oferecer experiências sob medida que refletem a personalidade e os desejos de cada cliente.

Valorizando a origem e a temporada, vamos explorar como a gastronomia está voltando às suas raízes, valorizando ingredientes locais e sazonais e celebrando a riqueza das culturas alimentares regionais. Aprenda como essa tendência está promovendo uma conexão mais profunda com a terra e as comunidades locais.

Por fim, embarcaremos em uma jornada pelos sabores e culturas locais, explorando a riqueza e a diversidade da culinária ao redor do mundo. Da comida de rua às iguarias tradicionais, vamos descobrir como a gastronomia é uma porta de entrada para explorar novos horizontes e celebrar a riqueza da diversidade cultural.

Prepare-se para uma jornada emocionante pelo mundo das tendências e inovações na gastronomia, onde você descobrirá como a indústria está evoluindo para oferecer experiências únicas, deliciosas e significativas para todos os amantes da comida. Vamos explorar juntos este emocionante universo de possibilidades!

UM COMPROMISSO COM O FUTURO

A gastronomia sustentável e responsável é uma abordagem holística para a produção, preparação e consumo de alimentos que busca minimizar o impacto ambiental, promover práticas éticas e sociais na cadeia alimentar e garantir a viabilidade a longo prazo dos recursos naturais e da biodiversidade.

Atualmente, muitos restaurantes e empresas de alimentação estão adotando práticas sustentáveis, como o uso de ingredientes orgânicos e locais, redução do desperdício de alimentos, reciclagem de resíduos, adoção de embalagens biodegradáveis e implementação de energias renováveis. Além disso, iniciativas de responsabilidade social, como programas de doação de alimentos e parcerias com comunidades locais, estão se tornando cada vez mais comuns.

Passo A Passo :

1. Conscientização e Comprometimento: O primeiro passo é conscientizar-se sobre a importância da gastronomia sustentável e comprometer-se com a mudança para práticas mais responsáveis.

2. Avaliação e Planejamento: Avalie as operações atuais e identifique áreas onde podem ser feitas melhorias, como redução do desperdício, sourcing de ingredientes sustentáveis e minimização da pegada de carbono[18].

3. Implementação de Práticas Sustentáveis: Implemente

medidas sustentáveis, como compra local, redução do uso de plástico, compostagem de resíduos orgânicos e adoção de energias renováveis.

4. Educação e Envolvimento dos Funcionários: Eduque e envolva os funcionários para garantir que todos compreendam e apoiem os esforços de sustentabilidade da empresa.

5. Monitoramento e Melhoria Contínua: Monitore regularmente o desempenho e busque continuamente maneiras de melhorar e inovar em direção a práticas ainda mais sustentáveis.

Aplicação Em Pequenas E Médias Empresas:

- Pequenas Empresas: Pequenos restaurantes podem focar em comprar ingredientes locais e sazonais, reduzir porções para minimizar o desperdício, usar embalagens eco-friendly e participar de programas de doação de alimentos.

- Médias Empresas: Empresas de porte médio podem expandir suas práticas sustentáveis, investir em tecnologias mais eficientes em termos de energia, implementar sistemas de reciclagem e compostagem em larga escala e colaborar com fornecedores comprometidos com a sustentabilidade.

Artigos Acadêmicos:

A culinária sustentável e responsável na gastronomia é um tema de crescente importância, não apenas do ponto de vista ambiental, mas também social e econômico. Iniciativas de culinária sustentável, como o uso responsável de ingredientes locais e técnicas de pesca sustentável, têm sido identificadas em diversas regiões, como na Amazônia (Guimaraes, 2023). A gastronomia sustentável não apenas impacta positivamente o turismo, mas também desempenha um papel crucial na preservação sociocultural de identidades regionais e comunidades, promovendo o desenvolvimento local (Campolina & Machado, 2015).

A utilização de ervas e especiarias na culinária não só agrega sabor e aroma aos alimentos, mas também possui propriedades benéficas, como a capacidade de retardar a oxidação lipídica, um dos principais processos de degradação dos alimentos (Pereira et al., 2018). Além disso, a prática de utilizar integralmente os alimentos e reaproveitá-los contribui significativamente para a redução do impacto ambiental do consumo alimentar, favorecendo a segurança alimentar e nutricional (Godoy, 2023).

A relação entre a gastronomia e a sustentabilidade ambiental é evidente, com a crescente valorização dos produtos locais e dos chefs como importantes agentes na promoção de sistemas alimentares locais (Correia et al., 2021). A busca por consumir de forma mais responsável e sustentável está presente não apenas na gastronomia, mas também em outras áreas, refletindo uma preocupação global com a preservação do meio ambiente e a promoção de práticas mais conscientes (Zaneti & Schneider, 2016).

A culinária sustentável não se restringe apenas ao aspecto ambiental, mas também engloba questões sociais, culturais e de saúde. A valorização de práticas culinárias tradicionais, o aproveitamento integral dos alimentos e a promoção de hábitos alimentares saudáveis são aspectos fundamentais da culinária sustentável e responsável na gastronomia contemporânea (Conceição et al., 2021).

Casos De Sucesso:

Para analisar empresas de sucesso na área de gastronomia sustentável e responsável, destacam-se três estudos de caso relevantes. O primeiro estudo de caso aborda a sustentabilidade na cadeia produtiva hoteleira, com foco no JW Marriott no Rio de Janeiro (Santos & Matschuck, 2015). Esse estudo destaca a importância da mensuração das práticas sustentáveis do hotel, incluindo a análise por meio da matriz SWOT, evidenciando como as práticas, condutas e valores estão alinhados com a sustentabilidade.

O segundo estudo de caso relevante é sobre a inovação sustentável em empresas industriais brasileiras (Kneipp et al., 2017). Esse estudo ressalta a influência da sustentabilidade corporativa no desempenho organizacional, demonstrando a relação entre a gestão da sustentabilidade e o desempenho econômico, o que é fundamental para o sucesso a longo prazo das empresas.

O terceiro estudo de caso significativo é sobre uma solução sustentável para comércio insustentável, realizado no Centro Fashion Fortaleza (Romero et al., 2023). Esse estudo investiga a fundo um fenômeno real em seu contexto ambiental, destacando a importância de abordagens científicas para lidar com questões de sustentabilidade na indústria.

Esses estudos de caso demonstram a relevância de práticas sustentáveis e responsáveis nas empresas, evidenciando que a integração da sustentabilidade nas operações e estratégias de negócios pode não apenas melhorar o desempenho organizacional, mas também contribuir para a preservação do meio ambiente e o bem-estar social, aspectos essenciais para o sucesso a longo prazo das empresas na área da gastronomia.

Exercício:

1. Avaliação do Impacto Ambiental Atual

O que? Esta seção envolve a avaliação do impacto ambiental atual do seu negócio gastronômico, identificando áreas de melhoria e oportunidades para adotar práticas mais sustentáveis.

Quando? Preencha esta seção durante a fase de planejamento inicial e revise periodicamente para acompanhar as mudanças e melhorias ao longo do tempo.

Como? Realize uma auditoria ambiental para avaliar o consumo de recursos naturais, produção de resíduos e emissões de gases de efeito estufa associadas às operações do seu negócio. Identifique áreas de desperdício e ineficiência, bem como oportunidades para reduzir o uso de recursos naturais e minimizar o impacto ambiental das suas atividades.

2. Estabelecimento de Metas Sustentáveis

O que? Esta seção envolve o estabelecimento de metas claras e mensuráveis para tornar seu negócio gastronômico mais sustentável ao longo do tempo.

Quando? Preencha esta seção no início do processo e revise regularmente para garantir que as metas continuem sendo relevantes e alcançáveis.

Como? Defina metas específicas relacionadas à redução do consumo de energia, água e materiais, bem como à minimização de resíduos e à promoção de ingredientes locais e sazonais. Estabeleça prazos realistas para alcançar cada meta e acompanhe regularmente o progresso em direção a esses objetivos.

3. Implementação de Práticas Sustentáveis na Operação

O que? Esta seção envolve a implementação de práticas sustentáveis na operação do seu negócio gastronômico, abordando áreas como redução de resíduos, conservação de recursos naturais e sourcing responsável de ingredientes.

Quando? Preencha esta seção conforme você implementa novas práticas sustentáveis em sua operação, priorizando mudanças com base em sua viabilidade e impacto.

Como? Adote tecnologias e equipamentos energeticamente eficientes, como lâmpadas LED, aparelhos de baixo consumo e sistemas de reciclagem de água. Reduza o desperdício de alimentos implementando práticas de preparação eficientes, oferecendo opções de tamanho de porção e doando alimentos não utilizados para bancos de alimentos locais.

4. Educação e Engajamento dos Funcionários e Clientes

O que? Esta seção envolve a educação e engajamento dos funcionários e clientes sobre as práticas de gastronomia sustentável e responsável adotadas pelo seu negócio.

Quando? Preencha esta seção regularmente, oferecendo treinamento e informações atualizadas sobre práticas sustentáveis para funcionários e clientes.

Como? Realize treinamentos regulares com a equipe para destacar a importância da sustentabilidade e fornecer orientações sobre como implementar práticas sustentáveis no local de trabalho. Eduque os clientes sobre os esforços de sustentabilidade do seu negócio por meio de materiais educacionais, como cardápios informativos, sinais e campanhas de conscientização.

5. Monitoramento e Avaliação do Progresso

O que? Esta seção envolve o monitoramento e avaliação contínuos do progresso em direção às metas de sustentabilidade do seu negócio gastronômico.

Quando? Preencha esta seção regularmente, revisando o progresso em relação às metas estabelecidas e identificando áreas de sucesso e oportunidades de melhoria.

Como? Utilize métricas específicas, como consumo de energia por refeição servida, quantidade de resíduos desviados do aterro sanitário e porcentagem de ingredientes locais, para avaliar o progresso em direção às metas de sustentabilidade. Realize avaliações regulares do desempenho ambiental do seu negócio e compartilhe os resultados com a equipe para incentivar o engajamento contínuo e aprimorar as práticas de sustentabilidade.

6. Reconhecimento e Comunicação dos Esforços de Sustentabilidade

O que? Esta seção envolve o reconhecimento e comunicação dos esforços de sustentabilidade do seu negócio gastronômico para clientes, funcionários e partes interessadas externas.

Quando? Preencha esta seção regularmente, destacando os sucessos e iniciativas de sustentabilidade do seu negócio em materiais de marketing, comunicações internas e externas, e eventos.

Como? Destaque os esforços de sustentabilidade do seu

negócio em seu site, mídias sociais e materiais promocionais para conscientizar os clientes sobre seu compromisso com a responsabilidade ambiental. Reconheça e recompense os funcionários por seu envolvimento e contribuições para os esforços de sustentabilidade, incentivando um ambiente de trabalho colaborativo e engajado.

Referencias Artigos:

Campolina, R. and Machado, L. (2015). Gastronomia sustentável. Revista Competência, 8(2), 125-144. https://doi.org/10.24936/2177-4986.v8n2.2015.253

Conceição, J., Barbosa, A., Silva, I., Freitas, F., & Camilo, V. (2021). Fichas técnicas de preparações regionais como instrumento para preservação da identidade cultural. Demetra Alimentação Nutrição & Saúde, 16, e57174. https://doi.org/10.12957/demetra.2021.57174

Correia, C., Oliveira, I., Sousa, J., Nascimento, N., & Melo, F. (2021). Sustentabilidade na gastronomia contemporânea. Research Society and Development, 10(9), e39510917508. https://doi.org/10.33448/rsd-v10i9.17508

Godoy, C. (2023). Gastronomia sustentável e seu impacto socioambiental: uma revisão de literatura. Revista Brasileira De Educação Ambiental (Revbea), 18(7), 426-434. https://doi.org/10.34024/revbea.2023.v18.15144

Guimaraes, F. (2023). Delícias da cozinha brasileira: uma exploração da diversidade gastronômica amazônica. Revista Contemporânea, 3(12), 27893-27931. https://doi.org/10.56083/rcv3n12-161

Pereira, P., Fagundes, B., Divino, V., Dias, J., Gandra, K., & Cunha, L. (2018). Development and assessment of concentrate salty yogurt added spices. Journal of Bioenergy and Food Science, 5(2), 66-84. https://doi.org/10.18067/jbfs.v5i2.204

Zaneti, T. and Schneider, S. (2016). A conversa chegou à cozinha: um olhar sobre o uso de produtos agroalimentares singulares na gastronomia contemporânea. Revista Mundi Meio Ambiente E Agrárias (Issn 2525-4790), 1(1). https://doi.org/10.21575/25254790rmmaa2016vol1n1125

Referencias Casos:

Kneipp, J., Gomes, C., Bichueti, R., Müller, L., & Motke, F. (2017). Gestão estratégica da inovação sustentável: um estudo de caso em empresas industriais brasileiras. Revista Organizações Em Contexto, 14(27), 131. https://doi.org/10.15603/1982-8756/roc.v14n27p131-185

Romero, C., Fontenele, H., Moreira, M., & Murakami, L. (2023). Solução sustentável para uma forma insustentável de comércio: um estudo no centro fashion fortaleza. Retail Management Review, 3(1), e24. https://doi.org/10.53946/rmr.v3i1.24

Santos, R. and Matschuck, T. (2015). A sustentabilidade e a cadeia produtiva hoteleira: um estudo de caso no jw marriott, rio de janeiro. Turismo - Visão E Ação, 17(2), 444. https://doi.org/10.14210/rtva.v17n2.p444-474

NUTRINDO CORPOS E PRESERVANDO O PLANETA

Os alimentos orgânicos e saudáveis referem-se a produtos agrícolas cultivados sem o uso de pesticidas sintéticos, fertilizantes químicos ou organismos geneticamente modificados. Eles são cultivados utilizando práticas agrícolas sustentáveis que visam preservar a saúde do solo, da água e do ecossistema, além de oferecer benefícios nutricionais superiores em comparação com alimentos convencionais.

Práticas atuais relacionadas a alimentos orgânicos e saudáveis incluem a produção e venda de frutas, legumes, grãos, carnes e laticínios orgânicos. Além disso, há uma crescente demanda por alimentos frescos e minimamente processados, livres de aditivos artificiais e conservantes. O aumento do interesse dos consumidores por dietas vegetarianas, veganas e à base de plantas também impulsiona a demanda por produtos orgânicos.

Passo A Passo Para A Construção Do Assunto:

1. Compreensão dos Princípios: Entenda os princípios por trás da produção de alimentos orgânicos, incluindo práticas agrícolas sustentáveis e padrões de certificação.

2. Identificação de Fornecedores: Pesquise e identifique fornecedores locais de alimentos orgânicos e saudáveis.

3.   Seleção de Produtos: Escolha cuidadosamente os alimentos que atendam aos critérios de qualidade e sustentabilidade.

4. Comunicação com os Consumidores: Comunique de forma clara e transparente os benefícios dos alimentos orgânicos para os consumidores.

Onde Aplicar As Técnicas:

- Pequenas Empresas: Em pequenas empresas, é possível implementar práticas de produção e venda de alimentos orgânicos em pequenas fazendas locais, mercados de agricultores e lojas especializadas em alimentos saudáveis.

- Médias Empresas: Médias empresas podem expandir suas operações para incluir a distribuição de alimentos orgânicos em supermercados, cadeias de restaurantes e serviços de entrega de alimentos.

Artigos Acadêmicos:

Os alimentos orgânicos têm ganhado destaque na gastronomia devido à crescente demanda por opções saudáveis e sustentáveis. Estudos como o de Guivant (2003) destacam que o aumento do consumo de orgânicos nos supermercados reflete a busca por um estilo de vida saudável, em contraste com o ecológico-trip. Consumidores de alimentos orgânicos valorizam o bem-estar e a vida saudável, como apontado por (Andrade & Bertoldi, 2012).

A relação entre alimentos orgânicos e saúde humana tem sido objeto de estudo, com pesquisas que avaliam os benefícios desses alimentos para a saúde, conforme (Sousa et al., 2012; . Eberle et al., 2019) ressaltam que o interesse por alimentos orgânicos tem crescido devido à busca por uma dieta mais saudável. Consumidores de melhor nível educacional e econômico optam por orgânicos por considerá-los saudáveis e ambientalmente responsáveis, como indicado por (Weege & DeNegri, 2018).

A percepção dos consumidores sobre alimentos orgânicos destaca a preferência por esses produtos devido aos benefícios à saúde e ao meio ambiente, conforme estudos como o de (Gonçalves et al., 2019). Fatores como a qualidade alimentar, benefícios para a saúde humana e ambiental são apontados como vantagens dos alimentos orgânicos, como discutido por Denegri and Heck (2018) (DeNegri & Heck, 2018).

A demanda crescente por alimentos orgânicos está relacionada à busca por maior qualidade de vida e cuidados com a saúde, como mencionado por (Rodrigues & Bittencourt, 2020). A produção de alimentos orgânicos promove produtos saudáveis, sustentabilidade ambiental e econômica, e eliminação de organismos geneticamente modificados, conforme (Lima et al., 2015).

Portanto, a inclusão de alimentos orgânicos na gastronomia reflete não apenas uma tendência de mercado, mas também uma preocupação crescente com a saúde e o meio ambiente, atendendo às demandas de consumidores cada vez mais conscientes e informados.

Casos De Sucesso:

Empresas de alimentos orgânicos e saudáveis têm se destacado no setor gastronômico, demonstrando sucesso em suas abordagens. Um estudo de caso relevante é o da empresa que participou do estudo "Healthy Food Procurement Policies and Their Impact" (Niebylski et al., 2014). Esse estudo destaca que políticas de aquisição de alimentos saudáveis podem ser fatores críticos de sucesso. Além disso, a pesquisa "Balancing Mission and Margins: What Makes Healthy Community Food Stores Successful" John et al. (2022) identificou estratégias de sucesso em lojas comunitárias de alimentos saudáveis, ressaltando a importância de missão e margens equilibradas.

Outra empresa de destaque nesse cenário é aquela

envolvida na pesquisa "Evaluation of a pilot healthy eating intervention in restaurants and food stores of a rural community: a randomized community trial" (Martínez-Donate et al., 2015), que buscou melhorar o ambiente nutricional e promover uma alimentação saudável em comunidades rurais. Esses estudos de caso ressaltam a importância de intervenções específicas e do ambiente alimentar na promoção de escolhas saudáveis.

Portanto, ao correlacionar esses estudos de caso, é possível destacar que o sucesso de empresas de alimentos orgânicos e saudáveis na gastronomia está intrinsecamente ligado a políticas de aquisição de alimentos saudáveis, missão clara e estratégias bem definidas para atender às necessidades das comunidades-alvo. Essas empresas demonstram que é possível prosperar no setor gastronômico ao priorizar a saúde e o bem-estar dos consumidores, ao mesmo tempo em que se mantêm financeiramente viáveis.

Exercício:

1. Seleção de Fornecedores de Alimentos Orgânicos

O que? Esta seção envolve a seleção cuidadosa de fornecedores de alimentos orgânicos e saudáveis para garantir a qualidade e a frescura dos ingredientes utilizados em seu negócio gastronômico.

Quando? Preencha esta seção antes de iniciar as operações do seu negócio gastronômico e revise periodicamente para garantir que os fornecedores atendam aos padrões de qualidade desejados.

Como? Pesquise fornecedores locais e regionais que ofereçam uma variedade de produtos orgânicos, como frutas, legumes, carne, laticínios e grãos. Estabeleça parcerias com fornecedores confiáveis que sigam práticas sustentáveis de cultivo e produção, e que possam fornecer certificações de alimentos orgânicos quando necessário.

2. Desenvolvimento de Cardápios Saudáveis e

Balanceados

O que? Esta seção envolve o desenvolvimento de cardápios que priorizem alimentos orgânicos e saudáveis, oferecendo opções nutritivas e equilibradas para os clientes.

Quando? Preencha esta seção durante a fase de planejamento do cardápio e revise regularmente para incluir novas opções e refletir as preferências dos clientes.

Como? Inclua uma variedade de opções de alimentos orgânicos em seu cardápio, como saladas frescas, pratos vegetarianos e veganos, e proteínas magras de origem sustentável. Ofereça informações nutricionais claras e transparentes sobre os pratos, destacando os benefícios para a saúde dos ingredientes orgânicos e saudáveis utilizados.

3. Educação e Conscientização dos Clientes

O que? Esta seção envolve a educação e conscientização dos clientes sobre os benefícios dos alimentos orgânicos e saudáveis, incentivando escolhas alimentares mais conscientes e sustentáveis.

Quando? Preencha esta seção continuamente, integrando mensagens educativas e informativas em materiais de marketing, cardápios e interações com os clientes.

Como? Forneça informações sobre a origem e os benefícios dos alimentos orgânicos em seu cardápio, destacando os produtores locais e as práticas agrícolas sustentáveis. Ofereça workshops, eventos ou degustações para os clientes aprenderem mais sobre alimentos orgânicos e saudáveis e como incorporá-los em sua dieta diária.

4. Promoção de Parcerias com Produtores Locais

O que? Esta seção envolve o estabelecimento de parcerias com produtores locais de alimentos orgânicos para apoiar a economia local e garantir a frescura e a qualidade dos ingredientes.

Quando? Preencha esta seção antes de iniciar as operações do seu negócio gastronômico e continue a cultivar e fortalecer essas parcerias ao longo do tempo.

Como? Estabeleça relações próximas com produtores

locais, visitando suas fazendas e entendendo suas práticas de cultivo e produção. Destaque os produtores locais e seus produtos em seu cardápio e materiais de marketing, demonstrando seu compromisso com a comunidade e a sustentabilidade.

5. Monitoramento do Feedback dos Clientes e Ajustes no Cardápio

O que? Esta seção envolve o monitoramento contínuo do feedback dos clientes sobre os alimentos orgânicos e saudáveis oferecidos em seu negócio gastronômico e fazer ajustes no cardápio conforme necessário.

Quando? Preencha esta seção regularmente, coletando feedback dos clientes por meio de comentários, pesquisas de satisfação e interações diretas.

Como? Solicite feedback dos clientes sobre os pratos orgânicos e saudáveis oferecidos em seu cardápio, incentivando-os a compartilhar suas opiniões e sugestões. Analise o feedback recebido e faça ajustes no cardápio, removendo itens menos populares e introduzindo novas opções com base nas preferências dos clientes.

6. Celebração e Reconhecimento dos Esforços Sustentáveis

O que? Esta seção envolve a celebração e o reconhecimento dos esforços sustentáveis do seu negócio gastronômico, demonstrando compromisso com a saúde dos clientes e do meio ambiente.

Quando? Preencha esta seção regularmente, destacando os sucessos e iniciativas sustentáveis do seu negócio em materiais de marketing, comunicações internas e eventos.

Como? Compartilhe histórias e fotos de seus fornecedores locais e práticas agrícolas sustentáveis em suas redes sociais e website. Reconheça e recompense os funcionários pelo seu envolvimento e contribuições para os esforços de promoção de alimentos orgânicos e saudáveis, incentivando um ambiente de trabalho colaborativo e engajado.

Referencias Artigos:

Andrade, L. and Bertoldi, M. (2012). Atitudes e motivações em relação ao consumo de alimentos orgânicos em belo horizonte - mg. Brazilian Journal of Food Technology, 15(spe), 31-40. https://doi.org/10.1590/s1981-67232012005000034

DeNegri, S. and Heck, R. (2018). Aspectos a tomada de decisão na inclusão de alimentos orgânicos em unidades de alimentação e nutrição. Sinergia - Revista Do Instituto De Ciências Econômicas Administrativas E Contábeis, 22(1), 65-76. https://doi.org/10.17648/sinergia-2236-7608-v22n1-7901

Eberle, L., Erlo, F., Milan, G., & Lazzari, F. (2019). Um estudo sobre determinantes da intenção de compra de alimentos orgânicos. Revista De Gestão Social E Ambiental, 13(1), 94-111. https://doi.org/10.24857/rgsa.v13i1.1759

Gonçalves, K., Nascimento, A., Aquino, S., Ribeiro, A., Vils, L., & Ferreira, M. (2019). Percepção de consumidores de feiras orgânicas da cidade de são paulo (sp). Revista Em Agronegócio E Meio Ambiente, 12(3), 1081. https://doi.org/10.17765/2176-9168.2019v12n3p1081-1102

Guivant, J. (2003). Os supermercados na oferta de alimentos orgânicos: apelando ao estilo de vida ego-trip. Ambiente & Sociedade, 6(2), 63-81. https://doi.org/10.1590/s1414-753x2003000300005

Lima, P., Lima, A., Castro, S., & Gomes, M. (2015). O consumo de alimentos orgânicos na cidade de manaus (am): o comércio de produtos e a sustentabilidade do setor. Revista Verde De Agroecologia E Desenvolvimento Sustentável, 10(1), 120. https://doi.org/10.18378/rvads.v10i1.3131

Rodrigues, B. and Bittencourt, J. (2020). Alimento orgânico: desafios e oportunidades para chegar à mesa da população. Revista Mundi Engenharia Tecnologia E Gestão (Issn 2525-4782), 4(6). https://doi.org/10.21575/25254782rmetg2019vol4n6799

Sousa, A., Azevedo, E., Lima, E., & Silva, A. (2012). Alimentos orgânicos e saúde humana: estudo sobre as controvérsias. Revista Panamericana De Salud Pública, 31(6), 513-517. https://doi.org/10.1590/s1020-49892012000600010

Weege, F. and DeNegri, S. (2018). Indicativos para implantação de uma feira orgânica em camaquã/rs. Extensio Revista Eletrônica De Extensão, 15(30), 2-15. https://doi.org/10.5007/1807-0221.2018v15n30p2

Referencias Casos:

John, S., Winkler, M., Kaur, R., DeAngelo, J., Hill, A., Sundermeir, S., ... & Gittelsohn, J. (2022). Balancing mission and margins: what makes healthy community food stores successful. International Journal of Environmental Research and Public Health, 19(14), 8470. https://doi.org/10.3390/ijerph19148470

Martínez-Donate, A., Riggall, A., Meinen, A., Malecki, K., Escaron, A., Hall, B., ... & Nitzke, S. (2015). Evaluation of a pilot healthy eating intervention in restaurants and food stores of a rural community: a randomized community trial. BMC Public Health, 15(1). https://doi.org/10.1186/s12889-015-1469-z

Niebylski, M., Lu, T., Campbell, N., Arcand, J., Schermel, A., Hua, D., ... & Liu, P. (2014). Healthy food procurement policies and their impact. International Journal of Environmental Research and Public Health, 11(3), 2608-2627. https://doi.org/10.3390/ijerph110302608

EXPLORANDO O MUNDO DAS OPÇÕES

Acrescente conscientização sobre questões de saúde, sustentabilidade e ética tem impulsionado um interesse cada vez maior nas opções vegetarianas e veganas na gastronomia.

Opções vegetarianas referem-se a pratos que excluem carne, aves e peixe, mas podem incluir laticínios e ovos. Por outro lado, as opções veganas são totalmente livres de ingredientes de origem animal, incluindo carne, laticínios, ovos e mel.

As práticas atuais relacionadas a opções vegetarianas e veganas variam desde o desenvolvimento de pratos exclusivos em restaurantes tradicionais até o surgimento de estabelecimentos totalmente vegetarianos e veganos. Além disso, muitas cadeias de fast-food e supermercados estão expandindo suas ofertas para incluir produtos vegetarianos e veganos.

Passo A Passo:

1. Pesquisa e Desenvolvimento: Identificar tendências de mercado e preferências dos clientes em relação a opções vegetarianas e veganas.

2. Criação de Cardápio: Desenvolver pratos saborosos e nutritivos que atendam às necessidades dos clientes vegetarianos e veganos.

3. Treinamento da Equipe: Educar a equipe sobre os princípios da culinária vegetariana e vegana, garantindo

práticas de preparo adequadas.

4. Marketing e Promoção: Promover ativamente as opções vegetarianas e veganas por meio de campanhas de marketing direcionadas.

5. Feedback e Ajustes: Coletar feedback dos clientes e ajustar o cardápio conforme necessário para melhor atender às suas necessidades e preferências.

Aplicação Em Pequenas E Médias Empresas:

- Pequenas Empresas: Desenvolver um cardápio diversificado com opções vegetarianas e veganas pode ajudar a atrair uma base de clientes mais ampla e diferenciada.

- Médias Empresas: Investir em estratégias de marketing digital direcionadas pode aumentar a conscientização e o interesse nas opções vegetarianas e veganas oferecidas.

Artigos Acadêmicos:

A gastronomia contemporânea tem sido marcada por uma crescente demanda por opções vegetarianas, veganas e alimentação restritiva. A presença de pratos veganos em restaurantes, feiras especializadas e até mesmo em estabelecimentos onívoros tem se mostrado crucial para atender a um público cada vez mais diversificado (Lopes & Gimenes-Minasse, 2021). Além disso, a utilização de alimentos locais e orgânicos na gastronomia não apenas agrega valor aos pratos, mas também pode impulsionar o turismo e contribuir para a economia local (Costa & Pires, 2022).

A alimentação, além de seu papel fundamental na vida humana, tem sido cada vez mais associada à saúde e ao bem-estar. Estudos mostram que uma alimentação balanceada, aliada a práticas como atividade física regular, pode contribuir positivamente para a manutenção do peso e prevenção de doenças (Gomes et al., 2021). A oferta de alimentos saudáveis e a promoção de uma alimentação consciente têm se destacado como tendências importantes na gastronomia contemporânea (Nascimento et al., 2022).

A criatividade dos chefs de cozinha tem sido fundamental para atender às demandas de um consumo moderno da gastronomia, permitindo a experimentação de novos sabores e a incorporação de novos modos alimentares (Ribeiro et al., 2016). Além disso, a gastronomia social tem emergido como uma forma de reduzir as assimetrias sociais, oferecendo oportunidades de desenvolvimento profissional para pessoas em situação de vulnerabilidade (Silva et al., 2022).

Em um contexto mais amplo, a gastronomia não se restringe apenas à culinária, mas envolve aspectos culturais, sociais e até mesmo políticos. A maneira como nos alimentamos reflete não apenas nossas necessidades biológicas, mas também nossos recursos econômicos e nossos sentidos culturais (Carneiro, 2005). Portanto, a gastronomia contemporânea não se limita apenas ao ato de se alimentar, mas engloba uma série de significados e práticas que permeiam diversas esferas da sociedade.

Casos De Sucesso:

Empresas que obtiveram sucesso na área de alimentação vegetariana, vegana e restritiva na gastronomia são exemplos inspiradores de como atender às demandas de um público cada vez mais preocupado com a saúde e o meio ambiente. Um estudo de caso relevante é o da empresa que desenvolveu preparações vegetarianas à base de leguminosas para o público pré-escolar (Campagnaro et al., 2021). Esse estudo demonstrou a viabilidade e importância de oferecer opções vegetarianas desde a infância, contribuindo para uma alimentação mais saudável e sustentável.

Outro exemplo notável é o estudo que avaliou a relação entre a alimentação vegetariana e a prevenção do câncer colorretal (Dagostin et al., 2019). Essa pesquisa destacou a relevância de uma dieta vegetariana na redução do risco dessa doença, evidenciando os benefícios de escolhas alimentares mais conscientes e baseadas em vegetais.

Além disso, a análise do efeito da dieta vegetariana no desempenho de praticantes de endurance Neto et al. (2022) ressaltou que uma alimentação vegetariana planejada adequadamente pode atender às necessidades nutricionais e energéticas, sendo benéfica não apenas para a saúde, mas também para o desempenho esportivo.

Esses estudos de caso destacam a importância e os benefícios de empresas que investem e se destacam na área de alimentação vegetariana, vegana e restritiva na gastronomia, atendendo a uma demanda crescente por opções mais saudáveis, éticas e sustentáveis.

Exercício 1:

1. Pesquisa de Ingredientes e Receitas Vegetarianas e Veganas

O que? Esta seção envolve a pesquisa e seleção cuidadosa de ingredientes e receitas adequadas para opções vegetarianas e veganas em seu cardápio.

Quando? Preencha esta seção durante a fase de planejamento do cardápio e revise regularmente para incluir novas opções e refletir as tendências do mercado.

Como? Pesquise ingredientes frescos e sazonais que sejam naturalmente vegetarianos e veganos, como frutas, legumes, grãos, leguminosas e proteínas vegetais. Experimente diferentes receitas e técnicas de culinária para criar pratos deliciosos e nutritivos que atendam às preferências e restrições dietéticas dos clientes vegetarianos e veganos.

2. Desenvolvimento de Opções de Cardápio Vegetarianas e Veganas

O que? Esta seção envolve o desenvolvimento de opções de cardápio específicas para clientes vegetarianos e veganos, oferecendo uma variedade de pratos saborosos e nutritivos.

Quando? Preencha esta seção durante a fase de planejamento do cardápio e ajuste conforme necessário com base no feedback dos clientes e nas demandas do mercado.

Como? Crie um menu separado para opções vegetarianas e veganas, destacando claramente os pratos disponíveis e quaisquer substituições ou modificações possíveis. Inclua uma variedade de opções, como saladas frescas, sanduíches, pratos principais e sobremesas, para atender a diferentes preferências e restrições dietéticas.

3. Treinamento da Equipe de Cozinha e Atendimento

O que? Esta seção envolve o treinamento da equipe de cozinha e atendimento para garantir que eles estejam familiarizados com as opções vegetarianas e veganas do cardápio e possam oferecer orientações e recomendações aos clientes.

Quando? Preencha esta seção antes de lançar as opções vegetarianas e veganas no cardápio e continue a fornecer treinamento regular conforme necessário.

Como? Realize sessões de treinamento com a equipe de cozinha para demonstrar técnicas de preparo de pratos vegetarianos e veganos e garantir que eles saibam como lidar com ingredientes específicos. Forneça informações detalhadas sobre os ingredientes e preparação de cada prato vegetariano e vegano para a equipe de atendimento, para que possam responder a perguntas dos clientes de forma precisa e confiável.

4. Comunicação e Marketing das Opções Vegetarianas e Veganas

O que? Esta seção envolve a comunicação e o marketing eficazes das opções vegetarianas e veganas do seu cardápio para atrair e informar clientes interessados.

Quando? Preencha esta seção antes de lançar as opções vegetarianas e veganas no cardápio e continue a promovê-las regularmente por meio de materiais de marketing e comunicação.

Como? Destaque as opções vegetarianas e veganas em seu cardápio, utilizando símbolos ou seções específicas para facilitar a identificação pelos clientes. Promova as opções vegetarianas e veganas em suas redes sociais, website e materiais de marketing, destacando os benefícios para a saúde e o meio ambiente desses pratos.

5. Avaliação e Ajustes no Cardápio

O que? Esta seção envolve a avaliação contínua do desempenho das opções vegetarianas e veganas do seu cardápio e fazer ajustes conforme necessário para atender às necessidades e preferências dos clientes.

Quando? Preencha esta seção regularmente, coletando feedback dos clientes e monitorando as vendas e a popularidade das opções vegetarianas e veganas.

Como? Solicite feedback dos clientes sobre as opções vegetarianas e veganas, incentivando-os a compartilhar suas opiniões e sugestões para melhorias. Analise os dados de vendas e feedback dos clientes para identificar quais opções são mais populares e quais podem precisar de ajustes ou substituições no cardápio.

6. Celebração e Reconhecimento do Compromisso com Opções Vegetarianas e Veganas

O que? Esta seção envolve a celebração e o reconhecimento do compromisso do seu negócio com opções vegetarianas e veganas, demonstrando seu compromisso com a diversidade alimentar e o bem-estar dos clientes.

Quando? Preencha esta seção regularmente, destacando os sucessos e iniciativas relacionados às opções vegetarianas e veganas do seu cardápio em materiais de marketing, comunicações internas e eventos.

Como? Destaque as opções vegetarianas e veganas em suas campanhas de marketing e materiais promocionais, enfatizando seu compromisso com a diversidade alimentar e a inclusão. Reconheça e recompense os funcionários pelo seu envolvimento e contribuições para o sucesso das opções vegetarianas e veganas, incentivando um ambiente de trabalho colaborativo e engajado.

Exercício 2:

1. Identificação das Restrições Alimentares Comuns

O que? Esta seção envolve a identificação das restrições alimentares mais comuns entre os clientes, como alergias alimentares, intolerâncias, preferências dietéticas e restrições religiosas.

Quando? Preencha esta seção durante a fase de pesquisa de mercado e continue a atualizá-la conforme novas tendências e demandas surgirem.

Como? Realize pesquisas de mercado para identificar as restrições alimentares mais comuns na sua área de atuação.Consulte profissionais de saúde, como nutricionistas e alergistas, para obter informações sobre restrições alimentares e recomendações para atender às necessidades dos clientes.

2. Desenvolvimento de Opções de Cardápio Adaptadas

O que? Esta seção envolve o desenvolvimento de opções de cardápio adaptadas para atender às restrições alimentares identificadas, oferecendo uma variedade de pratos seguros e saborosos para os clientes.

Quando? Preencha esta seção durante a fase de planejamento do cardápio e ajuste conforme necessário com base no feedback dos clientes e nas demandas do mercado.

Como? Crie um menu separado para opções adaptadas, destacando claramente os pratos disponíveis e quaisquer substituições ou modificações possíveis. Inclua uma variedade de opções para atender a diferentes restrições alimentares, como pratos sem glúten, sem lactose, vegetarianos, veganos e sem frutos do mar.

3. Treinamento da Equipe de Cozinha e Atendimento

O que? Esta seção envolve o treinamento da equipe de cozinha e atendimento para garantir que eles estejam familiarizados com as restrições alimentares e possam oferecer orientações e recomendações aos clientes.

Quando? Preencha esta seção antes de lançar as opções adaptadas no cardápio e continue a fornecer treinamento regular conforme necessário.

Como? Realize sessões de treinamento com a equipe de cozinha para demonstrar técnicas de preparo de pratos adaptados e garantir que eles saibam como lidar com ingredientes específicos. Forneça informações detalhadas sobre os ingredientes e preparação de cada prato adaptado para a equipe de atendimento, para que possam responder a perguntas dos clientes de forma precisa e confiável.

4. Comunicação e Marketing das Opções Adaptadas

O que? Esta seção envolve a comunicação e o marketing eficazes das opções adaptadas do seu cardápio para atrair e informar clientes com restrições alimentares.

Quando? Preencha esta seção antes de lançar as opções adaptadas no cardápio e continue a promovê-las regularmente por meio de materiais de marketing e comunicação.

Como? Destaque as opções adaptadas em seu cardápio, utilizando símbolos ou seções específicas para facilitar a identificação pelos clientes. Promova as opções adaptadas em suas redes sociais, website e materiais de marketing, destacando os benefícios de uma experiência gastronômica inclusiva e acessível.

5. Avaliação e Ajustes no Cardápio

O que? Esta seção envolve a avaliação contínua do desempenho das opções adaptadas do seu cardápio e fazer ajustes conforme necessário para atender às necessidades e preferências dos clientes.

Quando? Preencha esta seção regularmente, coletando feedback dos clientes e monitorando as vendas e a popularidade das opções adaptadas.

Como? Solicite feedback dos clientes sobre as opções adaptadas, incentivando-os a compartilhar suas opiniões e sugestões para melhorias. Analise os dados de vendas e feedback dos clientes para identificar quais opções são mais populares e quais podem precisar de ajustes ou substituições no cardápio.

6. Celebração e Reconhecimento do Compromisso com Opções Adaptadas

O que? Esta seção envolve a celebração e o reconhecimento do compromisso do seu negócio com opções adaptadas, demonstrando seu compromisso com a inclusão e a acessibilidade alimentar.

Quando? Preencha esta seção regularmente, destacando os sucessos e iniciativas relacionados às opções adaptadas do seu cardápio em materiais de marketing, comunicações internas e eventos.

Como? Destaque as opções adaptadas em suas campanhas de marketing e materiais promocionais, enfatizando seu compromisso com a inclusão e a acessibilidade alimentar. Reconheça e recompense os funcionários pelo seu envolvimento e contribuições para o sucesso das opções adaptadas, incentivando um ambiente de trabalho colaborativo e engajado.

Referencias Artigos:

Carneiro, H. (2005). Comida e sociedade: significados sociais na história da alimentação. História Questões & Debates, 42(1). https://doi.org/10.5380/his.v42i0.4640

Costa, L. and Pires, P. (2022). A relação dos restaurantes de um destino turístico com a produção orgânica local. Turismo - Visão E Ação, 24(2), 245-269. https://doi.org/10.14210/rtva.v24n2.p245-269

Gomes, S., Carvalho, D., Siqueira, A., & Mendes, A. (2021). Percepções e práticas alimentares de estudantes de gastronomia de uma universidade pública brasileira. Research Society and Development, 10(3), e33110313275. https://doi.org/10.33448/rsd-v10i3.13275

Lopes, M. and Gimenes-Minasse, M. (2021). Dificuldades de indivíduos veganos em destinos turísticos. Cultur - Revista De Cultura E Turismo, 15(2). https://doi.org/10.36113/cultur.v15i2.2927

Nascimento, M., Viçosi, P., Barbieri, B., Nascimento, M., Breier, T., & Oliveira, V. (2022). Compartilhando saberes, sabores e saúde através de ensaio gastronômico sustentável. Research Society and Development, 11(12), e258111234646. https://doi.org/10.33448/rsd-v11i12.34646

Ribeiro, R., Marques, R., & Filho, E. (2016). A criatividade dos chefes de cozinha e o consumo moderno da gastronomia. Demetra Alimentação

Nutrição & Saúde, 11(2). https://doi.org/10.12957/demetra.2016.15443

Silva, E., Anjos, M., & Branco, C. (2022). Gastronomia como recurso para minimizar assimetrias sociais. Revista Em Extensão, 21(1), 20-38. https://doi.org/10.14393/ree-v21n12022-65214

Referencias Casos:

Campagnaro, L., Santos, L., Marques, M., Fonseca, J., & Silva, D. (2021). Desenvolvimento de preparações vegetarianas à base de leguminosas para o público pré-escolar. Research Society and Development, 10(12), e340101220451. https://doi.org/10.33448/rsd-v10i12.20451

Dagostin, C., Rigo, F., & Damázio, L. (2019). Associação entre alimentação vegetariana e a prevenção do câncer colorretal: uma revisão de literatura. Revista Contexto & Saúde, 19(37), 44-51. https://doi.org/10.21527/2176-7114.2019.37.44-51

Neto, A., Rocha, M., Bezerra, J., Libânio, J., Sousa, P., & Brito, M. (2022). O efeito da dieta vegetariana no desempenho de praticantes de endurance. Research Society and Development, 11(11), e202111129695. https://doi.org/10.33448/rsd-v11i11.29695

FACILITANDO O ACESSO À COMIDA

O serviço de delivery e os aplicativos de entrega revolucionaram a forma como as pessoas acessam a comida, oferecendo conveniência, variedade e praticidade. Esses serviços permitem que os consumidores solicitem refeições de uma ampla gama de restaurantes e estabelecimentos de gastronomia, entregues diretamente em suas casas ou locais de trabalho.

Atualmente, uma variedade de aplicativos de entrega, como Uber Eats, Rappi, iFood e DoorDash, dominam o mercado, conectando consumidores a restaurantes locais e cadeias de fast food. Os consumidores podem navegar pelos menus, fazer pedidos, acompanhar o status da entrega e pagar diretamente pelo aplicativo.

Passo A Passo :

1. Cadastro e Seleção: Os usuários baixam o aplicativo de entrega de sua escolha e se cadastram.

2. Escolha do Restaurante: Navegam pelos restaurantes disponíveis e selecionam suas refeições favoritas.

3. Personalização do Pedido: Escolhem as opções de menu, adicionam itens extras e personalizam seus pedidos conforme desejado.

4. Pagamento e Entrega: Pagam diretamente pelo aplicativo e acompanham o status do pedido até a entrega em sua porta.

Onde Aplicar As Técnicas:

- Pequenas Empresas: As pequenas empresas podem se beneficiar dos aplicativos de entrega ao se cadastrarem nesses serviços para ampliar seu alcance e tornar seus produtos acessíveis a uma base de clientes mais ampla.

- Médias Empresas: As médias empresas podem utilizar os aplicativos de entrega para otimizar suas operações de entrega e oferecer uma experiência conveniente aos clientes.

Artigos Acadêmicos:

Os aplicativos de entrega desempenham um papel significativo na indústria da gastronomia, especialmente com o aumento da demanda durante a pandemia de COVID-19. Estudos como o de Menighini et al. (2021) analisaram o impacto da pandemia na demanda por aplicativos de delivery de alimentos, evidenciando um aumento significativo nos pedidos de refeições por meio dessas plataformas. Além disso, a pesquisa de Botelho et al. (2020) destaca a influência da pandemia no aumento do uso de aplicativos de delivery de comida no Brasil, refletindo a necessidade de adaptação dos consumidores a novos métodos de aquisição de alimentos.

Quando se trata da escolha dos aplicativos de entrega, atributos como confiabilidade e usabilidade desempenham um papel crucial. Zanquet et al. (2022) demonstraram que a confiabilidade é um dos principais fatores considerados pelos consumidores ao escolher um aplicativo de entrega, seguido pela usabilidade. Esses atributos influenciam a decisão de compra e recompra dos consumidores, destacando a importância de uma experiência satisfatória para fidelizar os clientes.

Além disso, a transformação digital impulsionada pela pandemia também foi evidenciada por Guimarães et al. (2020), que observaram uma mudança nos pequenos negócios com a divulgação através de redes sociais, negociação por aplicativos de mensagens e priorização de pagamentos eletrônicos e entregas por meio de serviços de aplicativos. Essas mudanças refletem a adaptação do setor gastronômico às novas demandas e preferências dos consumidores.

Portanto, os aplicativos de entrega não apenas facilitam o acesso dos consumidores à gastronomia, mas também impulsionam mudanças significativas na forma como os negócios operam e como os consumidores interagem com os serviços de alimentação.

Casos De Sucesso:

Empresas de entrega e aplicativos de delivery na gastronomia têm se destacado no mercado, e três estudos de caso relevantes ilustram diferentes aspectos de sucesso nesse setor. Um estudo analisou a gestão do conhecimento em uma estrutura organizacional em rede, destacando a importância do método de estudo de caso para compreender a fundo as dinâmicas de uma empresa (Gonzalez et al., 2009). Outro estudo aplicou a ferramenta Servqual para analisar a qualidade em serviços, ressaltando a importância de definir uma estrutura conceitual e conduzir uma análise detalhada dos casos para gerar relatórios significativos (Carvalho et al., 2019). Além disso, um terceiro estudo abordou a implementação do Balanced Scorecard, enfatizando a relevância do estudo de caso para investigar fenômenos contemporâneos de forma aprofundada (Prieto et al., 2006).

Esses estudos ressaltam a importância de abordagens como o estudo de caso para compreender os diferentes aspectos que levam ao sucesso de empresas de entrega e aplicativos de delivery na gastronomia. Através da análise detalhada de múltiplas dimensões, é possível identificar estratégias eficazes de gestão, avaliar a qualidade dos serviços oferecidos e implementar ferramentas de medição de desempenho como o Balanced Scorecard. A combinação dessas abordagens permite uma compreensão holística dos fatores críticos que contribuem para o sucesso nesse setor altamente competitivo.

Exercício:

1. Escolha de Plataformas de Entrega

O que? Esta seção envolve a seleção das plataformas de entrega mais adequadas para o seu negócio, considerando fatores como alcance geográfico, taxas de comissão e interface do usuário.

Quando? Preencha esta seção antes de lançar o serviço de delivery e continue a avaliar regularmente as plataformas disponíveis no mercado.

Como? Pesquise e compare as diferentes plataformas de entrega disponíveis em sua região, como Uber Eats, iFood, Rappi, entre outras. Analise as taxas de comissão, termos de contrato e feedback de outros restaurantes para tomar uma decisão informada sobre quais plataformas usar.

2. Integração do Menu e Configuração do Perfil

O que? Esta seção envolve a integração do seu menu com as plataformas de entrega selecionadas e a configuração do perfil do seu restaurante, incluindo horário de funcionamento, áreas de entrega e políticas de entrega.

Quando? Preencha esta seção antes de começar a aceitar pedidos através das plataformas de entrega.

Como? Envie seu menu completo, incluindo preços e descrições dos pratos, para as plataformas de entrega. Configure seu perfil com informações precisas sobre seu restaurante, como horário de funcionamento, áreas de entrega e políticas de entrega, para garantir uma experiência consistente para os clientes.

3. Treinamento da Equipe e Preparação para Pedidos de Delivery

O que? Esta seção envolve o treinamento da equipe de cozinha e atendimento para lidar eficientemente com pedidos de delivery, garantindo qualidade e precisão.

Quando? Preencha esta seção antes de começar a receber pedidos de delivery e continue a fornecer treinamento conforme necessário.

Como? Treine a equipe de cozinha para preparar os pratos de forma rápida e eficiente, garantindo que mantenham a qualidade mesmo durante o transporte. Treine a equipe de atendimento para lidar com pedidos, acompanhar os tempos de entrega e resolver quaisquer problemas que surjam durante o processo de entrega.

4. Embalagem Adequada e Logística de Entrega

O que? Esta seção envolve a seleção de embalagens adequadas para garantir a integridade dos alimentos durante o transporte e o desenvolvimento de uma logística eficiente de entrega.

Quando? Preencha esta seção antes de começar a aceitar pedidos de delivery e continue a otimizar o processo de embalagem e entrega conforme necessário.

Como? Escolha embalagens que mantenham os alimentos quentes, frescos e seguros durante o transporte, evitando vazamentos e danos. Desenvolva uma logística eficiente de entrega, definindo áreas de cobertura, tempos de entrega estimados e estratégias para minimizar atrasos e problemas durante o transporte.

5. Promoção do Serviço de Delivery e Incentivo ao Uso dos Aplicativos de Entrega

O que? Esta seção envolve a promoção do serviço de delivery e o incentivo ao uso dos aplicativos de entrega entre os clientes, aumentando a visibilidade do seu restaurante e estimulando as vendas.

Quando? Preencha esta seção antes de lançar o serviço de delivery e continue a promovê-lo regularmente por meio de campanhas de marketing e promoções.

Como? Promova o serviço de delivery em suas redes sociais, website e materiais de marketing, destacando os benefícios da conveniência e variedade de opções. Ofereça descontos, promoções especiais ou brindes exclusivos para clientes que façam pedidos através dos aplicativos de entrega, incentivando o uso e fidelizando os clientes.

6. Monitoramento e Avaliação do Desempenho do Serviço de Delivery

O que? Esta seção envolve o monitoramento contínuo do desempenho do serviço de delivery e a avaliação dos resultados para identificar áreas de melhoria e oportunidades de crescimento.

Quando? Preencha esta seção regularmente, analisando dados de vendas, feedback dos clientes e métricas de desempenho das plataformas de entrega.

Como? Acompanhe as métricas de desempenho, como tempo médio de entrega, taxa de cancelamento de pedidos e avaliações dos clientes, para identificar áreas de melhoria. Solicite feedback dos clientes sobre a experiência de entrega e use essas informações para fazer ajustes no processo e melhorar a satisfação do cliente.

Referencias Artigos:

Botelho, L., Cardoso, L., & Canella, D. (2020). Covid-19 e ambiente alimentar digital no brasil: reflexões sobre a influência da pandemia no uso de aplicativos de delivery de comida. Cadernos De Saúde Pública, 36(11). https://doi.org/10.1590/0102-311x00148020

Menighini, G., Oliveira, J., Silva, V., & Piacente, F. (2021). Impacto da pandemia na demanda por aplicativo de delivery de alimentação em piracicaba/sp. Research Society and Development, 10(6), e28310615945. https://doi.org/10.33448/rsd-v10i6.15945

Zanquet, M., Kieling, A., & Tezza, R. (2022). Bateu a fome: em qual aplicativo pedir? uma proposta de análise utilizando o método analytic hierarchy process (ahp). Revista Inovação Projetos E Tecnologias, 10(2), 254-273. https://doi.org/10.5585/iptec.v10i2.22737

Referencias Casos:

Carvalho, M., Neves, S., Campos, L., & Oliveira, C. (2019). Aplicação da ferramenta servqual para a análise da qualidade em serviços e benchmarking: estudo de caso em empresas varejistas. Revista Gestão Da Produção Operações E Sistemas, 14(1), 22. https://doi.org/10.15675/gepros.v14i1.2046

Gonzalez, R., Martins, M., & Toledo, J. (2009). Gestão do conhecimento em uma estrutura organizacional em rede. Ciência Da Informação, 38(1), 57-73. https://doi.org/10.1590/s0100-19652009000100004

Prieto, V., Pereira, F., Carvalho, M., & Laurindo, F. (2006). Fatores críticos na implementação do balanced scorecard. Gestão & Produção, 13(1), 81-92. https://doi.org/10.1590/s0104-530x2006000100008

TRANSFORMANDO A EXPERIÊNCIA ALIMENTAR

Novas tecnologias na gastronomia referem-se à aplicação de inovações tecnológicas no setor alimentício, visando melhorar a produção, a entrega, o serviço ao cliente e a experiência gastronômica como um todo. Isso inclui desde softwares de gestão e automação até dispositivos de realidade aumentada e inteligência artificial.

Atualmente, diversas práticas exemplificam a integração de novas tecnologias na gastronomia. Isso inclui o uso de aplicativos de entrega de comida, como Uber Eats e Rappi, que revolucionaram a forma como as pessoas pedem comida. Além disso, restaurantes estão adotando sistemas de gestão de pedidos e reservas, quiosques de autoatendimento e até mesmo robôs de cozinha para otimizar processos e melhorar a eficiência.

Passo A Passo :

1. Identificação de Necessidades: O primeiro passo é identificar as necessidades específicas do negócio gastronômico, como otimização de pedidos, redução de desperdícios ou melhoria da experiência do cliente.

2. Pesquisa de Tecnologias Disponíveis: Em seguida, é importante pesquisar e identificar as tecnologias disponíveis que atendam às necessidades identificadas.

3. Avaliação de Viabilidade: Após a seleção das tecnologias, é necessário avaliar sua viabilidade, considerando aspectos como custo, implementação e treinamento da equipe.

4. Implementação Gradual: A implementação das novas tecnologias deve ser feita de forma gradual, com acompanhamento e ajustes conforme necessário.

5. Monitoramento e Avaliação: Por fim, é essencial monitorar e avaliar continuamente o desempenho das novas tecnologias, buscando constantemente melhorias e adaptações.

Onde Aplicar Nas Pequenas E Médias Empresas:

- Pequenas Empresas: As pequenas empresas podem se beneficiar das novas tecnologias ao adotar sistemas de gestão de pedidos online, aplicativos de reserva de mesas e ferramentas de automação de marketing para atrair e reter clientes.

- Médias Empresas: As médias empresas podem ir além, implementando soluções mais avançadas, como sistemas integrados de gestão, dispositivos de autoatendimento e programas de fidelidade baseados em tecnologia.

Artigos Acadêmicos:

A aplicação de inovações tecnológicas na gastronomia é um tema relevante e em constante evolução. A integração de tecnologia na culinária não se limita apenas à preparação de alimentos, mas também abrange áreas como a criação de cardápios automatizados em unidades de alimentação e nutrição hospitalar (Pereira, 2024). Além disso, a utilização de tecnologia na produção de alimentos, como a incorporação de resíduos de filetagem de tilápia em novos produtos, não apenas reduz o impacto ambiental, mas também amplia as opções culinárias disponíveis (Bacelar & Muratori, 2020).

A influência da cultura na adoção de inovações

tecnológicas também é um aspecto relevante a considerar, como evidenciado em estudos que buscam compreender como a cultura impacta a aceitação de novas tecnologias, inclusive na gastronomia (Deschamps et al., 2018). A gastronomia, como parte integrante da cultura, reflete tradições, histórias e tecnologias culinárias que evoluem ao longo do tempo (Ferreira et al., 2016).

A busca por uma alimentação mais saudável e sustentável tem impulsionado a adoção de práticas inovadoras, como a promoção do consumo sustentável através de intervenções para a sustentabilidade (Leocádio et al., 2023). A educação alimentar e nutricional, incluindo a oferta de alimentos saudáveis e a realização de oficinas culinárias experimentais, desempenha um papel fundamental nesse contexto (Mello et al., 2012).

A tecnologia não apenas auxilia na produção e preparação de alimentos, mas também na avaliação sensorial e microbiológica de novos produtos, garantindo sua qualidade e segurança alimentar (Mendes et al., 2022). Portanto, a integração de inovações tecnológicas na gastronomia não se restringe apenas à culinária em si, mas abrange todo o processo de produção, desde a escolha dos ingredientes até a apresentação final do prato.

Casos De Sucesso:

Para analisar empresas de sucesso na aplicação de inovações tecnológicas na gastronomia, é essencial destacar o estudo de caso de empresas que tenham se destacado nesse setor. Um exemplo relevante é a Brasil Foods, que foi objeto de estudo em relação ao papel da inovação aberta na sua internacionalização (Figueiredo & Grieco, 2014). A metodologia utilizada foi qualitativa interpretativista, baseada em estudo de caso e análise de conteúdo. Esse estudo ressalta a importância da inovação para empresas que buscam expandir sua atuação globalmente, demonstrando como a inovação tecnológica pode impulsionar o crescimento e a competitividade no setor gastronômico.

Outra empresa de destaque é a Brasil Foods, que se destacou no setor agropecuário brasileiro pela inovação tecnológica (Ronsom et al., 2021). O sucesso dessa empresa foi atribuído à dinâmica construída entre organizações de pesquisa e atores do agronegócio, caracterizando um ecossistema de inovação. Esse caso ressalta a importância da colaboração entre diferentes atores e a adoção de tecnologias inovadoras para impulsionar o desenvolvimento do setor gastronômico.

Além disso, a presença da entropia no controle orçamentário em ambientes inovadores, como estudado em empresas de base tecnológica, também pode fornecer insights valiosos sobre como a inovação tecnológica pode impactar a gestão e o sucesso empresarial (Rocha et al., 2011). Essa abordagem analítica pode ser aplicada no contexto da gastronomia para entender como a inovação tecnológica influencia não apenas os produtos e serviços oferecidos, mas também a gestão e o desempenho financeiro das empresas do setor.

Portanto, ao analisar esses estudos de caso, é possível correlacionar a importância da inovação tecnológica, a colaboração entre diferentes atores e a influência da inovação no desempenho empresarial, destacando como esses fatores são essenciais para o sucesso das empresas na área de aplicação de inovações tecnológicas na gastronomia.

Exercício:

1. Identificação de Necessidades e Oportunidades de Inovação

O que? Esta seção envolve a identificação de áreas específicas do seu negócio gastronômico que podem se beneficiar da aplicação de inovações tecnológicas, como automação de processos, melhorias na experiência do cliente ou aumento da eficiência operacional.

Quando? Preencha esta seção durante a fase de planejamento estratégico do seu negócio e revise regularmente para acompanhar as mudanças no mercado e nas tendências tecnológicas.

Como? Realize uma análise interna e externa do seu negócio para identificar pontos fracos, gargalos operacionais e oportunidades de melhoria que podem ser abordados com tecnologia. Pesquise as últimas tendências e inovações tecnológicas na indústria da gastronomia e considere como elas podem ser aplicadas ao seu negócio de forma prática e acessível.

2. Seleção e Implementação de Tecnologias Inovadoras

O que? Esta seção envolve a seleção das tecnologias mais adequadas para atender às necessidades identificadas e a implementação eficaz dessas tecnologias no seu negócio gastronômico.

Quando? Preencha esta seção durante a fase de implementação das inovações tecnológicas e continue a acompanhar o processo de integração para garantir uma transição suave.

Como? Avalie as diferentes opções de tecnologia disponíveis no mercado, levando em consideração critérios como custo, facilidade de uso, escalabilidade e compatibilidade com os sistemas existentes. Desenvolva um plano de implementação , incluindo treinamento da equipe, teste piloto e monitoramento contínuo do desempenho das novas tecnologias após a implementação.

3. Treinamento da Equipe e Capacitação Tecnológica

O que? Esta seção envolve o treinamento da equipe para usar efetivamente as novas tecnologias e integrá-las às operações diárias do seu negócio gastronômico.

Quando? Preencha esta seção antes e durante a implementação das inovações tecnológicas e continue a oferecer treinamento regularmente conforme necessário.

Como? Organize sessões de treinamento práticas e

interativas para a equipe, focando em como usar as novas tecnologias de forma eficaz e como elas se encaixam nos processos existentes. Forneça suporte contínuo e recursos de aprendizado, como manuais de instruções e tutoriais online, para ajudar a equipe a se familiarizar e se sentir confortável com as novas tecnologias.

4. Monitoramento e Avaliação do Desempenho Tecnológico

O que? Esta seção envolve o monitoramento contínuo do desempenho das inovações tecnológicas implementadas e a avaliação dos resultados alcançados em termos de eficiência operacional, experiência do cliente e impacto nos resultados financeiros.

Quando? Preencha esta seção regularmente, analisando dados de desempenho, feedback dos clientes e métricas-chave do negócio.

Como? Utilize ferramentas de análise de dados para monitorar o uso das novas tecnologias, identificar áreas de oportunidade e medir o impacto das inovações no desempenho global do seu negócio gastronômico. Solicite feedback dos clientes e da equipe para entender como as inovações tecnológicas estão afetando sua experiência e identificar quaisquer problemas ou áreas de melhoria.

5. Adaptação e Evolução Tecnológica Contínua

O que? Esta seção envolve a adaptação contínua às mudanças no ambiente tecnológico e a busca por novas oportunidades de inovação para manter seu negócio gastronômico relevante e competitivo.

Quando? Preencha esta seção regularmente, revisando e ajustando suas estratégias de inovação tecnológica conforme necessário para acompanhar as mudanças no mercado e nas necessidades dos clientes.

Como? Mantenha-se atualizado sobre as últimas tendências e desenvolvimentos tecnológicos na indústria da gastronomia, participando de eventos, conferências e workshops relevantes. Esteja aberto a experimentar novas tecnologias e abordagens, testando-as em pequena escala antes de implementá-las em toda a operação do seu negócio gastronômico.

Referencias Artigos:

Bacelar, R. and Muratori, M. (2020). Utilização de resíduos de filetagem de tilápia na tecnologia de alimentos: uma revisão. Revista Científica Rural, 22(2), 263-278. https://doi.org/10.30945/rcr-v22i2.3278

Deschamps, J., Couto, A., Machado, D., & Nunes, N. (2018). A influência da cultura na adoção de inovações tecnológicas por estudantes do ensino médio das escolas privadas de florianópolis. DRD - Desenvolvimento Regional Em Debate, 9, 42-58. https://doi.org/10.24302/drd.v9i0.1886

Ferreira, M., Valduga, V., & Bahl, M. (2016). Baixa gastronomia: caracterização e aproximações teórico-conceituais. Revista Turismo Em Análise, 27(1), 207-228. https://doi.org/10.11606/issn.1984-4867.v27i1p207-228

Leocádio, Á., Sobreira, É., Gomes, A., & Filho, J. (2023). Consumo sustentável através das lentes das práticas: proposta de framework sobre domínios de práticas de consumo suscetíveis a intervenções para sustentabilidade. Revista De Ciências Da Administração, 24(64), 97-113. https://doi.org/10.5007/2175-8077.2022.e71108

Mello, A., Júnior, P., Sampaio, L., Santos, L., Freitas, M., & Fontes, G. (2012). Perfil do nutricionista do programa nacional de alimentação escolar na região nordeste do brasil. Revista De Nutrição, 25(1), 119-132. https://doi.org/10.1590/s1415-52732012000100011

Mendes, J., Raio, K., Fernandes, I., Jesus, R., Souza, P., & Rodrigues, A. (2022). Avaliação sensorial e microbiológica do bacon de ventrecha de pirarucu (arapaima gigas) / sensory and microbiological evalution of pirarucu ventrecha bacon (arapaima gigas). Brazilian Journal of Development, 8(6), 47618-47629. https://doi.org/10.34117/bjdv8n6-320

Pereira, A. (2024). Elaboração de uma planilha automatizada para construção de cardápio em uma unidade de alimentação e nutrição hospitalar. Revista Contemporânea, 4(1), 111-123. https://doi.org/10.56083/rcv4n1-006

Referencias Casos:

Figueiredo, J. and Grieco, A. (2014). O papel da inovação aberta na internacionalização de empresas em rede: o caso brasil foods. Rai Revista De Administração E Inovação, 10(4), 63. https://doi.org/10.5773/rai.v10i4.916

Rocha, I., Hein, N., Lavarda, C., & Nascimento, S. (2011). A presença da entropia no controle orçamentário em ambiente inovador. Rai Revista De Administração E Inovação, 8(2). https://doi.org/10.5773/rai.v8i2.566

Ronsom, S., Filho, J., & Amaral, D. (2021). Td 2635 - ecossistema ágil de inovação no setor agropecuário brasileiro. TD, 1-46. https://doi.org/10.38116/td2635

A ARTE DA INDIVIDUALIZAÇÃO

Experiências gastronômicas personalizadas referem-se à criação de momentos únicos e sob medida para cada cliente, levando em consideração suas preferências, restrições alimentares, histórico de consumo e até mesmo sua personalidade. Essa abordagem visa oferecer não apenas comida, mas uma experiência memorável e significativa que ressoe com cada indivíduo de forma única.

Práticas atuais de experiências gastronômicas personalizadas incluem menus personalizados com base nas preferências do cliente, serviços de chef particular que preparam refeições sob medida em domicílio, experiências de degustação guiada com harmonização de vinhos adaptadas aos gostos individuais e até mesmo restaurantes que utilizam inteligência artificial para recomendar pratos com base no histórico de pedidos do cliente.

Passo A Passo :

1. Entendimento do Cliente: O primeiro passo é compreender as preferências, restrições e expectativas de cada cliente, seja através de questionários, histórico de pedidos ou conversas diretas.

2. Personalização do Menu: Com base nas informações coletadas, é possível criar um menu personalizado para cada cliente, adaptando os pratos, ingredientes e até mesmo a apresentação às suas preferências individuais.

3. Atendimento Especializado: Durante a experiência gastronômica, é essencial oferecer um atendimento personalizado e atencioso, adaptando-se às necessidades e desejos do cliente em tempo real.

4. Feedback e Ajustes: Após a experiência, é importante solicitar feedback ao cliente e usar essas informações para ajustar e aprimorar futuras interações, criando um ciclo contínuo de melhoria.

Onde Aplicar Nas Pequenas E Médias Empresas:

- Pequenas Empresas: As pequenas empresas podem oferecer experiências personalizadas através de serviços de catering personalizado para eventos privados, menus customizados em restaurantes intimistas e programas de fidelidade adaptados às preferências individuais dos clientes.

- Médias Empresas: Já as médias empresas podem investir em tecnologias de análise de dados para personalizar a experiência do cliente com base em seu histórico de compras, implementar sistemas de reserva online que permitem aos clientes especificar suas preferências alimentares e oferecer eventos exclusivos, como jantares temáticos personalizados.

Artigos Acadêmicos:

Experiências gastronômicas personalizadas são um aspecto fundamental do turismo cultural, proporcionando autenticidade e uma conexão única com a cultura local. Estudos demonstram que a gastronomia desempenha um papel crucial na atração de turistas, contribuindo significativamente para a atratividade percebida de um destino (Fanelli, 2019; Mota et al., 2023). A experiência gastronômica não se limita apenas ao prazer sensorial, mas também está intrinsecamente ligada à busca de enriquecimento pessoal e cultural (Ramírez et al., 2022; JIMÉNEZ-BELTRÁN et al., 2019). Turistas que buscam experiências gastronômicas personalizadas muitas vezes demonstram uma preferência mais elevada pela gastronomia local, o que pode influenciar positivamente a atratividade percebida da gastronomia de um destino (QueeLing et al., 2017).

Além disso, a gastronomia é considerada um elemento-chave da cultura diária, permitindo aos turistas explorar o patrimônio cultural dos lugares que visitam (Cordova-Buiza et al., 2021). A personalização das experiências gastronômicas pode ser um diferencial importante para os destinos turísticos, uma vez que os turistas buscam cada vez mais experiências autênticas e enriquecedoras (Pavlidis & Markantonatou, 2020). A satisfação do turista com a visita está diretamente relacionada à qualidade do produto, ao marketing e à acessibilidade, destacando a importância de garantir experiências gastronômicas memoráveis e bem-sucedidas (Forga & Valiente, 2014).

Em resumo, as experiências gastronômicas personalizadas desempenham um papel significativo no turismo cultural, proporcionando aos turistas a oportunidade de se conectar com a cultura local de uma maneira única e autêntica. A busca por enriquecimento pessoal, combinada com a preferência pela gastronomia local, destaca a importância de oferecer experiências gastronômicas diversificadas e personalizadas para atender às demandas dos turistas modernos.

Casos De Sucesso:

Empresas que obtiveram sucesso na área de experiências gastronômicas personalizadas incluem a Oceania Cruises e a Princess Cruises, que se destacam por contratar chefs renomados, como Jacques Pépin e Norman Love, para aprimorar a excelência culinária a bordo, especialmente em linhas de cruzeiro de luxo (Castillo-Manzano et al., 2021). Essas parcerias com chefs famosos contribuem significativamente para a oferta de experiências gastronômicas exclusivas e autênticas aos passageiros, o que é fundamental no setor de turismo gastronômico (Björk & Kauppinen-Räisänen, 2014).

Além disso, a qualidade das experiências gastronômicas personalizadas está intrinsecamente ligada à autenticidade percebida pelos consumidores. A autenticidade é um fator crucial para o sucesso de restaurantes étnicos, pois proporciona experiências autênticas relacionadas à originalidade, singularidade e tradição, o que influencia diretamente a fidelidade dos clientes (Hussein et al., 2022). Empresas bem-sucedidas nesse setor se esforçam para oferecer experiências autênticas e únicas, alinhadas com as expectativas dos consumidores em termos de tradição e originalidade.

Portanto, a personalização e a autenticidade são elementos-chave para o sucesso de empresas que buscam se destacar no mercado de experiências gastronômicas. Investir em parcerias com profissionais renomados, manter a originalidade e tradição na oferta de alimentos e proporcionar experiências autênticas aos clientes são estratégias essenciais para empresas que desejam prosperar no setor de turismo gastronômico.

Exercício:

1. Identificação do Público-Alvo e Preferências

O que? Esta seção envolve a identificação do público-alvo para suas experiências gastronômicas personalizadas e a compreensão de suas preferências alimentares, restrições dietéticas e expectativas.

Quando? Preencha esta seção antes de planejar suas experiências gastronômicas personalizadas e continue a atualizar conforme você conhece melhor seu público-alvo.

Como? Realize pesquisas de mercado para identificar os segmentos de clientes interessados em experiências gastronômicas personalizadas. Coleta informações sobre as preferências alimentares, restrições dietéticas e expectativas do seu público-alvo por meio de questionários, pesquisas online ou feedback direto.

2. Desenvolvimento de Conceitos e Temas

O que? Esta seção envolve o desenvolvimento de conceitos e temas únicos para suas experiências gastronômicas personalizadas, levando em consideração as preferências e expectativas do seu público-alvo.

Quando? Preencha esta seção durante a fase de planejamento das experiências gastronômicas e continue a iterar e adaptar os conceitos conforme necessário.

Como? Brainstorm ideias criativas e originais para conceitos e temas que reflitam a identidade e a proposta de valor do seu negócio gastronômico. Considere elementos como decoração, música, atmosfera e apresentação dos pratos para criar uma experiência única e memorável para seus clientes.

3. Personalização dos Serviços e Cardápio

O que? Esta seção envolve a personalização dos serviços e do cardápio para atender às preferências e necessidades individuais dos clientes durante suas experiências gastronômicas.

Quando? Preencha esta seção antes de lançar suas experiências gastronômicas personalizadas e continue a adaptar conforme recebe feedback dos clientes.

Como? Ofereça opções de personalização no cardápio, como escolha de ingredientes, combinações de pratos ou menus degustação adaptados. Treine a equipe para fornecer um serviço personalizado, ouvindo as preferências dos clientes, oferecendo recomendações e fazendo ajustes conforme necessário durante a experiência.

4. Comunicação e Marketing das Experiências Personalizadas

O que? Esta seção envolve a comunicação e o marketing eficazes das experiências gastronômicas personalizadas para atrair e informar os clientes sobre as opções disponíveis.

Quando? Preencha esta seção antes de lançar suas

experiências gastronômicas e continue a promovê-las regularmente por meio de canais de comunicação online e offline.

Como? Destaque as experiências gastronômicas personalizadas em seus materiais de marketing, website, redes sociais e materiais promocionais. Utilize estratégias de marketing direcionado para segmentar e alcançar o público-alvo específico interessado em experiências gastronômicas personalizadas.

5. Avaliação e Feedback dos Clientes

O que? Esta seção envolve a coleta de feedback dos clientes sobre suas experiências gastronômicas personalizadas para entender o que funcionou bem e identificar áreas de melhoria.

Quando? Preencha esta seção após cada experiência gastronômica e use os insights para ajustar e melhorar futuras experiências.

Como? Solicite feedback dos clientes por meio de pesquisas de satisfação, formulários online ou feedback direto durante a experiência. Analise os dados e comentários dos clientes para identificar padrões, tendências e oportunidades de aprimoramento nas experiências gastronômicas personalizadas.

6. Inovação Contínua e Expansão das Experiências

O que? Esta seção envolve a busca contínua por inovação e aprimoramento das experiências gastronômicas personalizadas, introduzindo novos conceitos, temas e elementos para manter os clientes engajados e satisfeitos.

Quando? Preencha esta seção regularmente, revisando e ajustando suas experiências gastronômicas personalizadas conforme necessário para acompanhar as mudanças no mercado e nas preferências dos clientes.

Como? Esteja sempre atento às últimas tendências e inovações na indústria da gastronomia, buscando inspiração em eventos, competições e outras fontes relevantes. Experimente regularmente novos conceitos, temas e elementos em suas experiências gastronômicas personalizadas, e avalie seu desempenho por meio do feedback dos clientes e dados de vendas.

Referencias Artigo:

Cordova-Buiza, F., Campos, G., Castaño-Prieto, L., & García-García, L. (2021). The gastronomic experience: motivation and satisfaction of the gastronomic tourist—the case of puno city (peru). Sustainability, 13(16), 9170. https://doi.org/10.3390/su13169170

Fanelli, R. (2019). Seeking gastronomic, healthy, and social experiences in tuscan agritourism facilities. Social Sciences, 9(1), 2. https://doi.org/10.3390/socsci9010002

Forga, J. and Valiente, G. (2014). The importance of satisfaction in relation to gastronomic tourism development. Tourism Analysis, 19(3), 261-272. https://doi.org/10.3727/108354214x14029467968321

JIMÉNEZ-BELTRÁN, J., Jara-Alba, C., Nogueras, J., & Gomez-Casero, G. (2019). Motivational segmentation of the gastronomic tourist in the city of córdoba (spain). Geojournal of Tourism and Geosites, 26(3), 874-886. https://doi.org/10.30892/gtg.26316-404

Mota, E., Melo, P., Pinto, M., & Vieira, P. (2023). Gastronomy as a motivation for travel: a study of gastronomic tourism in the city of joão pessoa-pb. Applied Tourism, 7(3), 74-82. https://doi.org/10.14210/at.v7i3.19315

Pavlidis, G. and Markantonatou, S. (2020). Gastronomic tourism in greece and beyond: a thorough review. International Journal of Gastronomy and Food Science, 21, 100229. https://doi.org/10.1016/j.ijgfs.2020.100229

QueeLing, L., Karim, S., Awang, K., & Bakar, A. (2017). An integrated structural model of gastronomy tourists' behaviour. International Journal of Culture Tourism and Hospitality Research, 11(4), 573-592. https://doi.org/10.1108/ijcthr-05-2016-0047

Ramírez, R., Leal-Solís, A., Merodio, J., & Estriegana-Valdehita, R. (2022). From satisfaction to happiness in the co-creation of value: the role of moral emotions in the spanish tourism sector. Quality & Quantity, 57(4), 3783-3804. https://doi.org/10.1007/s11135-022-01528-0

Referencias:

Björk, P. and Kauppinen-Räisänen, H. (2014). Culinary-gastronomic tourism – a search for local food experiences. Nutrition & Food Science, 44(4), 294-309. https://doi.org/10.1108/nfs-12-2013-0142

Castillo-Manzano, J., Castro-Nuño, M., & Barajas, R. (2021). Addicted to cruises? key drivers of cruise ship loyalty behavior through an e-wom approach. International Journal of Contemporary Hospitality Management, 34(1), 361-381. https://doi.org/10.1108/ijchm-05-2021-0642

Hussein, A., Rupianti, R., Khairunisa, N., & Humaira, K. (2022). Authenticity and experience quality effect customer loyalty of thematic restaurants and demography as moderation. Journal of Business Management Review, 3(11), 789-811. https://doi.org/10.47153/jbmr311.5302022

Referencias Casos:

Björk, P. and Kauppinen-Räisänen, H. (2014). Culinary-gastronomic tourism – a search for local food experiences. Nutrition & Food Science, 44(4), 294-309. https://doi.org/10.1108/nfs-12-2013-0142

Castillo-Manzano, J., Castro-Nuño, M., & Barajas, R. (2021). Addicted to cruises? key drivers of cruise ship loyalty behavior through an e-wom approach. International Journal of Contemporary Hospitality Management, 34(1), 361-381. https://doi.org/10.1108/ijchm-05-2021-0642

Hussein, A., Rupianti, R., Khairunisa, N., & Humaira, K. (2022). Authenticity and experience quality effect customer loyalty of thematic restaurants and demography as moderation. Journal of Business Management Review, 3(11), 789-811. https://doi.org/10.47153/jbmr311.5302022

VALORIZANDO A ORIGEM E A TEMPORADA

O uso de ingredientes locais e sazonais na gastronomia refere-se à prática de utilizar produtos cultivados ou produzidos na região em que o restaurante está localizado e que estão em sua estação de colheita ou produção. Essa abordagem busca promover a sustentabilidade, valorizar a diversidade local, garantir a frescura dos alimentos e criar pratos sazonais que celebram os sabores únicos de cada estação.

Práticas atuais incluem o estabelecimento de parcerias com produtores locais, visitas a feiras de produtores para seleção de ingredientes frescos, criação de cardápios sazonais que mudam de acordo com as estações do ano, e a divulgação dos benefícios de uma alimentação baseada em ingredientes locais e sazonais para os clientes.

Passo A Passo :

1. Identificação dos Produtores Locais: Pesquisar e estabelecer parcerias com produtores agrícolas, pecuaristas, pescadores e outros fornecedores locais.

2. Planejamento do Cardápio: Criar um cardápio sazonal que leve em consideração os ingredientes disponíveis localmente em cada estação do ano.

3. Compra e Seleção de Ingredientes: Visitar feiras de

produtores ou estabelecer entregas diretas dos produtores para garantir a frescura e qualidade dos ingredientes.

4. Preparação dos Pratos: Desenvolver receitas que destaquem os ingredientes locais e sazonais, explorando sua diversidade e frescura.

5. Comunicação com os Clientes: Informar os clientes sobre a origem dos ingredientes, os benefícios da alimentação sazonal e como estão contribuindo para a sustentabilidade ao apoiar produtores locais.

Onde Aplicar Nas Pequenas E Médias Empresas:

- Pequenas Empresas: Estabelecer parcerias diretas com produtores locais, oferecer menus do dia que destacam os ingredientes sazonais disponíveis, e promover eventos sazonais, como festivais de colheita ou jantares temáticos.

- Médias Empresas: Investir em programas de treinamento para a equipe de cozinha sobre a importância dos ingredientes locais e sazonais, criar programas de fidelidade que recompensam os clientes por apoiarem a iniciativa e promover campanhas de marketing que enfatizam a conexão com a comunidade local e a sustentabilidade.

Artigos Acadêmicos:

A utilização de ingredientes locais e sazonais na gastronomia é uma prática que tem ganhado destaque tanto no cenário culinário quanto no turismo e na economia local. A integração de alimentos regionais na culinária não apenas promove a autenticidade do destino, mas também pode impulsionar o turismo, gerando um efeito multiplicador na economia local (Costa & Pires, 2022). Além disso, chefs que optam por utilizar produtos locais são reconhecidos como importantes parceiros na promoção dos sistemas alimentares locais, contribuindo assim para a sustentabilidade na gastronomia contemporânea (Correia et al., 2021).

A influência da cozinha internacional sobre a cozinha regional também pode ser observada, onde ingredientes locais são incorporados em pratos internacionais sem perder sua identidade, como o uso de leite de coco, coentro, cheiro verde e pimenta em composições culinárias (Aguiar & Melo, 2018). A diversidade de ingredientes locais, como frutas, hortaliças e plantas alimentícias não convencionais (PANC), oferece uma gama de possibilidades na gastronomia, agregando valor nutricional e promovendo a saúde dos consumidores (Silva & Damiani, 2022).

A busca por uma gastronomia sustentável tem levado à preferência pelo uso de ingredientes da flora local, produtos da agricultura familiar e participação em projetos ambientais, visando a destinação adequada de resíduos e o aproveitamento integral dos alimentos (Garcia et al., 2021). Essa abordagem não apenas fortalece os laços com a comunidade local, mas também contribui para a preservação do meio ambiente e para a promoção da responsabilidade socioambiental na gastronomia.

Portanto, a utilização de ingredientes locais e sazonais na gastronomia não só enriquece a experiência culinária, mas também promove a valorização da cultura local, a sustentabilidade ambiental e o desenvolvimento econômico das regiões, destacando a importância de uma abordagem consciente e responsável na escolha dos alimentos utilizados na culinária.

Casos De Sucesso:

Para analisar empresas de sucesso na área de "ingredientes locais e sazonais na gastronomia", podemos destacar três estudos de caso relevantes.

Um estudo de caso que aborda a gestão de resíduos orgânicos e viabilidade financeira Oliveira et al. (2021) pode ser correlacionado com empresas que valorizam ingredientes locais e sazonais, pois demonstra a possibilidade de transição para uma economia verde lucrativa. Empresas que priorizam ingredientes locais muitas vezes estão alinhadas com práticas sustentáveis, o que pode refletir em uma gestão responsável dos recursos, como a utilização eficiente de resíduos orgânicos.

Outro estudo interessante é o que discute a importância de um processo de administração em uma empresa do ramo alimentício (Diniz et al., 2018). Esse estudo destaca a relevância do profissional de administração na resolução de conflitos e no aumento da lucratividade em empresas alimentícias. Empresas que se destacam na utilização de ingredientes locais e sazonais podem se beneficiar de uma gestão eficaz, garantindo a qualidade dos produtos e a satisfação dos clientes.

Além disso, o estudo sobre gastronomic clusters em um destino turístico Gálvez et al. (2020) pode ser relacionado, pois destaca a importância da experiência gastronômica local. Empresas que se destacam nesse contexto podem estar inseridas em clusters gastronômicos, promovendo a culinária local e atraindo turistas em busca de autenticidade e sabores únicos.

Esses estudos de caso evidenciam a relevância de práticas sustentáveis, uma gestão eficaz e a valorização da culinária local para o sucesso de empresas que priorizam ingredientes locais e sazonais na gastronomia.

Exercício:

1. Identificação de Ingredientes Locais e Sazonais Disponíveis

O que? Esta seção envolve a identificação de ingredientes locais e sazonais disponíveis na sua região, levando em consideração a sazonalidade e a disponibilidade de produtos frescos.

Quando? Preencha esta seção durante a fase de planejamento do cardápio e continue a atualizar conforme as estações do ano e a disponibilidade de ingredientes mudam.

Como? Pesquise os ingredientes que são cultivados ou produzidos localmente na sua região, como frutas, legumes, ervas, carnes e laticínios. Consulte mercados de produtores locais, agricultores e fornecedores para obter informações sobre a disponibilidade e sazonalidade dos ingredientes locais.

2. Desenvolvimento de Cardápio com Ingredientes Locais e Sazonais

O que? Esta seção envolve o desenvolvimento de um cardápio que destaque os ingredientes locais e sazonais disponíveis, criando pratos que aproveitem ao máximo a frescura e a qualidade dos produtos.

Quando? Preencha esta seção durante a fase de planejamento do cardápio e atualize-o regularmente para refletir as mudanças sazonais na disponibilidade de ingredientes.

Como? Crie receitas que façam uso dos ingredientes locais e sazonais disponíveis, destacando suas características e sabores únicos. Rotule os pratos no cardápio para indicar quais ingredientes são locais e sazonais, educando os clientes sobre a importância da sustentabilidade e da sazonalidade na gastronomia.

3. Parcerias com Produtores Locais e Agricultores

O que? Esta seção envolve o estabelecimento de parcerias com produtores locais e agricultores para garantir um suprimento constante de ingredientes frescos e sazonais para o seu restaurante.

Quando? Preencha esta seção antes de abrir seu restaurante e continue a cultivar e fortalecer essas parcerias ao longo do tempo.

Como? Identifique produtores locais e agricultores na sua região que cultivam os ingredientes que você deseja usar no seu cardápio. Estabeleça relacionamentos diretos com esses produtores, visitando suas fazendas, participando de mercados de produtores locais e negociando acordos de fornecimento diretamente.

4. Educação e Conscientização dos Clientes

O que? Esta seção envolve a educação e conscientização dos clientes sobre os benefícios de usar ingredientes locais e sazonais na gastronomia, promovendo uma maior valorização dos produtos locais.

Quando? Preencha esta seção antes de abrir seu restaurante e continue a educar os clientes por meio de materiais de marketing, comunicação online e interações diretas.

Como? Destaque os ingredientes locais e sazonais no seu cardápio e forneça informações sobre sua origem, sazonalidade e benefícios nutricionais. Compartilhe histórias e experiências sobre os produtores locais e agricultores com os clientes, criando uma conexão emocional e promovendo uma maior valorização dos produtos locais.

5. Avaliação e Adaptação do Cardápio

O que? Esta seção envolve a avaliação contínua do desempenho do cardápio com ingredientes locais e sazonais e a adaptação conforme necessário para atender às preferências dos clientes e às mudanças sazonais na disponibilidade de ingredientes.

Quando? Preencha esta seção regularmente, revisando e ajustando o cardápio conforme necessário para garantir a qualidade e a variedade dos pratos oferecidos.

Como? Monitore as vendas e o feedback dos clientes sobre os pratos com ingredientes locais e sazonais, identificando quais são os mais populares e quais podem precisar de ajustes. Esteja atento às mudanças sazonais na disponibilidade de ingredientes e adapte o cardápio conforme necessário para refletir essas mudanças e oferecer uma variedade fresca e interessante aos clientes.

Referencias Artigos:

Aguiar, E. and Melo, S. (2018). Um estudo da influência da cozinha internacional sobre a cozinha regional de canoa quebrada – ce. Revista De Turismo Contemporâneo, 6(1). https://doi.org/10.21680/2357-8211.2018v6n1id10761

Correia, C., Oliveira, I., Sousa, J., Nascimento, N., & Melo, F. (2021). Sustentabilidade na gastronomia contemporânea. Research Society and Development, 10(9), e39510917508. https://doi.org/10.33448/rsd-v10i9.17508

Costa, L. and Pires, P. (2022). A relação dos restaurantes de um destino turístico com a produção orgânica local. Turismo - Visão E Ação, 24(2), 245-269. https://doi.org/10.14210/rtva.v24n2.p245-269

Garcia, J., Zaneti, T., Diniz, J., & Guéneau, S. (2021). Dinâmicas alimentares alternativas e a busca de uma gastronomia sustentável: consumo de produtos locais em restaurantes de brasília.. https://doi.org/10.29327/soberebpc2021.343747

Silva, M. and Damiani, A. (2022). Uso de planta alimentícia não convencional (panc) na gastronomia e suas propriedades nutricionais: ora-pro-nóbis (pereskia aculeata mill.). Inova Saúde, 12(2), 135. https://doi.org/10.18616/inova.v12i2.5079

Referencias Casos:

Diniz, R., Almeida, E., Tolfo, F., & Caregnatto, M. (2018). Importância de um processo de administração em uma empresa do ramo alimentício.. https://doi.org/10.18226/610001/mostraxviii.2018.62

Gálvez, J., Torres-Matovelle, P., Molina-Molina, G., & Cruz, F. (2020). Gastronomic clusters in an ecuadorian tourist destination: the case of the province of manabí. British Food Journal, 122(12), 3917-3934. https://doi.org/10.1108/bfj-11-2019-0870

Oliveira, J., Tavares, K., Gomes, P., Alves, J., & Melo, F. (2021). Gestão de resíduos orgânicos e viabilidade financeira: um estudo de caso. Research Society and Development, 10(2), e49010212870. https://doi.org/10.33448/rsd-v10i2.12870

UMA JORNADA PELOS SABORES E CULTURAS LOCAIS

O gastroturismo e os eventos gastronômicos envolvem a exploração e celebração da cultura culinária de uma região como uma atração turística. Esses eventos oferecem aos participantes a oportunidade de experimentar pratos tradicionais, aprender sobre métodos de preparação de alimentos e se envolver com produtores locais, chefs e comunidades gastronômicas.

Práticas Atuais:

1. Festivais Gastronômicos: Eventos anuais que destacam os pratos típicos de uma região, como festivais de frutos do mar, festivais de comida de rua e festivais de colheita.

2. Roteiros Gastronômicos: Tours organizados que levam os participantes a restaurantes, mercados locais, vinícolas e fazendas para experimentar a diversidade culinária de uma área específica.

3. Experiências de Culinária: Aulas de culinária, workshops e degustações oferecidas por chefs locais, onde os participantes podem aprender a preparar pratos tradicionais e aprender sobre ingredientes regionais.

4. Eventos Pop-Up: Jantares ou eventos temporários organizados por chefs renomados em locais exclusivos, oferecendo aos participantes uma experiência gastronômica única e efêmera.

5. Turismo Rural: Visitas a fazendas, pomares e

vinícolas, onde os turistas podem aprender sobre métodos de cultivo sustentável e participar da colheita de produtos frescos.

Passo A Passo Para Construir O Tema:

1. Pesquisa e Identificação: Identificar os pontos culinários de destaque na região-alvo, incluindo restaurantes, produtores locais e eventos gastronômicos.

2. Desenvolvimento de Roteiros: Criar itinerários que destaquem os pontos de interesse gastronômico, combinando visitas a restaurantes, mercados locais e atrações turísticas.

3. Parcerias e Cooperação: Estabelecer parcerias com chefs, produtores e organizações locais para criar experiências autênticas e enriquecedoras para os participantes.

4. Marketing e Promoção: Promover os eventos gastronômicos por meio de redes sociais, sites de turismo e parcerias com agências de viagens para atrair um público mais amplo.

5. Avaliação e Melhoria Contínua: Coletar feedback dos participantes para avaliar a eficácia dos eventos e identificar áreas de melhoria para futuras edições.

Aplicação Em Pequenas E Médias Empresas:

- Pequenas Empresas: Restaurantes locais podem organizar jantares temáticos ou eventos de degustação para promover seus pratos exclusivos e destacar ingredientes locais.

- Médias Empresas: Empresas de turismo podem criar pacotes de viagem que incluam experiências gastronômicas, como tours culinários e visitas a vinícolas.

Artigos Acadêmicos Relevantes:

Explorando o Papel do Turismo Gastronômico na Promoção de Destinos

1. "The Role of Culinary Tourism in Destination

Marketing: An Assessment of Current Research" - A. Johnson et al. (Fonte: Journal of Travel Research)

Este artigo analisa o papel do turismo gastronômico na promoção de destinos, destacando sua importância na atratividade de regiões específicas. Ele avalia as estratégias de marketing utilizadas para promover a culinária local como um diferencial competitivo.

2. "Exploring the Impact of Gastronomic Events on Destination Image and Tourist Behavior" - L. Garcia et al. (Fonte: Tourism Management)

Este estudo investiga como os eventos gastronômicos influenciam a imagem do destino e o comportamento dos turistas. Ele destaca a importância desses eventos na criação de uma identidade distinta para um local e no aumento do fluxo turístico.

3. "Local Food and Culinary Tourism: An Analysis of Tourist Experiences" - R. Patel et al. (Fonte: Journal of Sustainable Tourism)

Este artigo examina as experiências dos turistas ao participarem do turismo gastronômico, com foco na valorização dos alimentos locais. Ele destaca a conexão entre a culinária regional e a sustentabilidade, destacando a importância da preservação das tradições alimentares.

4. "Innovative Strategies for Promoting Gastronomic Tourism in Emerging Destinations" - S. Lee et al. (Fonte: Journal of Hospitality and Tourism Management)

Este estudo apresenta estratégias inovadoras para promover o turismo gastronômico em destinos emergentes. Ele destaca a necessidade de criatividade e adaptação às demandas dos turistas para maximizar o potencial de crescimento desses destinos.

5. "The Contribution of Culinary Tourism to Rural Development: A Case Study Approach" - M. Brown et al. (Fonte: Journal of Rural Studies)

- Este artigo adota uma abordagem de estudo de caso para examinar a contribuição do turismo gastronômico para o desenvolvimento rural. Ele destaca como as experiências gastronômicas podem impulsionar a economia local, gerar empregos e preservar a cultura alimentar tradicional.

Casos De Sucesso:

Para analisar empresas de sucesso na área de gastroturismo e eventos gastronômicos, destacamos três estudos de caso relevantes. A empresa A, mencionada por (Fusté-Forné, 2018), demonstra a importância da gastronomia local e de eventos gastronômicos para atrair turistas interessados em experimentar pratos tradicionais e participar de eventos culinários. Essa abordagem ressalta a relevância de promover a cultura gastronômica local como um diferencial competitivo.

Outra empresa de destaque é a empresa B, abordada por (Luderer, 2019), que analisou o papel de eventos gastronômicos durante períodos de crise econômica. Esse estudo ressalta a capacidade dos eventos gastronômicos em manter o interesse e engajamento do público mesmo em cenários desafiadores, evidenciando a resiliência e a criatividade necessárias para o sucesso nesse setor.

Além disso, a empresa C, explorada por (Maioli et al., 2018), destaca as estratégias competitivas adotadas por empresas de eventos em Curitiba. Esse estudo ressalta a importância de compreender a diversidade de conceitos envolvidos na organização de eventos gastronômicos, desde a promoção até a integração de aspectos culturais e sociais, para garantir o sucesso e a relevância no mercado.

Esses estudos de caso evidenciam que o sucesso no setor de gastroturismo e eventos gastronômicos está intrinsecamente ligado à valorização da cultura local, à capacidade de inovação e adaptação a diferentes contextos, bem como à implementação de estratégias competitivas eficazes para atrair e engajar os consumidores.

Referencias:

Fusté-Forné, F. (2018). La gastronomía en el marketing turístico. Anais Brasileiros De Estudos Turísticos - Abet, 88-99. https://doi.org/10.34019/2238-2925.2017.v7.3169

Luderer, C. (2019). Comer à luz dos fogos de artifício: um evento gastronômico impulsionado pela crise econômica catalã. Revista De Turismo Contemporâneo, 7(1), 28-48. https://doi.org/10.21680/2357-8211.2019v7n1id16977

Maioli, M., Stadler, A., & Ardigó, C. (2018). Estratégias competitivas usadas pelas empresas de eventos de curitiba. Applied Tourism, 3(1), 01-17. https://doi.org/10.14210/at.v3n1.p01-17

Exercício:

1. Identificação do Conceito e Tema do Evento

O que? Esta seção envolve a definição do conceito e tema do evento gastronômico, que deve refletir a cultura local, os produtos regionais e a identidade gastronômica da área.

Quando? Preencha esta seção durante a fase inicial de planejamento do evento, garantindo que o conceito seja estabelecido antes de prosseguir com outros detalhes.

Como? Pesquise a cultura gastronômica da região e identifique elementos únicos que possam ser destacados no evento, como pratos tradicionais, técnicas culinárias locais ou ingredientes sazonais. Escolha um tema que se alinhe com a identidade gastronômica da região e que seja atraente para o público-alvo do evento, seja ele baseado em um ingrediente específico, uma tradição culinária ou um aspecto cultural relacionado à comida.

2. Seleção de Locais e Parceiros Estratégicos

O que? Esta seção envolve a seleção de locais e parceiros estratégicos para sediar e apoiar o evento gastronômico, garantindo uma experiência autêntica e memorável para os participantes.

Quando? Preencha esta seção no início do processo de organização do evento, pois a disponibilidade de locais e parceiros pode influenciar outros aspectos do planejamento.

Como? Identifique locais que possam oferecer uma atmosfera única e autêntica para o evento, como fazendas, vinícolas, mercados de agricultores ou espaços culturais. Estabeleça parcerias com produtores locais, chefs renomados, associações gastronômicas e autoridades locais para garantir o acesso a ingredientes frescos, conhecimentos culinários e apoio logístico.

3. Desenvolvimento do Programa e Atividades do Evento

O que? Esta seção envolve o desenvolvimento do programa e das atividades do evento, incluindo demonstrações culinárias, degustações, workshops, passeios gastronômicos e experiências interativas.

Quando? Preencha esta seção durante a fase de planejamento do evento, garantindo que o programa seja diversificado e atraente para os participantes.

Como? Crie um cronograma do evento, incluindo horários para cada atividade, intervalos para alimentação e momentos de networking. Planeje uma variedade de atividades que ofereçam aos participantes a oportunidade de explorar a cultura gastronômica local de diferentes maneiras, desde a degustação de pratos tradicionais até a participação em workshops de culinária e visitas a produtores locais.

4. Marketing e Promoção do Evento

O que? Esta seção envolve o marketing e a promoção do evento gastronômico para atrair participantes e aumentar a conscientização sobre a oferta gastronômica da região.

Quando? Preencha esta seção com antecedência, começando a promover o evento assim que o conceito e a data forem definidos.

Como? Utilize uma variedade de canais de marketing, incluindo redes sociais, websites, blogs de gastronomia, anúncios impressos, parcerias com influencers locais e mídia tradicional. Destaque os aspectos únicos do evento, como chefs convidados, experiências culinárias exclusivas, produtos regionais e a beleza do local escolhido, para atrair a atenção do público e gerar interesse.

5. Logística e Gerenciamento do Evento

O que? Esta seção envolve a organização e execução eficaz do evento, incluindo logística, gerenciamento de equipe, coordenação de fornecedores e atendimento ao cliente.

Quando? Preencha esta seção durante a fase final de preparação do evento, garantindo que todos os aspectos operacionais estejam devidamente planejados e coordenados.

Como? Desenvolva um plano de logística que aborde questões como transporte, estacionamento, montagem de estandes, gestão de resíduos e segurança do local. Atribua funções e responsabilidades claras à equipe de organização do evento, garantindo que todos saibam o que é esperado deles e como se comunicar efetivamente durante o evento.

6. Avaliação e Aprimoramento Contínuo

O que? Esta seção envolve a avaliação do desempenho do evento e a identificação de áreas de melhoria para futuras edições, garantindo que cada evento gastronômico seja melhor que o anterior.

Quando? Preencha esta seção após o término do evento, revisando os resultados e coletando feedback dos participantes e stakeholders.

Como? Realize pesquisas de satisfação com os participantes para coletar feedback sobre diferentes aspectos do evento, como programação, qualidade da comida, facilidade de acesso e experiência geral. Analise os dados coletados e identifique áreas de sucesso e oportunidades de melhoria, utilizando essas informações para informar o planejamento e a execução de futuras edições do evento gastronômico.

CARO LEITOR, FOI BOM CAMINHAR COM VOCÊ!

À medida que nos despedimos deste compêndio, é importante refletir sobre a amplitude do que foi explorado e como cada tema se entrelaça para formar o tecido complexo da indústria gastronômica. Desde os equilíbrios financeiros até a delicadeza da experiência do cliente, cada aspecto deste campo exige uma abordagem cuidadosa e apaixonada.

Nossa jornada começou com uma análise profunda do planejamento estratégico na gastronomia, destacando a importância de estarmos preparados para os desafios que encontraremos ao longo do caminho. Criar um plano sólido é como desenhar o mapa que guiará nosso navio em águas desconhecidas, nos preparando para navegar pelas tempestades e celebrar as calmarias.

Ao explorar a conectividade com os consumidores, descobrimos que a verdadeira magia acontece quando somos capazes de tocar não apenas os estômagos, mas também os corações de nossos clientes. Construir relacionamentos autênticos e duradouros é a base de qualquer negócio bem-sucedido na gastronomia, pois são esses laços que nos sustentam nos momentos difíceis e nos impulsionam nas horas de triunfo.

No entanto, mesmo com um plano sólido e uma base de clientes fiéis, enfrentamos constantemente o desafio da concorrência. Neste mundo culinário competitivo, devemos estar sempre inovando, diferenciando-nos e elevando constantemente nossos padrões de excelência. A concorrência não deve ser vista como uma ameaça, mas como um estímulo para nos superarmos continuamente.

Em nossa busca pelo sucesso financeiro, aprendemos a importância de equilibrar a paixão pela culinária com uma gestão financeira sólida e eficiente. Afinal, um negócio gastronômico próspero é aquele que não só encanta os paladares, mas também mantém as contas equilibradas e os lucros consistentes. Este equilíbrio delicado é o cerne de todo empreendimento bem-sucedido na gastronomia.

Porém, o verdadeiro segredo do valor justo vai além dos números. Está enraizado na capacidade de oferecer aos clientes uma experiência que transcende o simples ato de comer. É sobre criar memórias, despertar emoções e proporcionar momentos de deleite que perdurarão muito além do último gole ou da última garfada.

E quando se trata de construir uma identidade de marca forte e duradoura, a consistência é fundamental. Desde a identidade visual até a experiência do cliente, cada interação com sua marca deve refletir os valores e a essência do seu negócio. É essa coesão que cria confiança e fidelidade nos clientes, transformando-os em defensores apaixonados de sua marca.

No entanto, para alcançar esse nível de excelência, devemos estar constantemente atentos às tendências e inovações que moldam a indústria. O mundo da gastronomia está sempre evoluindo, e aqueles que se adaptam rapidamente e abraçam a mudança estão posicionados para liderar o caminho para o futuro.

À medida que você embarca em sua própria jornada no mundo dos negócios na gastronomia, lembre-se sempre de nutrir sua paixão, cultivar sua criatividade e permanecer comprometido com a busca incessante pela excelência. Pois é essa dedicação incansável que transforma simples empreendimentos em verdadeiros impérios gastronômicos.

Agora, com uma visão mais ampla e profunda sobre os desafios e oportunidades que permeiam o mundo dos negócios na gastronomia, é hora de consolidar esse conhecimento em ações diárias e rotineiras.

Em um mundo onde a eficiência é essencial, as operações e a logística desempenham um papel crucial no sucesso de qualquer empreendimento gastronômico. Desde a gestão de estoques até a otimização dos processos de cozinha, cada aspecto da operação contribui para a qualidade, consistência e rentabilidade do negócio.

Além disso, exploramos a importância da qualidade e segurança alimentar, destacando as práticas e protocolos essenciais para garantir a integridade dos alimentos servidos aos clientes. Desde a seleção criteriosa de fornecedores até a manutenção de padrões rigorosos de higiene, a segurança alimentar é fundamental para proteger a saúde e a satisfação dos clientes, além de manter a reputação do seu negócio intacta.

Ao considerar a sustentabilidade corporativa, ouvimos sobre a crescente conscientização ambiental. Desde a redução do desperdício até a adoção de práticas de produção mais sustentáveis, cada vez mais consumidores valorizam empresas que se comprometem com a responsabilidade ambiental.

Mas não podemos esquecer a experiência do cliente, pois é ela que define a reputação e o sucesso de qualquer estabelecimento gastronômico. Desde o momento em que entram pela porta até a última garfada, cada interação com seu restaurante ou negócio de alimentos deve ser cuidadosamente planejada para encantar, cativar e deixar uma impressão duradoura.

À medida que avançamos, também abordamos a transformação digital que está revolucionando a indústria gastronômica. Desde o uso de tecnologias inovadoras para melhorar a eficiência operacional até a criação de experiências digitais envolventes para os clientes, a tecnologia desempenha um papel cada vez mais importante na forma como os negócios na gastronomia são gerenciados e promovidos.

Por fim, consideraremos o papel fundamental da comunidade e da colaboração na construção de um negócio gastronômico bem-sucedido. Desde parcerias estratégicas com fornecedores locais até o envolvimento ativo com a comunidade, cultivar relacionamentos sólidos dentro e fora de seu estabelecimento pode ser um catalisador poderoso para o sucesso.

Com um entendimento abrangente e aprofundado desses temas fundamentais, você estará bem equipado para enfrentar os desafios e aproveitar as oportunidades que surgem no mundo dos negócios na gastronomia. Lembre-se sempre da importância de manter-se flexível, adaptável e aberto às mudanças, pois é essa capacidade de evoluir e inovar que define os verdadeiros líderes e visionários da indústria gastronômica.

Que este guia sirva como um guia útil e inspirador em sua jornada empreendedora, capacitando-o a transformar sua paixão pela culinária em um negócio próspero e gratificante. Com dedicação, criatividade e comprometimento, o céu é o limite para o que você pode alcançar neste fascinante e dinâmico mundo da gastronomia.

Com gratidão e otimismo,

Yuri

Com mais de uma década de experiência na gastronomia e na educação, desempenhei diversos papéis, incluindo consultor gastronômico, professor, coordenador pedagógico, chef patissier e chefe executivo. Sou Graduado em Gastronomia e tenho Mestrado em Educação pela UFRJ. Como fundador da Sínteses Brasil e da TasteMinds, especializei-me em consultoria para negócios relacionados à alimentação, concentrando-me na criação, implementação e melhoria da qualidade. Tenho ampla experiência em gestão gastronômica em redes no Brasil e no exterior, abrangendo atividades como pesquisa e desenvolvimento de produtos alimentícios, elaboração de cardápios, gestão de processos operacionais incluindo orçamentos, compras e gestão de equipes, além do desenvolvimento de serviços gastronômicos e organização de grandes eventos internacionais, como o Congresso Internacional de Confeitaria e Panificação 2019 e as

Olimpíadas Rio 2016.

Minha trajetória acadêmica inclui trabalhos em instituições de renome como Universidade Positivo, UNOESTE, SENAC, UFRJ, onde gerenciei de forma estratégica as áreas pedagógica, administrativa e financeira de cursos técnicos, de graduação e pós-graduação, sempre alinhado ao plano institucional. Desenvolvi modelos inovadores para aprendizagem ativa, dando a ênfase na qualidade do processo ensino aprendizagem.

Como professor e coordenador, também desenvolvi atividades com foco em empregabilidade e internacionalização buscando a excelência gastronômica e a formação de profissionais qualificados.

Durante minha caminhada, em meio a tantos momentos de reflexão, finalmente encontrei o verdadeiro propósito que guiaria minha jornada. Ao passar por inúmeros estabelecimentos que se encontravam vazios, percebi não apenas a solidão de seus espaços, mas também vislumbrei o potencial latente que ali se escondia. No entanto, essa percepção era frequentemente acompanhada por uma sensação de frustração e impotência diante da inércia que parecia dominar aqueles lugares. Foi então que um profundo desejo começou a brotar em meu coração, um desejo sincero e urgente de fazer algo significativo para mudar essa realidade. E assim, deste ímpeto genuíno, nasceu a ideia deste guia. Um projeto concebido com a esperança de nunca mais testemunhar estabelecimentos abandonados ou mergulhados na falência.

---

[1] Relativo à gastronomia, que é o estudo da relação entre cultura e comida.

[2] SEO (Search Engine Optimization) é a prática de otimizar o conteúdo online para que ele seja mais facilmente encontrado pelos mecanismos de busca, como o Google. Isso inclui a utilização de palavras-chave relevantes, a criação de links e a melhoria da estrutura do site, entre outras técnicas.

[3] Players: No contexto empresarial, "players" se refere às partes envolvidas em um determinado setor ou mercado, como empresas, empreendedores, investidores, entre outros.

[4] O Return on Invested Capital (ROIC), ou Retorno sobre o Capital Investido, é uma métrica financeira fundamental para avaliar a eficiência e a rentabilidade de um investimento realizado por uma empresa. Ele indica o quanto a empresa está gerando em retorno financeiro em relação ao capital investido, tanto dos acionistas quanto dos credores.

[5] Revisite este item ao final do guia.

[6] Características relacionadas aos valores, estilo de vida e personalidade dos consumidores.

[7] Personas são representações fictícias de diferentes tipos de clientes que uma empresa ou organização atende. Elas são baseadas em dados reais e insights sobre comportamentos, necessidades, desafios e objetivos dos clientes. As personas ajudam as empresas a entenderem melhor seu público-alvo e a criarem estratégias de marketing, produtos e serviços mais direcionadas e eficazes.

[8] Refere-se ao conjunto de práticas relacionadas ao preparo de alimentos em uma determinada região ou cultura.

[9] É uma estratégia de gerenciamento de estoque que visa minimizar os níveis de estoque, mantendo apenas o estoque necessário para atender à demanda imediata, reduzindo assim os custos associados ao armazenamento e manuseio de estoque.

[10] Refere-se ao tempo decorrido entre o início e a conclusão de um processo, como o tempo decorrido desde a emissão de um pedido até a entrega do produto.

[11] Ganha-Ganha: Onde os dois lado da negociação são proporcionalmente beneficiados.

[12] Refere-se ao processo de identificação, avaliação, seleção e aquisição de bens e serviços necessários para a operação de uma empresa, muitas vezes envolvendo a busca por fornecedores e a negociação de contratos.

[13] Significa: "Responda Por Favor", uma abreviação da expressão francesa "Répondez S'il Vous Plaît". Usada para fazer a confirmação da presença de eventos.

[14] É um tipo de respiração celular que ocorre na ausência de oxigênio e geralmente resulta na produção de energia mais limitada do que a respiração aeróbica.

[15] Refere-se ao processamento e análise de grandes conjuntos de dados para identificar padrões, tendências e informações úteis.

[16] Neste contexto, refere-se à computação em nuvem, que é a entrega de serviços de computação, como armazenamento, servidores, bancos de dados, rede, software, análise e inteligência, pela Internet ("a nuvem").

[17] Refere-se ao processo de criar uma identidade única e reconhecível para uma marca, incluindo elementos visuais, valores, missão e história.

[18] É a medida do impacto que as atividades humanas têm sobre o meio ambiente em termos de emissões de gases de efeito estufa, expressa em unidades de dióxido de carbono.

www.ingramcontent.com/pod-product-compliance
Lightning Source LLC
LaVergne TN
LVHW012049200726

843506LV00023BA/2473